Du Ghetto à la Vie

Published in English by Nicky Cruz et Jamie Buckingham
under the title: *Run, Baby, Run*
Traduit de l'anglais par France Cachelin.

Couverture: Dave Rhody (drhody@worldchallenge.org)
Photo: Ira Lippke

Édité par les Éditions Vida pour le compte de Nicky Cruz Outreach.

ISBN: 978-2-84700-255-3

Imprimé par Présence Graphique
Dépôt légal 2e trimestre 2015 - N° d'impression : 041551300

Nicky Cruz
Jamie Buckingham

Du Ghetto à la Vie

NickyCruz
OUTREACH

Introduction

L'histoire de Nicky Cruz est remarquable. La tragédie, la violence et l'intrigue s'y mêlent à l'élément le plus important de tous : la puissance de l'Evangile de Jésus-Christ.

Les premiers chapitres brossent un arrière-plan sombre et de mauvais augure. Mais ne vous laissez pas subjuguer par l'angoisse qui s'en dégage. Elle débouche sur un dénouement bouleversant et peu commun.

Nicky est un homme jeune. Aujourd'hui sa personnalité s'impose fortement, aux Etats-Unis, à des groupes considérables d'adolescents. La population adulte ne peut ignorer plus longtemps cette jeunesse du vingtième siècle et ses problèmes troublants. Elle cherche le sens de la vie et des choses. Elle n'apprécie pas nos tabous sociaux, usés par le temps. Elle insiste sur la sincérité en religion, sur l'honnêteté et sur la justice à l'égard des moins favorisés parmi les humains.

Un point encourageant concernant ces millions de jeunes de la nouvelle génération, qui dépasse en nom-

bre celle des aînés, c'est leur poursuite désespérée des réponses aux questions qu'ils se posent. Dans mes contacts avec des centaines d'étudiants de nos universités, je suis profondément impressionné par leur soif de vérité, de réalité et d'explications loyales.

Certains jeunes vivant dans nos ghettos sont préoccupés par l'établissement d'un statut social plus équitable, et ils ont raison. D'autres, influencés par les avocats de la violence et les lois du milieu, sont facilement emportés dans le tourbillon des émeutes, des incendies et du pillage.

Nicky Cruz est un exemple éclatant : cette jeunesse inquiète peut trouver en Jésus-Christ un sens et un but.

Dans nos campagnes d'évangélisation, presque la moitié de nos auditeurs ont moins de vingt-cinq ans. Ils ne viennent pas pour se moquer, mais dans le désir sincère de connaître la vérité et l'aboutissement de leurs recherches. Des centaines parmi eux répondent à l'appel du Christ.

Cette histoire est fascinante ! J'espère qu'elle trouvera de nombreux lecteurs. A leur tour, sans doute, d'autres rencontreront le Christ qui a changé le cœur vide et inquiet de Nicky pour faire de lui un chrétien légendaire de notre temps.

Billy Graham.

CHAPITRE PREMIER

Personne ne s'en soucie

— Arrêtez cet imbécile de gamin ! cria quelqu'un.

La porte du Constellation panaméricain venait de s'ouvrir ; je descendis comme une flèche l'escalier et partis vers l'aérogare d'Idlewild, à New York. C'était le 4 janvier 1955. Le vent glacial me mordait les joues et les oreilles.

Quelques heures plus tôt, mon père m'avait conduit à San Juan, à bord de l'avion, moi, un gosse portoricain de quinze ans, amer et révolté. J'avais été remis à la garde du pilote, avec la recommandation de rester dans l'avion jusqu'à l'arrivée de mon frère Frank. Mais quand la porte s'ouvrit, je sortis le premier, me lançant sauvagement sur le béton de l'aire d'atterrissage.

Trois rangs d'employés de la Compagnie aérienne se mirent à ma poursuite et me coincèrent contre une clôture de chaînes aux grossiers maillons, tout près de la sortie.

Le vent cinglant traversait mon mince vêtement tropical, alors que je cherchais à m'échapper. L'agent de police qui gardait la porte me saisit par le bras. Quant aux employés, ils se hâtèrent de retourner à leur poste.

Pour moi, il s'agissait d'un jeu et je levai les yeux vers le gendarme en souriant.

— Espèce d'idiot portoricain ! Qu'est-ce qui te prend de te comporter ainsi ?

Mon sourire s'éteignit lorsque je perçus dans la voix de l'homme le ton de la haine. Le vent aigu colorait ses joues grasses et remplissait d'eau ses yeux bouffis. De ses lèvres flasques pendait un cigare non allumé. De la haine ! Je la sentais monter en moi comme la houle. La même haine que j'avais ressentie à l'égard de mon père et de ma mère, de mes instituteurs et envers la police de Porto Rico. De la haine !

J'essayai de me libérer en me tortillant, mais le gendarme tenait mon bras comme dans un étau de fer.

— Allons, gamin. Retournons à l'avion !

Je le regardai et crachai contre lui.

— Sale portoricain ! grogna-t-il.

Il relâcha son étreinte et essaya de me saisir à la nuque. Plongeant sous son bras, je me glissai à travers la porte ouverte qui menait à l'aérogare.

Derrière moi, j'entendais des cris et des pas précipités et lourds. Je courus en zigzaguant à travers la foule des passagers se rendant aux portillons d'embarquement. Soudain, j'arrivai dans un immense hall. J'y découvris une sortie, je m'y lançai et me trouvai dans la rue.

Un grand autobus attendait au bord du trottoir, porte ouverte, moteur en marche. Les gens y montaient et je jouai des coudes pour prendre place dans la file. Le conducteur me saisit par le bras et me réclama mon billet. Je haussai les épaules et lui répondis en espagnol. Il m'écarta rudement, trop occupé pour perdre son temps avec un gamin stupide qui comprenait à peine l'anglais. Alors que son attention était retenue par une femme cherchant de la monnaie dans sa bourse, je baissai la tête et me glissai derrière elle, à travers la porte et dans le bus déjà plein. Jetant un regard par-dessus mon épaule, je m'assurai que le contrôleur n'avait rien vu. Je me frayai un passage à l'arrière de la voiture et m'assis près d'une fenêtre.

Tandis que le bus s'éloignait, j'aperçus le gros agent qui gardait la porte et deux autres policiers sortant de l'aéroport et regardant dans toutes les directions. Je ne résistai pas au plaisir de frapper à la vitre et de leur faire signe. J'avais réussi !

Je m'installai au fond de la banquette, les genoux appuyés au siège qui se trouvait devant moi, et le visage contre la vitre sale de la fenêtre.

L'autobus se frayait un passage vers le centre de la ville, à travers l'intense trafic new-yorkais. Au dehors, la neige et la boue recouvraient rues et trottoirs. Je m'étais toujours imaginé la neige comme un tapis propre et magnifique, couvrant à perte de vue le royaume des fées. Mais celle-ci était terne et sale, telle une bouillie de maïs répugnante.

Ma respiration formait un écran de buée sur la vitre et je m'amusais à y dessiner des arabesques du bout des doigts. Ce monde était totalement différent de celui que je venais de quitter.

Comme un éclair, ma pensée retourna au jour précédent, alors que je me trouvais debout sur la colline devant notre maison. Je me souvins de l'herbe verte, sous mes pieds, émaillée de petites fleurs sauvages. Les champs, en pente douce, descendaient vers le village au-dessous de moi. Je me souvenais de la brise tiède effleurant mes joues et de la chaleur du soleil sur mon dos bronzé.

Porto Rico est un merveilleux pays de lumière et d'enfants aux pieds nus. C'est une région où les hommes ne portent pas de chemise et où les femmes se promènent paresseusement au soleil. On y entend, jour et nuit, le rythme des tambours métalliques et le son cadencé des guitares. C'est un pays de chansons, de fleurs, de gamins rieurs et d'eau bleue étincelante.

Mais c'est également une terre de sorcellerie, de vaudou, de superstitions religieuses et de grande ignorance. La nuit, le bruit des tambours du vaudou descend en roulant des montagnes couronnées de palmiers, tandis que les magiciens s'adonnent à leurs pratiques en offrant des sacrifices et en dansant avec des serpents, à la lueur de feux vacillants.

Mes parents étaient spirites. Ils gagnaient leur pain en chassant des démons et, soi-disant, en prenant contact avec l'esprit des défunts. Papa était un des hommes que l'on craignait le plus dans l'île. On l'avait surnommé « le Grand », en raison de sa haute stature (il mesurait un mètre quatre-vingt-cinq) et de ses larges épaules voûtées. Il avait été blessé pendant la seconde guerre mondiale et avait obtenu une pension du gouvernement. La famille se composait de dix-sept garçons et d'une fille ! Après la conflagration internationale, il se tourna vers le spiritisme pour gagner sa vie et celle des siens.

Maman travaillait avec papa comme médium. Notre maison était le quartier général de tous les genres de vaudou, de réunions et de sorcellerie. Des centaines de personnes venaient de tous les points de l'île pour y participer.

De notre grande maison, au sommet de la colline, partait un sentier sinueux qui conduisait au petit village somnolent de Las Piedras, pelotonné dans la vallée. Ses habitants grimpaient le long du chemin à toutes les heures du jour et de la nuit pour venir à la maison du « sorcier ». Ils essayaient de parler à l'esprit de leurs morts, de prendre part à des actes de magie et demandaient à mon père de les délivrer des démons.

Ce dernier était le chef, mais beaucoup d'autres médiums portoricains venaient chez nous et se servaient de notre foyer comme de leur quartier général.

Quelques-uns restaient là pendant des semaines, adjurant les mauvais esprits et chassant les démons.

Dans la chambre principale, il y avait une longue table de séance, autour de laquelle les gens prenaient place, cherchant à communiquer avec les esprits des défunts. Papa était très instruit sur ce sujet, et possédait une bibliothèque sur la magie noire et des livres de sorcellerie qu'on ne trouvait nulle part ailleurs dans l'île.

De bonne heure, un matin, deux hommes amenèrent à la maison une femme tourmentée. Mon frère Gene et moi-même, nous glissâmes hors du lit pour voir à travers les fentes de la porte comment on l'étendait sur la longue table. Son corps se contractait nerveusement et de ses lèvres s'échappaient des gémissements ; les hommes à chaque bout de la table la maintenaient couchée de force. Maman se tenait à ses pieds, les yeux levés vers le plafond, en chantonnant d'étranges paroles. Papa alla à la cuisine et en ramena une petite urne noire dans laquelle il fit brûler de l'encens. Il posa une grosse grenouille verte sur l'estomac de la malade. Ensuite, ayant suspendu l'urne au-dessus de sa tête au moyen d'une petite chaîne, il répandit de la poudre sur le corps agité.

Nous tremblions de peur en entendant les adjurations que notre père adressait aux mauvais esprits, leur ordonnant de quitter le corps de la femme et d'entrer dans celui de la grenouille. Soudain, rejetant sa tête en arrière, la patiente poussa un cri perçant. La grenouille quitta brusquement l'estomac et, par un saut prodigieux, alla s'écraser sur le seuil de la porte. La malade se débattait, puis, échappant à l'étreinte des hommes, roula et tomba pesamment sur le sol. Elle bavait et mordait ses lèvres. Du sang, mêlé d'écume, coulait de sa bouche.

Elle finit par s'apaiser et resta étendue, immobile. Papa la déclara guérie et les hommes le payèrent pour son intervention. Ils soulevèrent la femme, inconsciente, et l'emportèrent en remerciant mon père à plusieurs reprises et en l'appelant « le grand faiseur de miracles ».

Ma petite enfance s'écoula pleine de terreurs et de ressentiments. La famille étant nombreuse, peu d'attention était donnée à chacun de nous individuellement. J'éprouvais de la rancune envers mes parents et j'étais effrayé par les actes de sorcellerie qui se reproduisaient chaque nuit sous notre toit.

Au cours de l'été qui précéda mon entrée à l'école, papa m'enferma dans le colombier. Il m'avait surpris, un soir tard, au moment où je volais de l'argent dans la bourse de maman. J'essayai de m'enfuir, mais il me saisit par la nuque.

— Tu ne peux pas échapper, gamin. Tu paieras le prix de ton larcin !

— Je te hais ! lui criai-je.

Il me souleva de terre et me secoua sans pitié.

— Je vais t'apprendre à parler ainsi à ton père !

Et me prenant sous son bras, comme un sac de blé, il traversa à grandes enjambées la cour obscure pour me conduire au colombier. Je l'entendis manier maladroitement la serrure en ouvrant la porte.

— Dedans ! Tu resteras ici, avec les oiseaux, jusqu'à ce que tu aies appris ta leçon.

Il me poussa à l'intérieur et ferma derrière lui, m'abandonnant dans la plus complète obscurité ; sa voix assourdie me parvint à travers les fentes des murs :

— Et pas de dîner !

J'écoutai le bruit de ses pas qui s'éloignaient sur le chemin de la maison. J'étais pétrifié de terreur. Fou de colère, je martelais la porte de mes poings serrés, et lui donnais des coups de pied en hurlant. Soudain, le colombier s'emplit d'un battement d'ailes sauvage, les oiseaux effrayés se jetèrent sur moi. Je couvris mon visage de mes mains et criai hystériquement ; les colombes affolées s'écrasaient contre les parois et me picotaient férocement les joues et la nuque. Je m'effondrai sur le sol immonde, cachant ma tête dans mes bras pour essayer de protéger mes yeux et de ne plus entendre le claquement redoublé des ailes au-dessus de moi.

Une éternité s'était écoulée, me semblait-il, lorsque la porte s'ouvrit. Papa me dressa brusquement sur mes pieds et me traîna dans la cour.

— La prochaine fois, tu te souviendras qu'il ne faut pas voler, ni résister quand on t'attrape ! dit-il rudement. Maintenant, va te laver et au lit !

A force de pleurer, cette nuit-là, je m'endormis rêvant d'oiseaux battant de leurs ailes mon corps meurtri.

Mes ressentiments à l'égard de papa et maman réapparurent l'année suivante quand je dus aller à l'école. Je haïssais toute autorité. Puis, à l'âge de huit ans, je m'insurgeai contre mes parents. Ce fut lors d'un ardent après-midi d'été. Ma mère et plusieurs médiums étaient assis à la grande table, dans la salle de séjour, buvant du café. J'étais fatigué de jouer avec mon frère et j'entrai dans la chambre en faisant sauter une petite balle sur le plancher et la rattrapant dans ma main. Une des femmes dit à maman :

— Votre Nicky est un gentil garçon. Je suis sûre que vous êtes très fière de lui !

Ma mère me regarda durement et se mit à se balancer, en avant et en arrière, dans son fauteuil. Ses pupilles roulaient dans leurs orbites jusqu'à ce que l'on n'en vit plus que le blanc. Elle tenait ses bras tendus devant elle sur la table. Ses doigts se raidirent et tremblèrent quand elle éleva lentement ses mains au-dessus de sa tête et commença à parler comme si elle chantonnait :

— Il... n'est... pas mon fils... Non, pas Nicky. Il n'a jamais été à moi... non, il n'est pas à moi... Il est l'enfant du plus grand des sorciers, Lucifer. Non !

pas le mien ! pas le mien ! Fils de Satan, enfant du Diable !

Je lâchai la balle qui roula à travers la salle. Je reculai lentement vers la paroi, pendant que maman se trouvait encore en transe et qu'elle chantait toujours d'une voix ascendante et descendante.

— Non ! pas le mien ! pas à moi ! La main de Lucifer est sur sa vie... le doigt de Satan a touché son existence... le doigt de Satan a touché son âme... la marque de la bête est sur son cœur... non ! il n'est pas à moi ! Pas à moi !

Je l'observai et je vis des larmes perler sur ses joues. Brusquement, elle se retourna vers moi, les yeux tout grands ouverts et d'une voix perçante s'écria :

— Va-t'en ! Démon ! Laisse-moi tranquille ; laisse-moi, Démon. Va-t'en ! Va-t'en !

Affolé, je courus dans ma chambre et me jetai sur mon lit. Les pensées affluaient à mon esprit, telles des rivières tumultueuses dans une gorge étroite. « Pas son enfant... le fils de Satan, pas d'amour pour moi... Personne ne s'en soucie ! Personne ne prend soin de moi ! »

Puis les larmes se mirent à couler et je commençai à crier et à gémir. La douleur, dans ma poitrine, était insupportable et je battis mon matelas avec mes poings jusqu'à l'épuisement.

L'ancienne haine se mit à sourdre au-dedans de moi. Elle consumait rapidement mon âme, comme un raz de marée submergeant un récif de coraux. Je haïssais ma mère. Oh ! mon Dieu, quelle haine je ressentais ! Je voulais lui faire du mal, la torturer, me venger. J'ouvris la porte d'un coup et parcourus la salle en criant d'une voix perçante.

Les femmes étaient encore auprès de maman. Je me blessai les mains en frappant de toutes mes forces sur la table, tout en hurlant. J'étais tellement imbu de haine que je bégayais et trébuchais sur les mots :

— Je... je... je te hais !

Je menaçai maman d'un doigt qui tremblait et je criai :

— Tu me le payeras ! Tu verras !

Deux de mes plus jeunes frères se tenaient pleins de curiosité sur le seuil de la porte ; je les poussai de côté et partis en courant dans la cour. Je descendis quelques marches et rampai ensuite jusqu'à un endroit, sombre et frais, situé au-dessous du porche où j'avais trouvé maintes fois un refuge. Accroupi sous l'escalier, dans la saleté réduite en poussière, j'entendais les femmes rire entre elles et, par-dessus toutes les voix, à travers le plancher, je percevais celle de ma mère :

— Vous voyez bien ! Je vous l'avais dit : c'est le fils de Satan !

Quelle haine j'éprouvais à son égard ! J'aurais voulu la détruire, mais je ne savais pas comment. Je battais la poussière de mes poings crispés et pleurais de frustration, tout mon corps secoué par de convulsifs sanglots.

— Je te hais ! Je te hais ! répétais-je, mais personne n'entendait ! Personne ne se souciait de moi ! Dans mon désespoir, je saisissais la terre molle à pleines mains et, dans ma furie, la jetais de tous les côtés. Elle retombait sur mon visage et laissait des traces boueuses le long de mes joues.

Peu à peu, ma fureur s'apaisa et je restai assis silencieusement. Sur le côté de la cour, j'entendais jouer les enfants. L'un des plus jeunes garçons entonna une chanson sur les oiseaux et les papillons, mais moi, je me sentais abandonné et solitaire. Torturé par la haine et le désir de persécution, obsédé par la peur, j'entendis que l'on fermait la porte du colombier ; mon père, à pas lourds, montait l'escalier. Il s'arrêta et regarda dans l'ombre, à travers les fentes des marches de bois.

— Que fais-tu là en bas, gamin ?

Je ne répondis pas dans l'espoir qu'il ne me reconnaîtrait pas. Il haussa les épaules et continua à monter, laissant finalement la porte de treillis métallique claquer derrière lui.

— Personne ne se soucie de moi, pensai-je.

Je percevais, venant de la maison, les rires des femmes auxquels s'ajoutait la voix de basse profonde de mon père. Je savais que tous se moquaient encore de moi. Des vagues d'aversion m'inondaient à nouveau. Les larmes recommencèrent à couler sur mon visage et, une fois de plus, je me mis à hurler.

— Je te hais, maman ! Je te hais ! Je te hais !

Le vide, au-dessous de la maison, me renvoya l'écho de ma voix irritée. Dans un état d'extrême émotion, je m'affaissai sur le dos, dans les ordures où je me roulai plusieurs fois jusqu'à être couvert de poussière. Epuisé, je fermai les yeux et tombai enfin dans un sommeil agité.

Le soleil avait déjà disparu dans la mer quand je m'éveillai et rampai hors du soubassement. Le sable grinçait entre mes dents et mon corps était comme plaqué d'immondices. Les grenouilles coassaient, les grillons chantaient et je sentais l'humidité de la rosée sur mes pieds nus.

Papa ouvrit la porte et un rayon de lumière se posa sur moi alors que je me tenais au pied de l'escalier.

— Sale gosse ! me cria-t-il. Qu'as-tu fait si longtemps dans ce soubassement ? Regarde-toi ? Nous ne voulons pas de porcs par ici ! Va te laver et viens manger.

J'obéis. Mais, tout en lavant mon corps à la pompe, je savais que désormais je haïrais toujours. Je savais que jamais plus je n'aimerais quelqu'un. Et je sus aussi que jamais plus je ne pleurerais... jamais plus !

Pour le fils de Satan : peur, saleté et haine ! J'avais commencé à courir, comme disait papa.

* * *

C'est une tradition, dans de nombreuses familles portoricaines, d'envoyer leurs enfants à New York quand ils atteignent l'âge de prendre soin d'eux-mêmes. Déjà six de mes frères aînés avaient quitté l'île pour s'établir à New York. Tous étaient mariés et essayaient de se créer une nouvelle vie de famille.

Mais j'étais encore trop jeune pour partir. Pendant les cinq années qui suivirent, mes parents se rendirent compte que je ne pouvais pas non plus rester à Porto Rico. J'étais devenu un élève rebelle, toujours en train de me battre et surtout avec de plus jeunes que moi. Un jour, après avoir frappé une fillette à la tête avec une grosse pierre, je restai là à regarder fixement le sang qui suintait à travers ses cheveux. La petite fille hurlait, pleurait et je riais en l'observant.

Ce soir-là, mon père me frappa au visage, jusqu'à ce que le sang jaillisse de ma bouche. Il criait :

— Sang pour sang !

J'achetai une petite arme pour tuer les oiseaux. Je n'étais pas seulement satisfait de les faire mourir, j'aimais mutiler leurs corps. Mes frères s'éloignaient de moi à cause de ma cruauté.

Lors de ma huitième année d'école, je me battis avec mon maître d'atelier. C'était un homme mince et de haute taille qui aimait siffler quand passaient des dames pour attirer leur attention. Un jour, en classe, je le traitai de « nègre ». Le silence emplit la salle et les garçons se retirèrent parmi les machines, flairant de la tension dans l'air.

Le maître s'approcha du tour où je travaillais.

— Tu es tout de même un drôle de gars !

— Je regrette, nègre, je n'ai pas envie d'être drôle !

Avant que j'eusse fait un geste, il me frappa de son long bras osseux et je sentis, sous le coup sauvage, la chair de mes lèvres s'écraser contre mes dents. Le sang coulait dans ma bouche et le long de mon menton.

Je m'avançai vers lui, les bras étendus. Il était un homme fait et je ne pesais pas cinquante kilos, mais j'étais rempli de haine et le sang mit le feu à la poudre. Il me repoussa en mettant sa main sur mon front et en m'écartant de son bras alors qu'impuissant, je battais l'air de mes poings.

Comprenant ma situation désespérée, je reculai. Je lui criai :

— Vous avez réussi, cette fois, nègre ! Je vais au commissariat de police. Attendez et vous verrez !

Et je quittai la classe en courant. Il me suivit en m'appelant :

— Arrête ! Je regrette !

Mais j'étais déjà loin.

Je n'allai pas à la police, mais je me rendis auprès de papa pour lui dire que le maître avait voulu me tuer. Il était furieux. Il entra dans la maison, en ressortit avec son grand revolver fixé dans sa ceinture.

— Allons-y, fiston. C'est moi qui vais tuer cette brute !

Nous partîmes pour l'école. J'avais de la peine à suivre ses grandes enjambées et courais derrière lui. Mon cœur bondissait à l'idée de voir l'instituteur ramper sous la fureur de mon père.

Mais il n'était pas dans la classe.

— Attends-moi ici, dit papa. Je vais parler au directeur et aller au fond de cette affaire.

Cela m'ennuyait, mais j'attendis.

Mon père resta longtemps dans le bureau du principal. Quand il en sortit, il vint rapidement vers moi et, me saisissant par le bras, me dit :

— Très bien, garçon. Tu as quelques explications à me donner. Rentrons à la maison !

Une fois de plus nous traversâmes le petit village et suivîmes le sentier qui menait chez nous. Il me tirait derrière lui, me tenant par le bras.

— Infâme menteur ! me dit-il devant la maison.

Il leva le bras pour me frapper, mais je m'échappai et descendis le sentier en courant.

— C'est ça ! Cours, baby, cours ! cria-t-il. Tu reviendras à la maison et alors je te fouetterai !

Je retournai à la maison, mais ce fut trois jours plus tard. Les policiers me cueillirent alors que je marchais sur la route qui conduisait vers les montagnes, à l'intérieur du pays. Je les suppliai de me laisser aller, mais ils me ramenèrent à mon père. Et il accomplit fidèlement la promesse qu'il m'avait faite.

Je savais que je m'échapperais encore. Et encore ! Et que je courrais et courrais jusqu'à ce que je sois si loin, si loin, que personne ne pourrait jamais me ramener à la maison. Durant les deux ans qui suivirent, je pris la fuite cinq fois. La police me retrouva toujours et me ramena chez moi. Finalement, désespérés, mes parents écrivirent à mon frère Frank pour lui demander s'il me permettrait d'aller à New York vivre avec lui. Frank fut d'accord et papa entreprit les démarches pour mon voyage.

Le matin de mon départ, les enfants se mirent en rang devant le porche. Maman me serra dans ses bras. Des larmes remplissaient ses yeux ; elle essaya de parler, mais ne put pas prononcer un mot. J'étais absolument indifférent à son égard. Soulevant ma petite valise d'un air maussade, je tournai le dos à la compagnie et me dirigeai vers la vieille voiture d'occasion où mon père m'attendait. Pas une seule fois je ne regardai en arrière.

Le voyage jusqu'à l'aéroport de San Juan est de quarante-cinq minutes. Arrivé là, papa me remit mon billet et me glissa dix dollars dans la main.

— Téléphone à Frank dès que tu débarqueras à New York, me dit-il. Le pilote prendra soin de toi jusqu'à son arrivée.

Il se tenait là, debout, me dominant de sa haute stature. Il me regarda un long moment, sa tignasse de cheveux gris ondulés agitée par la brise tiède. Je devais lui paraître bien petit et pathétique alors que j'étais là près de la grille avec ma valise. Sa lèvre inférieure trembla quand il étendit la main pour prendre la mienne. Puis, soudain, il enveloppa mon corps frêle de ses longs bras et me serra contre lui. Je l'entendis sangloter mais une seule fois :

— Hijo mío ! (mon fils !)

Me libérant de son étreinte, il dit rapidement :

— Sois un bon garçon, petit oiseau !

Je fis demi-tour et franchis en courant l'escalier de l'immense avion. Je m'assis près d'un hublot. Je voyais dehors la silhouette solitaire de mon père, « le Grand », tout près de la barrière. Il leva la main comme pour me faire un signe, mais, gêné, il se détourna et rejoignit rapidement la vieille voiture.

Quel nom m'avait-il donné ? « Petit oiseau ». Je me souvins alors d'un moment particulier, il y avait si longtemps de cela, où, sur les marches du porche, papa m'avait appelé ainsi.

Il était assis dans une chaise à bascule, sur la véranda, fumant sa pipe ; il me parlait d'un oiseau, devenu légendaire à Porto Rico, qui n'avait pas de pattes et était dans l'obligation de voler sans cesse. Papa baissa les yeux vers moi et dit tristement :

— C'est comme toi, Nicky. Tu es un agité. Comme un petit oiseau, tu courras toujours çà et là.

Il secoua lentement la tête et regarda vers le ciel, lançant la fumée de sa pipe vers les pampres de la vigne qui festonnaient le toit du porche.

— L'oiseau est menu et très léger. Il ne pèse pas plus qu'une plume et se sert des courants de l'air pour se déplacer. Il dort dans le vent. Toujours en vol, il échappe aux faucons, aux aigles, aux hiboux, aux oiseaux de proie. Il se cache en se maintenant entre eux et le soleil. S'ils volent au-dessus de lui, ils peuvent l'apercevoir contre l'écran de la terre sombre. Mais ses petites ailes sont transparentes comme l'eau claire de la lagune. Tant qu'il reste haut dans le ciel, ils ne peuvent pas le voir. Il ne se repose jamais.

Papa appuya son dos contre la chaise et lança des volutes bleues dans l'air frais.

— Mais comment se nourrit-il ? lui demandai-je.

— Il se nourrit en vol, répondit mon père.

Il parlait lentement comme s'il voyait la minuscule créature.

— Il attrape des insectes et des papillons. Il n'a pas de jambes, pas de pattes, il est toujours en mouvement.

J'étais fasciné par l'histoire :

— Mais que se passe-t-il quand le temps est sombre ? lui demandai-je. Et quand le soleil ne brille pas ? Comment peut-il alors échapper à ses ennemis ?

Papa répondit :

— Par temps gris, Nicky, il vole si haut que personne ne l'aperçoit. La seule occasion où il cesse de voler, de courir, la seule fois où il prend contact avec la terre, c'est pour mourir. Car s'il touche terre, il ne peut plus jamais reprendre son vol.

Papa me donna une petite claque amicale et m'envoya jouer.

— Va maintenant, petit oiseau. Cours et vole ! Ton papa t'appellera quand viendra le moment de ne plus t'échapper.

Je partis en gambadant à travers les champs, agitant mes bras comme un oiseau prenant son envol. Mais, je ne sais pour quelle raison, je ne pus jamais gagner assez de vitesse pour m'envoler.

Les moteurs de l'avion se mirent à tousser, à lancer de la fumée noire et, finalement, à vrombir. Enfin, moi aussi, j'allais m'envoler... j'allais partir !

* * *

Après une secousse, le bus s'arrêta. Au dehors les lumières et les enseignes multicolores scintillaient et clignotaient dans l'obscurité glaciale. L'homme, assis en face de moi, se leva pour descendre. Je le suivis et sortis à l'arrière. Les portes se refermèrent derrière moi et le bus quitta le trottoir. Je me trouvais seul au milieu de huit millions d'êtres humains.

J'enlevai une poignée de neige souillée et brossai la croûte du dessus. Et là, je la vis, cette neige étincelante de blancheur pure. Je désirais la porter à ma bouche et m'en nourrir mais, en l'observant, j'aperçus de petites taches noires sur la surface. Soudain, je compris que l'air était saturé de la suie qui s'échappait des cheminées et la neige prenait l'apparence d'un fromage saupoudré de poivre noir. Je jetai donc ce que j'avais en main. J'étais libre et pendant deux jours j'errai à travers la cité. Dans une impasse, je trouvai un vieux manteau que l'on avait jeté sur une poubelle. Les manches couvraient mes mains et l'ourlet traînait sur le sol. Les boutons en avaient été arrachés et les poches déchirées, mais il me tenait chaud. Cette nuit-là, je dormis dans un passage souterrain du métropolitain, recroquevillé sur un banc.

Vers la fin de la seconde journée, l'excitation s'était dissipée. J'avais faim et froid. Par deux fois j'essayai de parler avec des gens et de leur demander leur aide. Le premier passant m'ignora tout simplement. Il suivit son chemin comme si je n'avais pas été là. Quant au second, il me poussa contre le mur :

— Fiche-moi le camp ! Espèce de sale portoricain ! Ne me touche pas avec tes mains grasses !

J'avais peur. J'essayais d'empêcher la panique de me saisir et de monter de mon estomac à ma gorge. Je continuai à parcourir les rues, le long manteau traînant sur le trottoir, ma petite valise à la main. Les gens se mouvaient autour de moi et se retournaient pour me regarder, mais personne ne semblait s'intéresser. Ils regardaient seulement et continuaient leur route.

Je dépensai les dix dollars que papa m'avait donnés. J'entrai dans un petit restaurant et commandai un « hot-dog » en montrant une image suspendue au-dessus du comptoir graisseux. Je l'avalai rapidement et en demandai un second. L'homme au comptoir secoua la tête et tendit la main vers moi. Je cherchai dans ma poche et en sortis le billet de dix dollars, soigneusement plié. Essuyant ses mains à un linge, il déplia le billet, l'étira à plusieurs reprises et le glissa dans la poche de son tablier malpropre. Après quoi, il m'apporta un autre « hot-dog » et un bol de bouillon. Quand j'eus terminé, je le cherchai, mais il avait disparu dans la cuisine. Ramassant mon sac, je retournai dans la rue froide. Je venais de faire ma première expérience avec certaines entreprises américaines. Mais comment aurais-je pu savoir que les « hot-dog » ne coûtaient pas cinq dollars la pièce en Amérique ?

M'éloignant le long de la rue, je m'arrêtai devant une église. Une lourde grille de fer avait été posée devant les portes d'entrée et elle était fermée par une chaîne et un cadenas. Je restai là, debout, devant le bâtiment de pierre grise, regardant en haut vers le clocher qui se dressait dans le ciel. Les murs de pierre froide et les vitraux sombres semblaient se blottir à la recherche de protection, derrière la clôture de fer. La statue d'un homme au visage aimable et aux yeux tristes se voyait clairement à travers la grille. Ses bras tendus étaient couverts de neige. Mais il était enfermé d'un côté, et moi, je l'étais de l'autre.

Je me remis à marcher, en traînant les pieds, tout le long de la rue... avançant... avançant toujours.

La panique s'installait de nouveau en moi. Il était presque minuit et je tremblais, non seulement de froid, mais aussi de peur. J'espérais toujours que quelqu'un s'arrêterait et me demanderait si j'avais besoin de son aide. Je ne sais pas, d'ailleurs, ce que j'aurais dit si l'on m'avait offert du secours. Mais j'étais esseulé. J'avais peur. J'étais perdu.

La foule pressée passait sans cesse et me laissait

dans l'abandon. Je n'avais jamais pensé qu'on pouvait être seul, absolument seul, parmi un million d'êtres humains. Pour moi, l'isolement c'était le fait d'être perdu dans les bois ou sur une île déserte. Mais celle-ci était la plus terrible des solitudes. Je vis des personnes portant des travestis qui rentraient du théâtre... des vieillards vendant des journaux et des fruits dans de petites baraques ouvertes toute la nuit... des agents de l'ordre patrouillant deux par deux... les trottoirs étaient bondés de gens affairés. Mais en observant leurs visages, j'eus l'impression qu'eux aussi paraissaient terriblement solitaires. Aucun ne riait. Aucun ne souriait. Tous se hâtaient.

Je m'assis au bord du trottoir et ouvris ma petite valise. Il y avait à l'intérieur un morceau de papier plié, où maman avait inscrit le numéro de téléphone de Frank. Tout à coup, je sentis quelque chose me pousser dans le dos. C'était un vieux chien hérissé qui flairait le gros manteau drapé autour de ma mince silhouette. Je passai mon bras autour de son cou et l'attirai près de moi. Il lécha mes joues tandis que j'enfouissais ma tête dans sa fourrure galeuse.

Je ne sais combien de temps je restai là, tremblant et caressant le chien. Mais, lorsque je levai les yeux, je vis les pieds et les jambes de deux agents de police. Leurs bottes de caoutchouc étaient mouillées et boueuses. Le chien galeux, pressentant quelque danger, était parti comme une flèche vers une ruelle voisine.

L'un des agents me donna un petit coup sur l'épaule avec son bâton.

— Que fais-tu assis là au milieu de la nuit ? me demanda-t-il. Son visage me paraissait à des lieues au-dessus de moi. Laborieusement, j'essayai de lui expliquer, dans mon mauvais anglais, que je m'étais perdu. L'un parla à voix basse à l'autre et s'en alla. Celui qui était resté s'agenouilla près de moi sur le trottoir fangeux.

— Puis-je t'aider, mon gars ?

Je fis un signe affirmatif et lui montrai le bout de papier qui portait le nom de Frank et son numéro de téléphone.

— Frère, lui dis-je.

Il secoua la tête en regardant le griffonnage.

— Est-ce là que tu demeures ?

Je ne savais comment lui répondre et je répétai : frère ! Il fit un signe de tête, me mit sur mes pieds et nous partîmes vers une cabine téléphonique derrière un kiosque à journaux.

Il chercha dans sa poche, en retira de la monnaie et fit le numéro. Quand la voix endormie de Frank répondit, il me tendit le récepteur. Moins d'une heure plus tard je me trouvais en sécurité dans l'appartement de Frank.

La soupe chaude que l'on me servit me parut excellente et le lit propre était confortable. Le lendemain matin, Frank m'expliqua que je resterais avec lui, qu'il prendrait soin de moi et m'enverrait à l'école. Mais, au-dedans de moi quelque chose me disait que je ne resterais jamais là. J'avais commencé à courir par le monde et rien ne m'arrêterait plus.

CHAPITRE II

Une jungle sinistre

Je restai deux mois avec Frank, me familiarisant avec la langue anglaise. Mais je n'étais pas heureux et la tension intérieure me poussait à fuir.

La première semaine, Frank m'inscrivit dans une classe du dixième degré. L'école était fréquentée presque entièrement par des Noirs et des Portoricains. Elle était dirigée comme une maison d'éducation correctionnelle et non comme une école publique. Les instituteurs et les administrateurs passaient plus de temps à maintenir la discipline qu'à nous instruire. C'était un lieu de désordres, de combats, d'immoralité et de constantes bagarres contre l'autorité.

Chaque école secondaire, à Brooklyn, était représentée par deux ou trois bandes de voyous. Elles étaient composées de garçons et de filles habitant certains quartiers. Parfois, les gangs étaient ennemis et se livraient invariablement bataille s'ils se trouvaient brusquement réunis dans des classes d'école.

C'était pour moi une nouvelle expérience. Chaque jour, il y avait quelque émeute dans les corridors ou dans l'une des salles. Je me blottissais contre la paroi, effrayé à la pensée que les grands garçons pourraient me chercher querelle. Après les heures d'étude, on se battait dans le préau et toujours l'un des combattants était laissé par terre, blessé.

Frank me prévenait sans cesse que je ne devais pas rester dans la rue à la tombée de la nuit.

— Les bandes, Nicky, les bandes de vauriens te tueront ! Elles courent la nuit, comme des loups ! Elles assassinent l'étranger en pleine rue !

Il m'avait averti de rentrer directement à la maison après la classe, l'après-midi, et de rester chez lui, loin des garnements. J'appris bientôt que ce n'était pas d'elles seulement que je devais avoir peur. Il y avait aussi « les petits ». Il s'agissait de gosses de neuf et dix ans qui rôdaient dans les rues l'après-midi et dans la soirée ou qui jouaient devant leurs maisons dans les bas-fonds.

Je fis ma première expérience avec « les petits » alors que je rentrais de l'école, la toute première semaine. Un « gang » d'une dizaine de gosses, entre huit et dix ans, arriva en courant par une porte de côté et ils me bousculèrent sur le trottoir.

— Hé ! les mômes ! Attention à ce que vous faites ! leur dis-je.

L'un d'eux se retourna et cria :

— Va au diable !

Un autre se glissa derrière moi, s'agenouilla et, avant de m'en rendre compte, je me trouvai étendu sur le dos de tout mon long. J'essayai de me relever, mais un des gamins saisit mon pied et commença à tirer. Ils criaient et riaient.

Je perdis patience et envoyai l'un d'eux rouler sur le trottoir. A ce même instant, j'entendis une femme hurler. Je levai les yeux : elle se penchait à une fenêtre, deux étages plus haut.

— Laisse mon garçon tranquille, sale Portoricain, ou je te tue !

A ce moment je ne désirais qu'une chose : échapper à son gosse. Mais les autres m'attaquèrent à leur tour. L'un d'eux essaya de m'atteindre avec une bouteille de Coca-Cola qui s'effrita sur le trottoir près de mon épaule et les éclats de verre giclèrent sur mon visage.

La femme se mit à crier davantage :

— Laisse-les tranquilles ! Au secours ! Au secours ! Il est en train de tuer mon gamin !

Tout à coup, une autre femme apparut sur le seuil d'une porte, un balai à la main. Elle était corpulente et se dandinait en courant ; jamais jusque-là je n'avais vu une expression aussi abjecte sur un visage humain. Elle avança vers la bande de gosses en levant haut son balai. J'essayai de lui échapper, mais elle m'atteignit et brisa le manche sur mon dos. Je me retournai et elle me frappa encore sur la tête. Elle criait et, soudain, d'autres femmes se penchèrent aux fenêtres, vociférant et appelant la police. La grosse femme me frappa une troisième fois, avant que j'eusse le temps de me lever et de partir en courant. Je l'entendis derrière moi m'avertissant :

— Si jamais tu reviens par ici pour molester nos garçons, nous te tuerons !

Le lendemain après-midi, je revins à la maison par un autre chemin.

La semaine suivante eut lieu ma première rencontre avec un gang. J'avais pris mon temps pour rentrer chez moi, après l'école et flânais dans un parc, observant un homme qui faisait parler un perroquet. Je dansais autour de lui, riant et m'adressant à l'oiseau quand, tout à coup, l'homme sembla perdre tout intérêt et, tenant le perroquet contre sa poitrine, fit demi-tour et partit. Je regardai et je vis une quinzaine de garçons debout, derrière moi, en demi-cercle. Ceux-là n'étaient pas « des petits ». Au contraire, ils étaient « des grands » ; la plupart d'entre eux plus âgés que moi.

Ils formèrent rapidement un cercle autour de moi et l'un des garçons m'interpella :

— Dis donc, toi, pourquoi ris-tu ?

Je leur montrai l'homme avec le perroquet qui se hâtait vers la sortie du parc.

— Je riais de ce drôle d'oiseau.

— Ouais, et tu demeures dans les parages ? me demanda le petit voyou.

J'eus l'impression que quelque chose n'allait pas et, en bégayant, je répondis :

— Je vis avec mon frère, un peu plus loin.

— Tu t'imagines alors que, parce que tu demeures au bas de la rue, tu peux venir dans notre parc et rire comme une hyène ? Hein ? C'est ce que tu penses, ou bien ? Tu ne sais pas alors que ceci c'est le terrain des Evêques ? Mon vieux, sache que nous ne tolérons aucun étranger ici ! Et surtout pas des imbéciles qui rient comme des hyènes !

Je regardai autour de moi et compris qu'ils prenaient tous la chose au sérieux. Avant que j'aie eu le temps de répondre, le misérable gosse avait pris un couteau dans sa poche, l'avait ouvert en pressant sur un bouton et en avait fait sortir une lame brillante de vingt centimètres au moins.

— Tu sais ce que je vais faire ? dit-il. Je vais te couper la gorge et te laisser saigner comme l'animal que tu parais être.

— Hé ! mon vieux ! Je bégayais. Qu'est-ce qui te prend ? Pourquoi veux-tu m'égorger ?

— Parce que je n'aime pas ta tête, tout simplement. Il me donna un coup sec à l'estomac avec la pointe du couteau en essayant de la faire pénétrer.

Un autre membre de la bande, un grand garçon de couleur, lui parla :

— Allons, grand-père, laisse-le tranquille ! Ce gosse vient d'arriver de Porto Rico. Il ne sait pas même ce qui se passe ici.

Le voyou recula en ricanant.

— O.K. Mais un de ces jours, il découvrira de quoi il en retourne ! De toute manière, il vaut mieux qu'il s'éloigne de notre terrain.

Ils firent demi-tour et partirent. Je retournai en hâte à la maison et passai le reste de l'après-midi à réfléchir.

Le lendemain, à l'école, des garçons avaient entendu parler de l'incident dans le parc. J'appris que le garnement au couteau s'appelait Roberto. Cet après-midi, après l'heure de gymnastique, nous jouions au base-ball et délibérément, Roberto me fit tomber. Les autres se mirent à crier :

— Bats-toi, Nicky ! Saute-lui dessus ! Montre-lui qu'il n'est pas si formidable sans son couteau ! Vas-y, Nicky. On te soutient ! Frappe-le !

Je me relevai et secouai la poussière de mes vêtements.

— D'accord ! Voyons comme tu es fort avec tes poings !

Nous prîmes position et les autres garçons formèrent un grand cercle autour de nous. J'entendais des cris : Battez-vous ! Battez-vous ! et remarquai qu'il y avait de plus en plus de gosses pour le spectacle.

Roberto grimaça parce que j'avais pris la position traditionnelle de boxe, les mains à la hauteur de mon visage. Il se baissa subitement et éleva aussi ses mains. Il était évident qu'il n'avait pas l'habitude de lutter de cette manière. Je dansai en m'approchant de lui et, avant qu'il fît le moindre mouvement, je le frappai d'un coup de ma droite. Le sang jaillit de ses narines ; il recula, surpris. Je m'avançai à nouveau vers lui.

Soudain, il baissa la tête et me chargea, me renversant sur le dos, au sol. J'essayai de me relever, mais il me donna des coups de pied avec ses souliers pointus. Je me retournai et il sauta sur mon dos en tirant ma tête en arrière, enfonçant cruellement ses doigts dans mes yeux.

Je pensais que les autres garçons s'uniraient pour me secourir. Il n'en fut rien. Ils étaient là, debout près de nous, poussant des rugissements. Je ne savais pas me battre de cette façon-là. Tous mes combats avaient eu lieu selon les règles de la boxe. Mais je sentais que ce garçon était prêt à me tuer si je ne réagissais pas. Aussi je saisis sa main pour libérer mes yeux et plantai mes dents dans son doigt. Il cria de douleur et descendit de mon dos en roulant.

Je sautai sur mes pieds et pris une fois de plus la position du boxeur. Il se leva lentement, tenant sa main blessée. Je dansai devant lui et lui envoyai deux coups de ma droite sur le côté du visage. Il eut mal et je me préparai à le frapper encore quand il s'approcha et me saisit par la taille, maintenant mes bras collés à mon corps. Se servant de sa tête comme un bélier, il me heurta la face à plusieurs reprises avec son front. J'avais l'impression qu'il me battait avec un marteau de forgeron. Mon nez saignait et j'étais aveuglé par la douleur. Finalement, il me lâcha et cogna encore deux fois avec ses poings, puis je m'effondrai dans la boue de la cour. Il me poussait du pied au moment où un instituteur arrivait pour l'éloigner de moi.

Ce soir-là, à la maison, Frank hurla à son tour :

— Ils te tueront, Nicky. Je t'avais dit de ne pas te mêler aux bandes. Ils te tueront !

Mon visage était terriblement tuméfié et mon nez me semblait cassé. Mais je sus qu'à partir de ce jour personne n'abuserait plus de moi. Je pouvais me battre aussi brutalement qu'eux s'il le fallait et même encore plus. La prochaine fois, je serais prêt à les affronter.

* * *

« La prochaine fois » se présenta quelques semaines après cet incident. La classe était terminée et je marchais dans le corridor, vers la sortie. Je m'aperçus que l'on me suivait. Jetant un regard par-dessus mon épaule, je vis cinq garçons de couleur et une fille. Je savais qu'il s'était produit des combats assez durs entre des jeunes Portoricains et des Noirs, et j'accélérai le pas ; les autres derrière moi en firent autant.

Ayant franchi la porte, je m'engageai sur un passage cimenté qui menait à la rue. Les gamins de couleur me rattrapèrent et l'un d'entre eux, plus grand que les autres, me poussa avec violence contre le mur. J'avais laissé tomber mes livres et un gosse les lança à coups de pied le long du trottoir, jusqu'à un caniveau rempli d'eau sale.

Je regardai autour de moi : personne à qui je puisse demander de l'aide. Le grand adolescent m'interrogea :

— Que fais-tu ici sur ce terrain, gamin ? Ne sais-tu pas qu'il nous appartient ?

— Mon vieux, c'est le terrain de l'école secondaire, il me semble. Il n'est à aucune bande ! répondis-je.

— Ne fais pas le malin ! Je n'aime pas ton air.

Il posa sa main sur ma poitrine et me cloua contre le mur. A ce moment précis, j'entendis un déclic et compris qu'il s'agissait d'un couteau à cran d'arrêt.

La majorité des adolescents portaient sur eux des couteaux. Mais ils préféraient ce genre de poignard qui fonctionne avec un ressort, quand on presse sur un petit bouton placé sur le côté du manche. Ce ressort puissant libère la lame qui se bloque.

Le grand garçon tenait le couteau contre ma poitrine et, de la pointe effilée de l'arme, jouait avec les boutons de ma chemise.

— Je vais te dire ce que j'ai l'intention de faire, mon beau ! dit-il. Tu es nouveau dans cette école et nous obligeons tous les nouveaux à acheter notre protection. C'est une très bonne affaire. Tu me donnes un franc chaque jour et nous t'assurons que personne ne te touchera.

Un des jeunes fit entendre un ricanement :

— Exactement, mon vieux, comme nous t'assurons du même coup contre le mal que nous pourrions te faire nous-mêmes !

Les autres se mirent à rire.

Je dis :

— Oui ? Et qu'est-ce qui me prouve que, si je vous donne un franc par jour, vous ne me tomberez pas dessus malgré tout ?

— Rien, petit crétin. Tu me donnes l'argent tout simplement. Si tu ne le fais pas, on te tue ! répondit-il.

— O.K. Dans ces conditions, il vaut mieux me tuer tout de suite, car si vous ne le faites pas, je reviendrai ici et c'est moi qui vous tuerai les uns après les autres.

Je sentis qu'ils étaient un peu effrayés. Le plus grand qui tenait son couteau contre ma poitrine crut que j'étais droitier. Il ne s'attendait pas à ce que je le saisisse de la main gauche. J'écartai sa main de ma poitrine en la tordant et la plaçai dans son dos en l'obligeant à faire un demi-tour sur lui-même.

Il laissa tomber l'arme que je ramassai. J'aimais sentir dans ma main ce couteau. Je le lui mis sur le côté du cou appuyant juste assez pour qu'il laisse une marque sur la peau sans l'entamer. Je poussai son visage contre le mur avec la lame placée au-dessous de son oreille. Une fille se mit à crier, affolée à l'idée que j'allais le tuer.

Je me tournai vers elle et lui dis :

— Hé, bébé, je te connais, je sais où tu habites. Ce soir, j'irai chez toi et je te ferai ton affaire à toi aussi, qu'en penses-tu ?

Elle se mit à crier plus encore et, saisissant un des gamins par le bras, elle essaya de l'emmener.

— Cours ! Cours ! cria-t-elle. Ce type est fou ! Cours !

Ils partirent tous en courant, même le grand garçon que j'avais cloué contre le mur. Je les laissai s'en aller, convaincu qu'ils n'auraient pas manqué de me tuer s'ils avaient pu le faire.

Je m'approchai de la rigole où mes livres trempaient. Je les ramassai et les secouai. Le poignard était dans ma main gauche ; je restai là, debout, ouvrant et refermant la lame. C'était le premier couteau à cran d'arrêt que je possédais et j'éprouvais un certain plaisir à le sentir entre mes doigts. Je le glissai dans la poche de ma veste et rentrai à la maison. Dorénavant, pensai-je, ils y regarderont à deux fois avant de s'attaquer à Nicky !

Le bruit courut que j'étais à craindre, ce qui fit de moi un véritable appât pour quiconque désirait se battre. Je sentais que quelque chose de terrible se produirait avant longtemps. Mais j'étais préparé, quoi qu'il advînt.

* * *

L'explosion finale éclata après deux mois d'école. L'institutrice avait réclamé le silence et faisait l'appel. Un garçon de couleur arriva en retard en se balançant et en roulant les hanches. Une jolie petite Portoricaine était assise au dernier rang. Il se pencha et l'embrassa sur la nuque. Elle se rejeta en arrière et se tint toute droite à son pupitre. Le Noir revint et l'embrassa sur la bouche, en posant sa main sur sa poitrine. Elle sauta hors de son banc et se mit à crier.

Les autres garçons riaient et vociféraient :

— Vas-y ! Vieux ! Vas-y !

Je regardai l'institutrice. Elle s'apprêtait à agir et s'avançait dans le couloir, mais un grand garçon se dressa devant elle et s'interposa :

— Eh ! Mademoiselle, vous n'allez pourtant pas gâcher ce petit plaisir, ou bien ?

La maîtresse leva les yeux vers l'adolescent qui était plus grand qu'elle. Elle retourna vers son bureau alors que la classe hurlait de satisfaction. Pendant ce temps le garçon avait poussé la fille contre la paroi et promenait ses mains sur son corps, tout en essayant de l'embrasser. Elle poussait des cris et cherchait à se dégager. Finalement, il l'abandonna, se laissant tomber sur son siège.

— Pas la peine de lutter pour ça, annonça-t-il, je l'aurai ce soir et elle sera bien contente de se donner pour finir !

J'entendis l'institutrice s'éclaircir la voix avant de recommencer l'appel. La colère éclata au-dedans de moi. Je quittai ma place et allai au fond de la salle. La jeune fille sanglotait.

Je me dirigeai vers le garçon, assis sur son banc, se rongeant les ongles. Je saisis une lourde chaise de bois qui se trouvait sur mon passage.

— Hé ! Regarde ici, voyou, j'ai quelque chose pour toi !

Au moment où il se retournait, je lâchai la chaise sur sa tête. Il s'effondra sur son siège et du sang se mit à couler d'une plaie profonde.

L'institutrice sortit en courant de la classe et revint, quelques instants plus tard, avec le directeur. Il me saisit par le bras et me traîna jusqu'à son bureau. Je restai assis tandis qu'il appelait une ambulance et faisait les arrangements nécessaires pour que l'on prît soin du blessé.

Puis il se retourna vers moi. Après m'avoir dit que, depuis deux mois, il n'avait entendu que des plaintes à mon sujet et des histoires d'émeutes, il me demanda de lui expliquer ce qui s'était passé en classe. Je lui dis exactement ce que je savais, que le garçon avait pris des libertés avec la jeune Portoricaine et que l'institutrice n'avait rien fait pour l'en empêcher, ce qui m'avait amené à défendre ma camarade.

Tout en parlant, je voyais le rouge lui monter au visage. Finalement il se leva et dit :

— Bien... cette fois-ci j'en ai assez de toutes ces bagarres ! Vous, les gosses, vous venez ici et vous vous imaginez que vous pouvez vous comporter comme dans la rue. Je crois que le temps est venu de donner un exemple et peut-être obtiendrons-nous, par la suite, un peu de respect pour l'autorité. Je ne vais pas rester ici, chaque jour, à écouter vos mensonges au sujet de vos tentatives d'assassinat réciproques. Je vais appeler la police.

Je me levai :

— Mais, Monsieur, la police me jettera en prison !

— Je l'espère bien ! dit le directeur. Au moins, si on t'emmène, les monstres qui sont ici apprendront, pour changer, à respecter un peu l'autorité.

— Appelez la police, dis-je appuyé contre la porte, tremblant de peur et de rage, mais, quand je sortirai de prison, je reviendrai. Et, un jour, je vous surprendrai quand vous serez seul et je vous tuerai !

Je grinçais des dents tout en parlant.

Le directeur pâlit. Sa face était blême et il réfléchit un instant.

— Très bien, Cruz ! Je te laisse aller pour cette fois. Mais je ne veux plus te voir par ici autour de l'école. Peu m'importe où tu vas. Quant à moi, tu peux aller en enfer, mais je ne veux plus voir ta tête dans les parages. Je veux que tu partes en courant et que tu ne t'arrêtes que hors de ma vue. Compris ?

Je compris et partis... en courant !

CHAPITRE III

A mon compte

Dans une vie motivée par la haine et la peur, il n'y a de place que pour soi-même. Je haïssais tout le monde, Frank inclus. Il représentait pour moi l'autorité. Et, quand il se mit à faire objection à ma suspension de l'école et à mes tardives sorties nocturnes, je pris la décision de le quitter.

— Nicky, me dit-il, New York est une vraie jungle. Les habitants sont soumis à ses lois. Seuls les plus durs survivent. Tu n'as pas encore réellement vu ce que c'est, Nicky. J'habite ici depuis cinq ans et je sais ! Cet endroit grouille de prostituées, de drogués, d'ivrognes et d'assassins. Ils te tueront, et personne ne saura que tu es mort jusqu'au jour où un type trébuchera sur ton cadavre, sous un tas d'immondices.

Frank avait raison, mais je ne pouvais pas rester chez lui. Il insistait pour que je retourne à l'école et je savais que je devais me tirer d'affaire tout seul.

— Nicky, je ne peux pas t'obliger à retourner à l'école, mais, si tu ne le fais pas, tu es perdu !

— Le directeur me chassera ! Il m'a dit de ne jamais revenir !

— Cela m'est égal ! Si tu habites ici, tu y retourneras. Tu dois aller à l'école quelque part.

— Si tu t'imagines que je vais y aller, lui répliquai-je furieux, alors tu es fou. Et si tu essaies de m'y obliger, je te tuerai aussi !

— Nicky, tu es mon frère. C'est insensé de parler ainsi. Maman et papa m'ont demandé de prendre soin de toi. Je ne vais pas te laisser parler ainsi ! Ou tu vas à l'école, ou tu me quittes ! Va, cours, si tu veux ! Mais tu reviendras, parce que tu ne sais pas où aller. Si tu restes ici, tu iras à l'école. C'est décidé.

Le vendredi matin, Frank alla au travail. L'après-midi, je laissai une note sur la table de la cuisine l'avertissant que des amis m'avaient invité à passer une semaine avec eux. Je n'avais pas d'amis, mais je ne pouvais rester plus longtemps chez Frank.

Ce soir-là, j'errai dans le quartier de Bedford-Stuyvesant, à Brooklyn, pour chercher un endroit où je pourrais loger. Je m'approchai d'un groupe d'adolescents qui flânaient à un coin de rue.

— L'un de vous, les gars, peut-il me dire où je puis trouver une chambre par ici ?

Un garçon se retourna et, me regardant tout en tirant sur sa cigarette, me répondit :

— Oui..., en m'indiquant du pouce, par-dessus son épaule, la direction de l'Ecole supérieure de technique de Brooklyn. Mon vieux est le surveillant de tous ces appartements de l'autre côté de la rue. C'est lui qui est assis là-bas, sur les marches de la maison et qui joue aux cartes avec ses copains. C'est celui qui est ivre.

Les autres se mirent à rire.

La maison à laquelle l'adolescent se référait était située sur la place Fort Greene, au cœur même de l'un des plus grands ensembles d'appartements du monde. Plus de trente mille personnes vivent dans ces tours, la plupart d'entre elles étant des gens de couleur et des Portoricains.

L'ensemble de Fort Greene part de l'avenue du Parc

jusqu'à l'avenue Lafayette, en contournant le parc Washington.

Je m'approchai du groupe d'hommes et demandai au surveillant s'il avait une chambre à louer. Il leva les yeux de ses cartes et grogna :

— Oui, j'en ai une, pourquoi ?

J'hésitai et bégayai :

— Parce que je cherche un endroit pour me loger.

— As-tu cinquante balles ? interrogea-t-il, crachant son jus de tabac à mes pieds.

— Bien... pas maintenant, mais...

— Alors j'ai pas de chambre ! dit-il et il retourna à son jeu.

Les autres hommes ne me regardèrent même pas.

— Mais j'aurai l'argent, insistai-je.

— Ecoute, gosse, quand tu me montreras les cinquante balles d'avance, la chambre t'appartiendra. Mais jusqu'à ce que tu aies l'argent, ne mets pas ton nez par ici, tu m'embêtes !

Je partis en direction de l'avenue Lafayette, en passant devant le bar de « Papa John », devant la « Boucherie de Harry », le « Paradise Bar », l'« Ecuyer », l'« Ile Valhat » et le « Rendez-vous de Lincoln ». M'arrêtant devant ce dernier, je m'enfilai dans une impasse pour réfléchir à la manière dont j'allais me procurer cet argent.

Je savais pertinemment que si j'essayais de voler quelqu'un et que je sois pris, j'aurais à faire de la prison. J'avais dit à Frank que je ne rentrerais pas pendant une semaine. Une chambre coûtait cher et je n'avais pas un sou. Il était presque 22 heures et le vent hivernal était glacial. Je m'enfonçai dans les ténèbres de l'allée et vis des gens qui longeaient le trottoir. Je sortis de ma poche le couteau à cran d'arrêt et en pressai le bouton. La lame s'ouvrit avec un petit déclic. J'appuyai la pointe effilée contre la paume de ma main et tremblai en imaginant comment j'opérerais le vol. Serait-il préférable de pousser les gens dans le passage ? Devais-je aller de l'avant et les poignarder ou seulement les effrayer ? Et s'ils se mettaient à hurler ?...

Le cours de mes pensées fut interrompu par la présence de deux personnes qui bavardaient à l'entrée de la ruelle. Un vieil ivrogne avait arrêté un jeune homme qui portait un gros sac d'épicerie sur l'épaule. Il lui demanda quelques sous pour se procurer une tasse de café. J'écoutais comment le garçon essayait de s'en débarrasser, en lui disant qu'il n'avait pas d'argent.

La pensée me vint que le vieillard avait probablement sa poche pleine de monnaie volée ou mendiée. Il n'oserait pas appeler au secours si je le dévalisais. Quand le commis serait parti, je l'entraînerais dans le cul-de-sac pour le piller.

Le garçon déposa son sac sur le trottoir. Il chercha des sous dans sa poche et les donna au vieux qui marmonna et partit.

— Zut ! me dis-je, et maintenant que dois-je faire ?

Au même instant, le jeune homme renversa son sac et quelques pommes roulèrent à terre. Il se pencha pour les ramasser. J'en profitai pour le pousser dans l'allée et l'écraser contre un mur. Nous étions mortellement effrayés l'un et l'autre, mais j'avais l'avantage de la surprise. Il était pétrifié de terreur lorsque je brandis mon couteau devant son visage.

— Je ne veux pas te faire du mal, lui dis-je, mais j'ai besoin d'argent. Je suis désespéré ! Donne-le moi ! Maintenant ! Vite ! Tout ce que tu as avant que je te tue !

Ma main tremblait si fort que j'eus peur de laisser tomber le poignard.

— S'il te plaît ! S'il te plaît ! Prends tout ! Ne me tue pas ! plaidait le garçon.

Il sortit un portefeuille de sa poche, fit un geste

pour me le tendre, mais le laissa tomber. Je le poussai à coups de pied dans l'allée.

— Pars ! lui dis-je. Cours, mon vieux, cours ! Et si tu t'arrêtes de courir le long de ces deux cents mètres, tu es un homme mort !

Il me regarda, les yeux dilatés par l'horreur et se mit à courir. Il trébucha contre sa marchandise et s'étala de tout son long sur la chaussée, à l'entrée du passage. S'aidant de ses pieds et de ses mains, il chercha à se relever ; il fit un nouveau faux-pas et prit la fuite le long du trottoir, moitié rampant, moitié courant. Dès qu'il eut disparu au coin de la rue, je saisis le portefeuille et partis à mon tour à toute vitesse, le long du passage. Emergeant de l'obscurité, je sautai par-dessus la chaîne qui entoure le parc et, toujours en courant, je franchis les hautes herbes pour atteindre les arbres. Je m'accroupis derrière un talus pour reprendre mon souffle et permettre aux coups redoublés de mon cœur de s'apaiser... J'ouvris le portefeuille et y découvris quatre-vingts francs. J'aimais sentir les billets entre mes doigts. Je jetai le portefeuille dans les hautes herbes et comptai une fois encore l'argent avant de le plier et de le mettre dans ma poche.

« Pas mal du tout, pensai-je. Les gangs tuent des types pour moins que ça : et mon premier essai m'a valu quatre-vingts francs ! Cela n'avait pas l'air d'être si difficile, après tout ! »

Ma confiance n'effaça pas toute ma frayeur et je restai caché dans le pré jusqu'après minuit. C'était trop tard pour obtenir la chambre et je retournai à l'endroit où j'avais commis mon larcin. Quelqu'un avait déjà ramassé les articles d'épicerie, à l'exception d'une boîte de biscuits écrasée.

Je pris la boîte et la secouai pour en faire tomber les miettes sur le sol. Je revécus mentalement l'expérience et ricanai : « J'aurais dû lui donner un coup de couteau, juste pour voir ce qu'on ressent en le faisant, pensai-je. La prochaine fois, je le ferai ! »

Je marchai jusqu'à l'entrée du métropolitain, à deux pas du bar « Papa John » et montai dans le premier train qui passa. Je restai toute la nuit dans une station, et de bonne heure, le lendemain matin, je retournai à Fort Greene Place pour retenir la chambre.

Le surveillant monta avec moi les trois étages. La pièce donnait sur la rue, en face de l'Ecole technique de Brooklyn. Elle était petite et le plafond était lézardé. Le surveillant m'informa qu'au deuxième étage se trouvait une salle de bain commune et que je pouvais régler la chaleur en tournant la manette d'un radiateur en acier. Il me tendit la clé et me dit que le loyer était dû chaque samedi, une semaine à l'avance. La porte se referma derrière lui et je l'entendis descendre lourdement l'escalier.

Je me retournai et regardai la chambre. Il y avait deux lits d'une place, une chaise, une petite table, un lavabo fixé au mur et une armoire. Allant à la fenêtre, je me penchai pour voir la rue au-dessous. Il était encore tôt, mais le trafic avançait dans un brouhaha continu le long de l'avenue Lafayette. En face, l'Ecole technique de Brooklyn se dressait dans le ciel. Elle occupait tout un côté du bloc et bouchait la vue que j'aurais pu avoir. Mais cela ne faisait guère de différence pour moi. J'étais à mon compte !

* * *

Tard dans la matinée, je fis mon premier tour dans le voisinage. Descendant les marches de la maison locative des bas-fonds, je vis un jeune homme s'éloigner en chancelant de dessous la cage d'escalier, transformée par lui en lieux d'aisances. Son visage était livide, ses yeux s'enfonçaient profondément dans leur orbite. Sa veste sale et en lambeaux pendait à moitié d'une épaule, et la fermeture à glissière de son pantalon n'avait pas été refermée. Je n'aurais pas pu dire s'il était ivre ou sous l'effet d'une forte dose de drogue. Je m'arrêtai à l'étage et l'observai tandis qu'il trébuchait sur le seuil de la porte et sur les marches qui menaient au trottoir. Il s'inclina sur le côté de l'escalier, secoué par des haut-le-cœur et vomit. Une bande de « petits » sortit en courant d'une maison voisine et se répandit dans la rue en l'ignorant totalement. Il s'affaissa finalement sur une marche, regardant hébété autour de lui, apparemment sans rien voir.

En passant à côté de lui, j'entendis qu'on ouvrait une fenêtre au-dessus de moi et regardai juste à temps pour esquiver le contenu d'une poubelle jeté du troisième étage sur la chaussée. Dans l'immeuble voisin, un « petit » était accroupi dans l'ombre, sous l'escalier, se servant de l'entrée d'un sous-sol abandonné comme latrines. Je frémis en me disant que je finirais bien par m'habituer à toutes ces inconvenances.

Derrière la maison s'étendait un terrain vague où croissaient pêle-mêle, jusqu'à la hauteur de la taille d'un homme, des mauvaises herbes et des buissons rabougris. Quelques arbres décharnés étendaient leurs branches dépouillées vers le ciel gris. Le printemps était déjà là, mais les arbres semblaient éprouver de la répugnance à faire jaillir de jeunes pousses et à envisager un nouvel été dans ce ghetto. Je donnai un coup de pied à un bidon de bière : le sol en était jonché. Des cartes, des journaux, des planches qui pourrissaient là avaient été jetés dans les hautes herbes. Une clôture de fil de fer à moitié démolie s'étendait à travers le terrain pour limiter la propriété d'un autre ensemble qui donnait sur la rue St-Edward. Regardant la partie arrière de la maison où j'habitais, je pus voir quelques fenêtres du premier étage recouvertes de planches, ou fermées par des feuilles de zinc galvanisé, en guise de protection contre le vent froid. Deux appartements plus loin, j'apercevais les visages ronds de petits enfants noirs, le nez pressé contre la vitre sale de la fenêtre et m'observant alors que je donnais des coups de pied et que j'avançais à travers ce dépotoir. Ils me faisaient penser à de petits animaux en cage, soupirant après la liberté et n'osant, pourtant, s'aventurer au dehors de crainte qu'on les tourmente, les blesse ou les tue. Un carreau de la fenêtre était cassé et remplacé par des cartons entachés d'humidité. Je pus compter cinq visages apeurés. Il y en avait probablement cinq autres dans cet appartement exigu de trois pièces.

Je retournai devant l'immeuble. L'appartement numéro 54 du sous-sol était vacant. La porte de fer pendait de ses gonds. Je l'ouvris d'un coup de pied et entrai. Une odeur d'urine, d'excréments, de vin, de fumée et de graisse me prit à la gorge et je ne pus la supporter ; je ressortis en vacillant. Heureusement, j'avais une chambre au troisième étage.

Je marchai le long du trottoir. Les prostituées, dans la rue, offraient un spectacle pathétique. Les filles de race blanche travaillaient du côté droit et occupaient les maisons qui s'alignaient sur la mienne. Les filles de couleur faisaient leur besogne de l'autre côté et habitaient près de l'entrée du métro.

Toutes s'adonnaient à la drogue. Elles se tenaient un peu partout, vêtues de vieux manteaux de léopard ou d'imperméables malpropres. Les unes bâillaient parce qu'elles étaient malades, et d'autres, parce qu'elles avaient besoin d'une dose d'héroïne pour se mettre en train.

Après deux mois, je n'étais pas encore habitué à New York. J'avais vu, à Porto Rico, des images de la Statue de la Liberté et du palais des Nations Unies. Mais ici, dans le ghetto, aussi loin que se portaient les regards, on ne voyait rien d'autre que des immeubles locatifs remplis d'êtres humains. Chaque fenêtre était le symbole d'une famille, comprimée dans une demeure étroite, vivant d'une maigre pitance. Cela me faisait penser au jardin zoologique de San Juan, aux ours dans leurs allées et venues incessantes, aux singes jacassant perpétuellement derrière les barreaux. Ils se vautrent dans la bourbe. Ils mangent de la viande faisandée ou des laitues pourries. Ils se battent les uns contre les autres ; ils ne s'entendent que pour attaquer un intrus. Les animaux ne sont pas destinés à vivre de cette façon avec, au fond de leur cage, un tableau de la jungle leur rappelant qu'ils sont censés être libres ! Les humains non plus ne sont pas destinés à vivre comme ils le font, ici, dans le ghetto !

Je m'arrêtai au coin de la Myrtle Avenue, attendant les feux verts. Au-dessus de ma tête, un train aérien passa à grand fracas, lançant sur ceux qui attendaient au-dessous une fine averse de suie et de saleté. Les rues étaient couvertes d'un mélange boueux de neige, de margouillis et de sel à travers lequel les passants pataugèrent dès que le passage leur fut donné.

Derrière les maisons, des fils de fer étaient tendus entre deux balcons crasseux ou d'une échelle de secours à une autre. Les bleus de travail ou les pantalons kaki flottaient dans le vent glacial. Les sous-vêtements, blancs autrefois, étaient devenus gris par leur constante exposition à l'air pollué.

C'était un samedi matin et les commerçants levaient les lourdes grilles de fer qui protégeaient les vitrines des attaques nocturnes.

Les appartements paraissaient misérables. On remarquait, ici et là, les pauvres efforts des occupants pour donner à leur habitation une note personnelle.

Derrière les fenêtres, couvertes de la suie noire et grasse qui descendait de milliers de cheminées, on apercevait un pot de fleurs, rouge et crasseux, ou un géranium squelettique qui pendait sans force. Quelquefois, ces taudis arboraient des marches d'escalier peintes de couleur vive, ou une console à qui un magistral coup de pinceau donnait un relief particulier. Ailleurs, une grossière jardinière, faite du bois mal équarri d'une caisse d'emballage, dépassait d'un appui malpropre. Là, quelques fleurs artificielles bravaient le vent hivernal.

J'avais marché jusqu'à la rue St-Edward et m'arrêtai en face de la bibliothèque Walt Whitman. De l'autre côté de la chaussée s'élevait une immense bâtisse de douze étages, longue de cent mètres. Ses six cents fenêtres donnaient sur la rue ; chacune d'elles représentait les misérables conditions d'une humanité frissonnant derrière les vitres. De l'une des fenêtres pendait un rideau en lambeaux, autrefois éclatant de couleurs, mais terni et déchiré par les effets de son environnement. La plupart d'entre elles, d'ailleurs, n'avaient ni stores ni tentures.

Je revins sur mes pas vers le Washington Park. Qu'est-ce qui ne va pas chez ces gens, ici, dans ces taudis ? Je me le demandais. Pourquoi vivent-ils ainsi ? Pas de jardin ! Pas de pelouses ! Pas de champs ! Pas d'arbres ! J'imaginais qu'une fois installé dans ces cages en ciment on devenait leur prisonnier.

L'après-midi, je retournai dans la rue. J'avais remarqué une sorte de carnaval, avec des concours et des spectacles forains sur la place de jeux de l'Eglise catholique de St-Michael - St-Edward, au coin des rues Auburn et St-Edward. J'arrivai à quatre heures. La musique bruyante de la kermesse s'entendait de loin. Il me restait un peu d'argent du larcin que j'avais commis et la pensée des amusements enflammait mon sang. Je remarquai près de la grille un groupe de gamins qui entouraient un joueur italien d'orgue de Barbarie. Ils portaient des vestes noires avec, dans le dos, deux lettres « M » brodées en rouge. La musique de l'orgue était presque noyée par le bruit des gosses frappant dans leurs mains et s'agitant nerveusement au milieu du trottoir.

Au centre du groupe se trouvait un jeune garçon à peu près de mon âge, aux cheveux noirs et à la peau claire. Son beau visage grimaçait chaque fois qu'il faisait claquer ses pieds contre le trottoir à une cadence rapide. Les mains sur les hanches, il dansait au rythme de la musique. Soudain, ses yeux noirs rencontrèrent les miens. Il s'arrêta brusquement et le sourire sur son visage fut remplacé par une expression dure et froide.

— Hé, toi, que fais-tu sur ce terrain ? Il appartient aux Mau-Mau ! Nous ne voulons pas de boxeur par ici !

Je le regardai et remarquai que les garçons, porteurs de chemises noires, formaient un petit cercle tranquille autour de nous. Le joli garçon aux yeux froids comme de l'acier s'approcha de moi et me poussa de sa poitrine, en minaudant :

— A quelle clique appartiens-tu ?

— A aucune clique ! lui répondis-je. Je viens ici pour m'amuser à la kermesse. Est-ce un crime ou bien ?

Un gosse du groupe s'avança :

— Hé... tu sais ce que c'est ça ? dit-il en brandissant un couteau ouvert. C'est une lame, mon vieux. Elle va t'éventrer. N'essaie pas de jouer au plus fin avec moi, hé ! Je ne suis pas aussi tendre qu'Israël !

Le jeune garçon qui répondait au nom d'Israël écarta le gosse et continua :

— Tu vois, un boxeur peut être abattu en un clin d'œil. Il se pourrait que je te liquide. Mais, si tu désires vivre, fiche le camp d'ici !

J'étais en colère et cherchai mon poignard dans ma poche. Je compris pourtant que les chances n'étaient pas de mon côté. Je ne voulais pas être une poule mouillée, et savais qu'une autre occasion me serait donnée de montrer mon courage. Je fis un signe de tête et repris le chemin du Washington Park et de mon logis. Derrière moi, j'entendis rire et vociférer le gang :

— Ça c'était bien dit, Israël. Ce fils de ... a eu sa leçon cette fois-ci ! Il fera froid en enfer le jour où il remettra son nez dans nos affaires !

J'étais en rage et frustré. Passant sous les rails du train aérien, je pénétrai dans le parc et m'assis sur un banc. Je n'avais pas remarqué qu'un jeune garçon de treize ans environ m'avait suivi. Je me retournai et le regardai. Il sourit et prit place sur le banc à mon côté.

— Ils t'ont fait passer un mauvais quart d'heure, n'est-ce pas ? me dit-il.

— Que veux-tu dire ? lui demandai-je. J'aurais pu vaincre n'importe lequel d'entre eux, mais cela n'aurait eu aucun sens de me battre avec tous à la fois !

— Les bandes de voyous sont dures par ici ! Il fouilla dans la poche de sa chemise et en retira une cigarette fabrication maison.

— Ils te tueront si tu ne marches pas avec eux !

Il alluma la cigarette et remarqua que je l'observais :

— Tu fumes de la marijuana ?

Je secouai la tête mais savais de quoi il parlait.

— Tu aimerais en goûter une ? J'en ai une autre de réserve. C'est agréable, mon gars !

— Bien sûr, lui dis-je. J'avais déjà reculé une fois, cet après-midi, et ne voulais pas renoncer de nouveau.

Il plongea sa main dans la poche de sa chemise et en retira une cigarette tordue et ratatinée. Les deux bouts avaient été pressés pour les fermer et elle était tachée sur le côté où il avait léché le papier pour la coller.

— Tu dois tirer, me dit le garçon, sans cela elle s'éteindra.

Il alluma la cigarette pour moi et je fis d'infructueux essais.

— Non ! Comme ça ! Tu vois ? Il rit de bon cœur. Il aspira longuement et inhala lentement la fumée dans ses poumons.

— C'est formidable ! Si tu ne fais que souffler elle brûle et tu n'en obtiens rien ! Aspire ! Aspire !

C'est ce que je fis. Le goût était étrangement douceâtre et l'odeur forte.

— Qu'est-ce que ça fait, au fond ? lui demandai-je, en sentant déjà les premiers effets de la drogue.

—Ah ! mon pote ! Cela te fait rire, rire aux éclats ! Et puis, tu as l'impression d'être le meilleur danseur, le meilleur prétendant, le meilleur batailleur ! Tous ces types, à la kermesse, avaient fumé de la marijuana. As-tu remarqué comme leurs yeux étaient rouges ? Tu peux être sûr, si leurs regards brillent, qu'ils sont sous l'effet de la drogue !

— Où obtiens-tu cette herbe ? lui demandai-je.

— Oh ! C'est facile ! Il y a des centaines de distributeurs dans les parages. La plupart des grands peuvent t'en procurer. Ils la reçoivent d'amis haut placés avec lesquels ils entretiennent des relations ; ça vient de Cuba, du Mexique. Mais, mon vieux, à la maison, on la cultive dans notre arrière-cour. Nous n'y avons que de la mauvaise herbe et des buissons, personne n'y va jamais. Le vieux a planté, parmi ces broussailles, des semences de chanvre indien. C'est ainsi que nous cultivons notre propre marijuana. Elle n'est pas aussi bonne que celle qu'on achète, mais elle ne nous coûte pas un sou !

— A combien revient-elle si tu l'achètes à un distributeur ?

Je désirais être mis au courant du vocabulaire de la drogue ; j'étais un peu confus, d'ailleurs, qu'un gamin de treize ans en sût plus long que moi à ce sujet.

— Il y en a qui la vendent cinq francs la cigarette. Parfois, on peut l'obtenir pour trois francs. Mais ce qu'il y a de plus avantageux encore, c'est d'en acheter une boîte. Tu sais, par exemple une boîte « Prince Albert » ! Avec ça, tes cigarettes te reviendront à deux francs la pièce. Mais il faut que tu fasses attention. Il y a des types qui trichent et te volent. Ils mélangent d'autres herbes à la marijuana et tu n'as pas de drogue pure. Contrôle toujours avant de payer ! Car tu peux être sûr qu'ils essayeront de te duper !

J'avais achevé ma cigarette. J'étendis mes jambes devant moi, la tête appuyée contre le dossier du banc. Le vent me parut moins froid et les vertiges avaient disparu. Il me semblait que j'étais en train de flotter sur un nuage de rêve.

Je me retournai de manière à voir le garçon. Il était assis, la tête entre ses mains. Je l'interpellai :

— Moi qui croyais qu'en prenant cette drogue on devenait heureux ! Comment se fait-il que toi, tu ne ries pas ?

— De quoi pourrais-je bien rire ? dit-il. Le vieux est un ivrogne. Encore qu'il n'est pas réellement mon père. Il est venu habiter chez ma mère, l'an passé. Je ne sais même pas qui est mon vieux à moi. Et cet homme-là bat constamment ma mère. La semaine dernière, quand j'ai essayé de l'arracher à ses mains, il m'a frappé au visage avec une bouteille et m'a cassé deux dents. Je lui ai lancé une pendule qui l'a atteint dans le dos. Alors ma mère, ma propre mère, m'a dit que j'étais un fils de ... un mot terrible, et que je devais partir immédiatement car je n'avais aucune raison de faire du mal à cet homme. Depuis lors, je vis sur la rue et j'attends l'occasion de l'abattre. Je ne fais pas partie d'une bande, je suis à mon compte. J'attends tout simplement le moment favorable, quand le type sera seul, pour le liquider. Je n'aime plus ma mère. De quoi pourrais-je rire ?

Il ne leva pas une fois la tête en parlant.

Je lui demandai :

— Est-ce le même homme qui cultive la marijuana ?

— Oui ! Et il est aussi un distributeur de drogue. Attends seulement que je le surprenne ! Je vais lui distribuer quelque chose, moi aussi : un couteau à travers le corps !

Il me regarda ; son visage était tiré et tendu, plus semblable à la face d'un vieux singe qu'à celle d'un garçon de treize ans.

— Et ton vieux à toi, est-il aussi un ivrogne ?

— Non ! J'ai bien de la chance, je n'ai ni vieux, ni vieille ! répondis-je en lui mentant. Je suis à mon compte !

Il releva le front :

— Eh ! oui... et moi aussi, j'imagine.

Puis, se rassérénant il ajouta :

— Je te reverrai, sans doute. Fais attention à ces gangs. Ils te tueront s'ils te rencontrent de nuit, dans la rue.

— Hé ? Qu'est-ce que ces gangs ? Combien sont-ils ?

— Des centaines, dit-il. En réalité, ils sont si nombreux qu'on n'arrive pas à les compter.

— Que font-ils ?

— Ils se bagarrent, mon pote. Que feraient-ils d'autre ? Ou bien ils sortent pour attaquer une autre bande, ou encore ils restent chez eux pour défendre leur terrain contre quelque gang envahisseur. Quand ils ne se battent pas entre eux, ils s'en prennent à la police. Ils emploient tout ce qu'ils trouvent pour attaquer, des couteaux, des massues, des pistolets, des carabines, des fusils de chasse, des baïonnettes, des battes de base-ball, des bouteilles cassées, des bombes à essence, des briques, des pierres, des chaînes de bicyclettes... Il suffit de leur parler d'une arme pour qu'ils l'utilisent sans tarder. Ils aiguisent même la pointe de leurs parapluies ; ils garnissent de clous effilés le bout de leurs chaussures, et quelques-uns, appartenant aux gangs de métèques, portent sur eux des rasoirs à manche et placent entre leurs doigts des lames tranchantes. Si tu restes ici assez longtemps, tu découvriras tout cela. C'est pourquoi je ne me mêle pas à eux. Je me tiens à l'écart dans les allées et les rues sombres, loin d'eux. Tu apprendras ! Reste par ici autour et tu verras !

Il se leva et se dirigea nonchalamment vers le parc où il disparut dans le crépuscule. Je repartis vers la place de Fort Greene. La nuit était déjà tombée.

CHAPITRE IV

Le baptême de sang

Quelques semaines plus tard, je quittai ma chambre aux environs de vingt heures et me dirigeai vers le bar de « Papa John », au coin de l'avenue Lafayette. Un jeune Portoricain, nommé Tico, était appuyé contre le mur et fumait une cigarette. Je l'avais déjà rencontré une ou deux fois et remarqué qu'il était expert dans le maniement du couteau.

Il me regarda et me dit :

— Hé ! Nicky, cela te plairait-il d'aller à une « surboum » ? Je désire voir Carlos, le président de notre gang.

J'avais déjà entendu parler de « surboum », mais n'y avais jamais pris part. J'acceptai donc avec plaisir son invitation et le suivis le long d'une ruelle, jusqu'à l'entrée d'un sous-sol, dans une maison locative.

J'eus du mal à m'habituer à la faible lumière : seul un candélabre dans un coin et l'éclairage de la rue donnaient un peu de clarté.

En pénétrant dans la salle, je distinguai des silhouettes confuses qui se tenaient enlacées et se balançaient au rythme d'une musique tendre, la tête appuyée sur l'épaule de l'autre tandis que leurs pieds se mouvaient aux sons lents d'un disque. Un des garçons s'agrippait à une bouteille d'alcool qu'il tenait dans le dos de la fille et, tout en l'entourant de son bras, il buvait à longs traits en chancelant. Plusieurs adolescents étaient assis à une petite table ; ils jouaient aux cartes et fumaient de la marijuana, ce que je ne découvris que plus tard.

Dans l'angle le plus éloigné et le plus obscur de la pièce, deux couples étaient étendus sur une natte. Les deux jeunes les plus proches de moi s'étaient endormis dans les bras l'un de l'autre. Les deux autres se livraient à des ébats amoureux ; tandis que je les observais, ils se levèrent, puis, se tenant par la taille et s'embrassant avec passion, disparurent par une porte latérale.

Tico me dit en clignant de l'œil :

— Il y a un lit là-bas à la disposition de ceux qui le désirent !

A mes pieds, sur le plancher, j'aperçus un tas de revues illustrées d'images de femmes nues ou à moitié vêtues.

Je pensai :

— Alors, c'est ça une « surboum » !

Tico prit mon bras et m'entraîna dans la pièce.

— Bonsoir tout le monde ! Voici mon ami. Si nous lui faisions sentir qu'il est le bienvenu ? Qu'en dites-vous ?

Une fille blonde sortit de l'ombre près de la porte et me saisit par le bras. Elle portait un pullover noir, très ajusté, une jupe écarlate et ses pieds étaient nus. Je la pris par la taille et lui dis :

— Alors, Baby, tu veux bien danser avec moi ?

— Comment t'appelles-tu ? demanda-t-elle.

Avant que j'eusse le temps de répondre, Tico s'écria :

— Il s'appelle Nicky. Il est mon ami. Il est un bagarreur formidable. Peut-être se joindra-t-il à nous !

La fille se coula devant moi et se pelotonna dans mes bras en disant :

— Okay, Nicky ! Si tu es un si merveilleux bagarreur, montre-nous que tu es aussi un bon danseur !

Tout en glissant sur le plancher, je sentais son corps pressé contre le mien. Nos pieds avançaient lentement au rythme de la musique. Ses gestes finirent par exacerber mes sens. Elle avait chaud et je percevais chaque mouvement de son corps, accroché étroitement au mien. Je passai ma main sous son pullover, le long de son dos, et la serrai contre moi.

— Ummm ! l'entendis-je marmonner.

Je retirai immédiatement ma main et la posai sur son bras. Soudain, elle appuya les siennes sur ma poitrine et me rejeta violemment en arrière.

— Arrête ! Qu'est-ce qui te prend ? me dit-elle d'un ton mordant. Surtout pas de libertés avec moi ! J'appartiens à José et il te couperait en morceaux si je lui racontais que tu as essayé de me toucher. Par l'expression de mon visage elle comprit ma confusion. Sa face s'éclaira d'un sourire. Elle me saisit et me ramena à elle en me disant à l'oreille :

— Après tout, c'est la première fois. Ne sois pas si pressé ! Si tu me plais, tu en auras davantage !

Nous dansâmes encore un instant et nous arrêtâmes pour observer des gamins qui jouaient au couteau. L'un d'eux était debout devant une paroi, et l'autre lançait son arme à ses pieds. Le but du jeu était de l'envoyer aussi près que possible du gosse sans toutefois le blesser. S'il s'écartait, il était déclaré « poule mouillée ».

Je me surpris à désirer qu'il fût atteint. La pensée du sang m'excitait. Et là, je me mis à rire de moi-même, dans l'espoir que le lanceur ferait un faux mouvement et poignarderait le garçon.

La blonde au pullover noir me prit par le bras :

— Viens avec moi ! Je vais te présenter à quelqu'un de très important.

Je la suivis dans une autre pièce. Un Portoricain, long et mince, était affalé sur une chaise ; ses jambes reposaient sur une table basse devant lui. Une fille était assise à califourchon sur ses genoux. Il lui envoyait en riant la fumée de sa cigarette dans les cheveux.

— Hé ! nous cria-t-il. Vous n'avez donc pas d'éducation ? Vous savez bien que vous devez avoir ma permission pour entrer ! Vous pourriez me surprendre faisant quelque chose que personne ne doit voir !

Il se mit à rire, tout en tapotant des deux mains les hanches de l'adolescente.

En me regardant, il demanda :

— Qui est ce vaurien ?

La blonde l'informa :

— C'est mon ami Nicky. Tico l'a amené ce soir ; il dit qu'il se bat très bien.

Le garçon long et mince écarta la fille et m'observa durement. Puis il sourit et me tendit la main.

— Touche-la, Nicky, moi je suis Carlos, le président des Mau-Mau.

Je posai gentiment ma main dans la sienne et la retirai doucement en faisant glisser ma paume sur sa paume, à la manière du gang.

J'avais entendu parler des Mau-Mau. Ils s'étaient donné le nom de sauvages africains, assoiffés de sang. Je les avais vus dans les rues, vêtus de leur veste de cuir noir, avec le double « M » rouge brodé dans le dos. Ils portaient de fantaisistes chapeaux alpins, la plupart décorés avec des allumettes. Beaucoup étaient armés de cannes et chaussés de souliers dont le bout était garni de pointes acérées, avec lesquelles ils pouvaient tuer un homme en quelques secondes.

Carlos m'indiqua l'angle de la chambre où je reconnus le garçon que j'avais rencontré à la kermesse.

— Celui-là, c'est Israël, le vice-président des Mau-Mau.

Israël me regardait fixement, mais son visage n'exprimait rien. Ses profonds yeux noirs semblaient vouloir pénétrer mon âme et je me sentais mal à l'aise.

Je découvris par la suite que le président et le vice-président étaient presque toujours ensemble. Ils se protégeaient mutuellement en cas d'attaque.

— Quel âge as-tu, Nicky ? me demanda Carlos.

— Seize ans !

— Tu as l'habitude des combats ?

— Bien sûr ! lui dis-je.

— Es-tu prêt à te battre contre n'importe qui, la police incluse ?

— Bien sûr ! répétai-je encore.

— As-tu déjà descendu quelqu'un ?

— Non ! dis-je en toute vérité, mais avec regret.

— Quelqu'un a-t-il essayé de t'abattre ?

— Oui !

— Vraiment ?

Carlos continua à m'interroger, manifestant un nouvel intérêt :

— Qu'as-tu fait à ce type ?

— Rien ! Mais ce n'est pas fini ! J'attends l'occasion de l'avoir et alors je lui ferai son affaire !

Israël m'interrompit :

— Ecoute, mon vieux, si tu veux t'associer à notre bande, tu feras comme nous ! Mais nous sommes les plus durs ! Même la police a peur de nous ! Une chose est certaine : nous ne voulons pas de poules mouillées. Tu te joins à nous et tu n'as pas peur, très bien ! Mais si tu trembles, on te liquide à coups de couteau !

Je savais qu'Israël disait l'absolue vérité. J'avais déjà entendu des histoires de jeunes garçons qui avaient été abattus par leur propre bande parce qu'ils avaient tourné casaque ou dénoncé un compagnon.

Carlos parla franchement :

— Deux choses, vieux. Si tu te joins aux Mau-Mau c'est pour toujours, compris ? Personne ne démissionne ! Deuxièmement, si tu es pris par les flics et dénonces quelqu'un, nous t'aurons. Ou bien on te trouvera à la sortie de prison, ou bien nous entrerons dans la prison pour t'avoir ! Mais, sois-en certain, nous t'aurons !

Un faible sourire apparut sur le beau visage d'Israël.

— Qu'en penses-tu, mon pote ? Veux-tu encore te joindre à nous ?

— Donnez-moi trois jours de réflexion, dis-je. Si j'entre dans votre gang, j'irai jusqu'au bout !

— Okay ! Gosse ! dit Carlos. Tu as trois jours pour réfléchir. Après quoi tu reviendras ici pour me faire connaître ta décision !

Il était toujours dans la même position nonchalante, les jambes étendues sur la table basse. Il avait rappelé la fille et de sa main droite lui caressait la hanche.

Je me tournai pour partir et Carlos dit encore :

— Hé ! Nicky ! J'oubliais une chose : si tu dis à qui que ce soit — je dis bien à qui que ce soit — où nous sommes, je te tuerai avant que tu aies la moindre chance de fuir. Compris ?

— J'ai compris ! répondis-je. Je savais qu'il parlait sérieusement.

Dehors, dans la rue, je questionnai Tico :

— Qu'en penses-tu, Tico ? Crois-tu que je dois me joindre aux Mau-Mau ?

Tico haussa les épaules :

— Ce ne serait pas une mauvaise affaire. Si tu acceptes, ils prendront soin de toi. Sinon, ils sont capables de te liquider parce que tu ne veux pas faire partie de leur bande. Tu n'as guère le choix maintenant. De toute manière, tu devras t'embrigader dans un gang si tu veux sauver ta peau par ici autour !

— Et Carlos ? Quelle sorte de type est-il ? lui demandai-je.

— Il est okay. Il ne parle pas beaucoup, mais

quand il dit quelque chose, tout le monde l'écoute. C'est lui qui commande et chacun le sait.

— Est-ce vrai que le président choisit les filles qu'il désire ?

— C'est vrai, répondit Tico. Nous avons environ soixante-quinze filles dans la bande. Le président a la priorité quant au choix. Une autre chaque jour, si cela lui plaît ! Tu sais, elles aiment bien ça. C'est très important pour elles d'être remarquées par le président ! Elles se battent entre elles pour savoir laquelle obtiendra ses faveurs. Et ce n'est pas tout : le gang prend soin du président. Il a aussi la priorité sur le produit de nos vols et cela lui suffit habituellement pour payer son loyer, acheter sa nourriture et ses vêtements. C'est réellement une bonne affaire d'être président !

— Hé ! Tico ! Si tu manies si bien le couteau, comment se fait-il que tu ne sois pas le président ?

— Sûrement pas moi ! Le président ne se bat pas beaucoup. Il reste à l'arrière pour faire ses plans. Moi, j'aime la bagarre. Je ne voudrais pas être président !

C'est bien ce que j'aime le mieux moi aussi : la bagarre ! pensai-je.

Tico s'en retourna au « Papa John » et je me dirigeai vers la place de Fort Greene, en réfléchissant à tout ce que me réservait l'avenir. Je sentais mon sang frémir dans mes veines. Les surboums, les filles, mais par-dessus tout les combats ! Je n'aurais plus à batailler pour mon compte. Je pourrais frapper, blesser tant qu'il me plairait, sans être blessé à mon tour. Mon cœur se mit à battre plus vite. Il se pourrait que j'aie la chance de poignarder vraiment quelqu'un. Il me semblait voir le sang couler sur mes mains et tomber goute à goutte sur la rue. Tout en marchant, j'agitai mon bras avec un invisible poignard, pourfendant et sabrant dans le noir des silhouettes imaginaires. J'avais dit à Carlos qu'il aurait ma réponse dans les trois jours. En réalité, j'avais déjà pris ma décision. Tout ce que je désirais, c'était recevoir de quelqu'un un poignard à cran d'arrêt et un revolver.

Deux soirs plus tard, je retournai au local de la bande. J'entrai et Carlos vint à ma rencontre.

— Allô, Nicky, tu arrives à point. Nous avons ici un autre garçon qui a l'intention de s'embrigader. Veux-tu assister à son initiation ?

Je n'avais aucune idée de ce qu'était une initiation, mais je voulais naturellement le savoir. Carlos poursuivit :

— Mais peut-être es-tu venu nous dire que tu ne veux pas être des nôtres ?

Je protestai :

— Au contraire, je suis venu pour vous dire que je suis prêt à me joindre à vous. Je veux me battre. Je pense être aussi dur et costaud que n'importe quel autre et un meilleur batailleur que la plupart des types de la bande.

— Bien ! dit Carlos. Tu peux assister à l'épreuve et ensuite ce sera ton tour ! Nous avons deux moyens de découvrir si tu es une poule mouillée. Ou bien tu restes tranquille tandis que cinq de nos garçons les plus forts te battent, ou bien tu t'appuies au mur attendant le couteau. Si tu fuis dans les deux cas, nous ne te permettrons pas d'entrer dans notre gang. Ce gamin prétend qu'il est un dur. Nous allons voir à quel point il l'est vraiment. Ensuite, nous jugerons si tu l'es autant que lui.

Je regardai de l'autre côté de la pièce et j'aperçus le garçon en question. Il avait près de treize ans ; son visage était couvert de boutons et une longue mèche de cheveux noirs retombait sur ses yeux. Il était petit et maigre et ses bras pendaient raides à ses côtés. Il portait une chemise blanche à longues manches, tachée sur le devant et qui sortait de ses pantalons. Je crus avoir déjà vu, à l'école, ce petit visage bourgeonnant, mais je n'en étais pas sûr, car il était plus jeune que moi.

Quarante garçons et filles attendaient le spectacle avec impatience. Carlos en était le directeur. Il demanda à tous de débarrasser le plancher et ils s'alignèrent le long des murs. Le garçon reçut l'ordre de s'adosser à une paroi nue. Carlos était debout devant lui, avec un couteau à cran d'arrêt ouvert dans la main. La lame argentée scintillait sous la lumière blafarde.

— Je vais me retourner et je ferai vingt pas vers l'autre paroi, dit-il. Et nous verrons bien si tu es un dur ou non. Quand j'aurai compté vingt pas, je ferai volte-face et je jetterai le couteau. Si tu bronches ou baisses la tête, tu es une poule mouillée. Si tu ne bouges pas, même si le couteau t'atteint, alors tu es un vrai dur et tu pourras te joindre aux Mau-Mau. Compris ?

Le garçon fit un signe de tête.

— Maintenant, encore une chose, ajouta Carlos en tenant le couteau tout proche du visage du gamin. Si tu flanches pendant que je marche en comptant les pas, tout ce qui te reste à faire c'est de ficher le camp en courant. Mais il serait préférable que tu ne mettes plus jamais ton nez dans nos affaires. Si tu le faisais, nous te couperions tes grandes oreilles et te les ferions manger. Nous te sortirions le nombril avec un tire-bouchon et te laisserions saigner jusqu'à ce que mort s'ensuive !

Les garçons et les filles se mirent à rire et frappèrent dans leurs mains.

— Vas-y ! Carlos ! Vas-y ! criaient-ils à leur président.

Carlos tourna le dos au garçon et traversa lentement la salle. Il tenait le long couteau brillant par la pointe de la lame, devant son visage, son bras devant lui, plié au coude.

Un... deux... trois... Les spectateurs se mirent à crier et à se moquer.

— Attrape-le, Carlos ! Perce-lui l'œil ! Fais couler le sang ! Vas-y, Carlos !

Le garçon se pressait contre le mur, semblable à une souris qu'un tigre aurait prise au piège. Il essayait désespérément d'être courageux : ses bras rigides tombaient à ses côtés, il serrait ses poings minuscules dont les jointures blanchissaient sous la peau. Sa face était blême et ses pupilles se dilataient de peur.

Onze... douze... treize... Carlos comptait à haute voix en franchissant la distance. La tension montait de plus en plus tandis que les garçons et les filles riaient et réclamaient du sang.

Dix-neuf... vingt...

Carlos se retourna lentement et porta sa main droite à la hauteur de son oreille, tenant le couteau par la pointe effilée de la lame. Le groupe d'adolescents demandait sauvagement du sang avec frénésie. Au moment où Carlos lança le couteau, le jeune garçon se pencha en avant, en hurlant et cachant sa tête dans ses bras.

— Non ! Non !

Le couteau pénétra dans la paroi avec un bruit sourd, à quelques centimètres de l'endroit où le garçon avait appuyé sa tête.

— Poule mouillée ! Poule mouillée ! Poule mouillée ! rugit la bande.

Carlos était en colère. Les coins de sa bouche se crispèrent et ses yeux se rétrécirent :

— Saisissez-le ! cria-t-il. Deux garçons s'avancèrent de chaque côté de la salle, s'emparèrent de l'enfant accroupi et le clouèrent avec violence contre le mur.

Carlos traversa l'espace vide et se tint devant la silhouette qui tremblait.

— Poule mouillée ! et il cracha. Poule mouillée !

Je savais que tu étais un lâche. Je l'ai vu du premier coup. Je devrais te tuer !

Une fois encore les gosses répétèrent en chœur :

— Tue-le ! Tue cette sale poule mouillée.

Carlos lui demanda :

— Tu sais ce que l'on fait de quelqu'un comme toi ?

Le garçonnet le regardait, essayant de parler, mais aucun son ne sortit de sa bouche.

— Je vais te dire ce que nous faisons de cette sorte de poulets. Nous leur coupons les ailes pour qu'ils ne puissent plus voler !

Il retira son poignard de la paroi.

— Ecartez-le ! commanda-t-il.

Avant que le gosse ait pu bouger, les deux garçons tirèrent brusquement ses bras de côté, comme les ailes d'un aigle de blason.

D'un geste si rapide que l'on pouvait à peine suivre sa main, Carlos leva le couteau d'un coup vif et rageur et le planta presque jusqu'à la garde dans l'aisselle de l'adolescent. Celui-ci fit un saut et hurla de douleur. Le sang jaillit et inonda rapidement d'un flot écarlate la chemise blanche.

Retirant le couteau de la chair du garçon, Carlos le prit dans son autre main.

— Regarde, vaurien, dit-il en lui lançant un coup d'œil mauvais et en poussant cruellement le poignard dans l'autre aisselle. Je suis aussi gaucher !

Les deux garçons le lâchèrent et l'enfant s'effondra sur le plancher, les bras croisés sur sa poitrine, les mains posées pitoyablement sur ses chairs lacérées. Il criait et se débattait, se roulant de douleur sur le sol, sa chemise presque totalement imbibée de son sang rouge et brillant.

— Sortez-le d'ici ! ordonna Carlos.

Deux garçons s'avancèrent et forcèrent le gosse à se mettre debout. Il jeta sa tête en arrière et poussa des cris perçants quand ils touchèrent ses bras. Carlos le frappa brutalement sur la bouche et les hurlements cessèrent. Les yeux horrifiés du blessé regardaient, hagards, la main qui l'avait frappé.

— Rentre chez toi, poule mouillée ! Si je t'entends crier une fois encore ou si tu nous dénonces, je te couperai aussi la langue. Compris ? Tout en parlant il tenait le poignard en l'air ; du sang coulait goutte à goutte de la lame argentée sur le manche de nacre blanche. Carlos répéta : Compris ?

L'enfant fit signe qu'il avait compris.

Les garçons le traînèrent sur le plancher et le sortirent sur le trottoir. Le gang criait alors qu'on l'emmenait :

— Va-t'en chez toi, poule mouillée !

Carlos se retourna :

— A qui le tour ? dit-il en me regardant fixement.

Le groupe s'apaisa.

J'avais pris plaisir à toute cette scène, et je n'avais pas peur. La vue de ce sang suscitait chez moi un sentiment sauvage, farouche et tonifiant. J'éprouvais de l'envie à l'égard de Carlos. Mais mon tour était arrivé.

Je me souvins de sa déclaration : j'avais le choix entre les deux initiations. Mon bon sens me disait que Carlos était encore en rage. Si je le laissais jeter le couteau contre moi, il essayerait de me frapper à dessein. Entre les deux, il était plus sage de choisir l'autre épreuve.

— Aurons-nous encore une poule mouillée ? me taquina Carlos.

Je m'avançai au milieu de la salle et regardai autour de moi. L'une des filles, grande et élancée, portant des pantalons noirs, me cria :

— Qu'est-ce qui ne va pas, môme ? T'as peur ou quoi ? Il y a encore du sang par ici, s'il t'en manque !

La bande me hua et éclata de rire. Elle avait raison : le sol près de la paroi où s'était tenu le garçon était couvert d'une flaque gluante.

Je dis :

— Pas moi, je n'ai pas peur ! Mets-moi à l'épreuve, Baby. Où sont les garçons qui désirent me passer à tabac ?

J'essayais de sauver la face, mais au-dedans j'étais effrayé. Je savais que j'allais être blessé, ces types ne plaisantaient pas. Mais je préférais mourir plutôt que de fléchir. Je leur dis :

— Je suis prêt !

Carlos aboya cinq fois un nom :

— Johnny !

Un adolescent court et robuste sortit des rangs et se plaça devant moi. Il avait deux fois mon poids, un front marqué de rides profondes et presque pas de nuque. Sa tête paraissait reposer directement sur ses épaules. Il marcha jusqu'au centre de la pièce et fit craquer, d'un bruit vif et sec, les jointures de ses doigts.

J'imaginai mes soixante kilos contre ses cent. Il me regarda avec des yeux sans expression, comme ceux d'un singe. Il attendit l'ordre de m'attaquer.

— Mattie !

Un autre garçon s'avança. Sa taille était plus semblable à la mienne, mais ses bras étaient très longs, beaucoup plus longs que les miens. Il dansait au centre de la pièce, en se trémoussant, les poings en avant comme un boxeur. Son menton appuyé sur la poitrine, les yeux levés, il tournait autour de la salle, lançant ses poings avec la rapidité de l'éclair. Les filles sifflaient et soupiraient tandis qu'il continuait à boxer, à s'ébrouer, à souffler, en se balançant et en donnant de petits coups secs.

— José !

Un troisième garçon rejoignit les autres. Il portait une profonde cicatrice, sur la joue gauche, au-dessous de l'œil jusqu'à la pointe du menton. Il commença par se débarrasser de sa chemise et se mit à assouplir ses muscles. Il était bâti comme un athlète. Il tournoya autour de moi, me regardant sous tous les angles.

— Owl ! *

Un rugissement s'éleva du groupe des jeunes et remplit la salle. De toute évidence, Owl était un favori. Je sus plus tard qu'on lui avait donné ce nom parce qu'il voyait aussi bien de nuit que de jour. On se servait de lui en première ligne dans les émeutes, parce qu'il discernait aisément dans l'obscurité les bandes ennemies qui approchaient. Il avait des yeux grands et larges et un nez crochu qui — ça se voyait — avait été cassé de multiples fois. Un jour, on l'avait frappé, dans un préau d'école, avec une planche armée d'un long clou qui lui avait déchiré atrocement l'oreille et lui en avait arraché la moitié. Owl était un garçon petit et gras et je n'ai jamais vu d'apparence plus abjecte que la sienne.

— Paco !

Je n'eus pas le temps de le voir. Je l'entendis appeler derrière moi : Hé ! Nicky ! Je me retournai et il me frappa dans le dos avec son poing, juste au-dessus de la ceinture. Le coup fut terrible. Il me semblait qu'il avait fait éclater mes reins. J'essayai de reprendre mon souffle, mais il continua à me frapper. Je me redressai et posai mes mains sur mon dos pour soulager la douleur, quand un autre garçon me donna un coup de poing au creux de l'estomac qui me fit perdre la respiration. J'avais l'impression que cela commençait à aller mieux lorsque quelqu'un me heurta au visage, et j'entendis l'os de mon nez craquer sous le choc.

Je n'eus jamais l'occasion de frapper en retour. Je me sentis défaillir. Quelqu'un saisit mes longs cheveux, mon corps s'effondra sur le plancher, mais ma tête se maintenait en l'air par ma chevelure que l'on tirait. Un autre me donna des coups de pied au visage

* N.d.t. : Owl = hibou en français.

avec un soulier encrassé et je sentis la boue grincer sur mes joues et mes lèvres. De tous les côtés, on me frappait et celui qui tenait mes cheveux en l'air me souffletait par-dessus le marché.

Puis les lumières s'éteignirent et je ne me souvins de rien.

Un peu plus tard, je fus conscient qu'on me retournait et donnait une gifle. J'entendis quelqu'un dire :

— Hé ! Réveille-toi !

J'essayai de fixer mes regards, mais je ne voyais que le plafond. De la main, je tentai d'essuyer ma face et je sentis le sang coagulé sur ma peau. Je regardai et reconnus les traits de celui qu'on avait appelé Owl. Le sang me rendit fou. Je le saisis et le frappai sur la bouche. Toute mon énergie me revint soudain. J'étais couché sur le dos, tournoyant de tous les côtés et frappant des pieds et des mains ceux qui étaient proches de moi, blasphémant et hurlant.

Quelqu'un s'empara de mes pieds et me cloua au sol jusqu'à ce que ma fureur s'apaisât. Israël se pencha sur moi en riant :

— Tu es des nôtres, Nicky. Ça, mon pote, tu nous seras utile. Tu peux faire des tas de choses, mais, en tout cas, tu n'es pas une poule mouillée ! C'est certain ! Tiens ! et il pressa quelque chose dans ma main.

C'était un revolver de 32 mm.

— Tu es un Mau-Mau, Nicky ! Un Mau-Mau !

CHAPITRE V

Bagarres dans la rue

Israël et moi... devînmes inséparables, dès le début. Trois soirs après mon initiation, il vint me voir chez moi pour me dire qu'une bagarre se préparait avec les « Evêques ». Je pensai immédiatement : enfin une occasion d'employer mon revolver ! Une occasion de me battre ! Je sentais mes cheveux se dresser sur ma tête en l'écoutant exposer son plan.

Les Mau-Mau devaient se réunir dans le parc Washington, près de De Kalb. Nous avions rendez-vous à 21 heures. Notre conseiller de guerre avait déjà pris contact avec le conseiller de guerre des « Evêques », un gang de Noirs, et ils avaient décidé du lieu et de l'heure : 22 heures sur la place de jeux, derrière le commissariat de police No 67.

Israël me dit :

— Prends ton revolver ! Tous les autres types ont des armes. Quelques-uns ont fabriqué leur propre carabine et Hector, lui, a un fusil de chasse. Nous allons donner une leçon à ces « Evêques » ! S'il nous faut tuer, nous tuerons. Et si nous sommes battus, nous irons jusqu'au bout. Nous sommes des Mau-Mau ! Un peuple ! Les Mau-Mau d'Afrique boivent du sang, mon ami, et nous sommes comme eux !

Le gang était déjà rassemblé à 20 h. 30 lorsque

j'arrivai dans le parc. Ils avaient caché leurs armes dans les arbres et les hautes herbes, craignant une visite de la police. Mais, ce soir-là, il n'y avait pas de policiers en vue. Israël et Carlos donnaient des ordres. A 22 h., plus de cent garçons tournaient en rond dans le parc. Quelques-uns portaient des fusils. La plupart avaient des couteaux, un petit nombre, des battes de base-ball, des bâtons avec des clous à leur extrémité ou des massues de leur fabrication. D'autres tenaient des chaînes de bicyclettes qui, lancées à la tête de quelqu'un, deviennent une arme terrible. Carlos avait une baïonnette longue de deux pieds et Hector brandissait son fusil de chasse. Une partie des gosses devait franchir deux cents mètres environ et se retrancher derrière le terrain de l'école, à l'avenue du Parc, pour empêcher la fuite des Evêques. Ils devaient attendre là jusqu'au moment où le combat serait engagé, après quoi ils les attaqueraient par derrière. Nous qui restions, entrerions dans la bataille par le côté de l'école qui donne sur la rue St. Edward, pour faire battre en retraite les Evêques attendus par notre arrière-garde qui devait leur couper la route.

Nous nous mouvions silencieusement, retirant nos armes de leurs cachettes tout en marchant. Tico souriait :

— Et toi, Nicky, tu as la frousse ?

— Pas du tout, mon vieux ! C'est ce que je désirais ! lui répondis-je en ouvrant ma veste pour qu'il pût voir mon revolver.

— Combien de balles as-tu dans ce truc ? demanda-t-il.

— C'est plein, mon pote ! Cinq balles !

Tico, sifflant doucement, me dit :

— Pas mal ! Tu vas descendre à coup sûr un de ces bâtards de couleur, ce soir ! Moi ? J'en reste à ma lame !

Nous nous séparâmes en petits groupes pour passer

à pas de loup devant le commissariat de police qui est à l'angle des rues Auburn et St-Edward. Nous reformâmes les rangs devant l'école et Carlos donna le signal de l'attaque. Nous contournâmes le bâtiment scolaire et entrâmes sur la place de jeux. Les Evêques nous y attendaient. Nous poussâmes notre cri de guerre : « Yeah ! Yeah ! Tuons-les ! Attrapons-les ! » tout en envahissant le terrain, et nous traversâmes en courant l'espace libre qui séparait les deux gangs.

Je me plaçai devant le groupe, en tirant le revolver de ma ceinture. Israël s'écarta sur le côté, balançant sa batte de base-ball. Les gosses fourmillaient autour de moi, criant, blasphémant et se battant les uns les autres. Il devait bien y avoir deux cents garçons sur le terrain de jeux, mais il faisait noir et il était difficile de savoir à quelle bande appartenaient les combattants ! Je vis Hector traverser en courant un emplacement de basket-ball et quelqu'un qui arrivait contre lui tenant un couvercle de poubelle. Hector tomba à la renverse, son fusil de chasse fonctionna au même instant, dans une pétarade terrifiante.

Un garçon de couleur, près de lui, tomba lourdement sur la face ; le sang coulait d'une blessure à la tête. Je courus vers lui et remuai du pied son corps. Il était pareil à un sac de blé.

Soudain, je fus violemment poussé par derrière et envoyé de tout mon long sur le ciment de la cour. J'étendis les mains en avant, pour amortir la chute, et je sentis que la peau de mes paumes était arrachée et broyée comme par une meule. Je me retournai pour voir qui m'avait poussé et n'eus que le temps de baisser la tête pour éviter une batte de base-ball qui se brisa en morceaux sur le béton à deux pas de moi. Un coup direct m'aurait certainement tué.

Un grand cri s'éleva du gang des Mau-Mau quand les nôtres se mirent à attaquer à l'arrière.

— Mettez-leur le feu ! Mettez-leur le feu !

En chancelant, je me remis sur pied au moment où les Evêques, dans le plus grand désordre, commençaient à fuir par les allées qui donnaient sur St-Edward. Israël était à mon côté me criant :

— Tire sur celui-là, Nicky ! Tire sur lui !

Il m'indiquait un petit garçon qui essayait de fuir ; blessé, il courait en boîtant. Je dirigeai mon arme vers la silhouette chancelante, visai et appuyai sur la détente. Le coup partit mais le gosse courait toujours. Je pris le revolver à deux mains et pressai la gâchette une fois encore.

— Tu l'as eu. Nicky, tu l'as eu !

Le petit garçon tomba en avant sous l'impact de la balle qui l'avait atteint à la hanche. Il rampait encore lorsque Israël me saisit le bras et cria :

— Filons, vieux ! Voilà la police !

Nous entendions en effet des coups de sifflet et des cris devant l'école. Les flics commençaient à encercler les Evêques qui cherchaient à s'échapper par l'allée. Nous partîmes en courant dans la direction opposée, à travers le terrain de l'école. Je jetai un coup d'œil derrière moi, tout en enjambant une clôture de chaînes. Dans l'obscurité, je pus voir trois adolescents immobiles sur le sol et plusieurs autres assis et blessés. La bataille n'avait pas duré plus de dix minutes.

Nous passâmes en courant devant six ou sept blocs de maisons, jusqu'à ce que, essoufflés, nous dussions nous arrêter. Carlos et deux autres garçons nous rattrapèrent et nous sautâmes dans une fosse de drainage, derrière un garage.

Israël ne pouvait pas respirer : il riait tellement qu'il en étouffait presque.

— Avez-vous vu cet idiot de Nicky ? dit-il en haletant. Un vrai cow-boy de cinéma ! Il tirait des coups de revolver en l'air !

Les autres cherchaient leur souffle et riaient également. Je fis comme eux. Nous étions étendus au fond de la fosse et nous nous secouions si fort que nos côtes nous faisaient mal. Israël respira fortement et pointa son index en l'air en criant :

— Bang ! Bang ! Bang ! et repartit de plus belle dans une frénésie de fou-rire.

Nous tenions notre ventre à deux mains et nous nous roulions dans la fosse, nous tordant de rire.

Je me sentais bien. J'avais vu le sang couler. Jamais auparavant je n'avais connu ce sentiment d'appartenance que j'expérimentais avec ces garçons, dans ce trou. Nous formions presque une famille et, pour la première fois de ma vie, je savais que l'on avait besoin de moi.

Israël se retourna et entoura mes épaules de son bras :

— Tu es épatant, Nicky. Voilà longtemps que je cherche quelqu'un comme toi. Nous sommes de la même race : nous sommes fous tous les deux !

De nouveau, nous éclatâmes de rire et, au fond de moi-même, je préférais être fou et entouré, que normal et toujours solitaire.

— Hé ! Si nous allions boire quelque chose, dit Carlos encore tout excité. Qui a de l'argent ?

Personne n'en avait.

Je m'écriai :

— Je vais aller en chercher !

Israël demanda :

— Que vas-tu faire ? En voler à quelqu'un ?

— Exactement ! Tu peux venir avec moi !

Israël me donna un coup de poing :

— Tu es formidable, Nicky. Tu n'as ni cœur, ni sentiment. Tout ce que tu veux, c'est te battre. Allons-y ! Nous t'accompagnons !

Je regardai Carlos qui était supposé être le chef. Il s'était levé pour nous suivre. Ce fut pour moi la première indication que les garçons étaient prêts à obéir au type le plus méprisable, le plus assoiffé de sang et le plus courageux.

Nous sortîmes de la fosse et traversâmes en courant la rue pour nous engager dans les ténèbres d'une impasse. A l'angle, la lumière brillait dans une sorte de restaurant ouvert toute la nuit. Je fus le premier à y pénétrer.

Trois personnes se trouvaient dans la taverne. Deux d'entre elles, un homme et une femme, étaient de l'autre côté du comptoir. Un vieillard venait de quitter son tabouret et payait son repas. J'allai droit à lui et le poussai. Il se retourna, surpris et effrayé ; ses lèvres tremblèrent quand il entendit le déclic de mon couteau et vit la lame que j'appuyai doucement sur son ventre.

— Allons, vieux ! Donne ici ! lui dis-je en lui signalant de la tête les billets qu'il tenait à la main.

L'homme derrière le comptoir fit un mouvement vers l'appareil de téléphone fixé au mur. Israël ouvrit aussitôt son poignard et saisit le restaurateur par le haut de son tablier. Le tirant violemment à lui, il dit :

— Tu ne veux pourtant pas mourir, ou bien ?

J'entendis la femme haleter et la vis mettre sa main sur sa bouche pour étouffer un cri. Israël repoussa l'homme en arrière vers une caisse et arracha le téléphone du mur. En raillant il dit :

— Tu ne veux pas faire des embarras, bonhomme ? Tiens ! dit-il en minaudant et en lui tendant le récepteur. Appelle-les !

L'homme interloqué prit l'appareil et le tint par le cordon.

— Dépêche-toi, vieux ! Je ne peux pas attendre toute la nuit ici, dis-je en me moquant.

Le vieillard étendit sa main vers moi et j'arrachai les billets de ses doigts tremblants.

— C'est tout ce que tu as ? lui demandai-je.

Il essaya de me répondre mais aucun son ne sortit de ses lèvres agitées. Ses pupilles commencèrent à disparaître dans leurs orbites et de la salive apparut au coin de ses lèvres, alors qu'il poussait d'étranges petits gémissements.

— Sortons d'ici ! dit l'un des garçons.

Carlos tourna la clé de la caisse et s'empara de tous les billets pendant que nous nous retirions vers la porte. Le vieillard s'affala sur le plancher, tenant sa poitrine de ses deux mains en laissant échapper de sa bouche des gloussements bizarres.

— Attendez ! cria Israël, alors qu'il ramassait une poignée de monnaie dans la caisse. Les pièces roulèrent sur le sol. « Ne quittez jamais une buvette sans donner un pourboire ! »

Nous nous tordions de rire. L'homme et la femme étaient encore blottis à l'extrémité du comptoir et le vieillard était à genoux par terre, plié en deux. Je saisis une lourde boîte de sucre et la lançai dans la vitrine.

— Tu es fou ! me cria Carlos, et nous partîmes en courant le long de la rue. Ça va amener ici tous les flics de Brooklyn ! Courons !

Deux mois plus tard, Carlos fut arrêté par la police et condamné à six mois de prison. Nous eûmes, ce soir-là, une grande et importante rencontre dans l'auditorium derrière le commissariat de police N° 67. Personne ne devait occuper l'école après les heures de classe, mais nous avions fait un arrangement avec Firpo, le vice-président du gang « les Chapelains », dont le père était le concierge du bâtiment scolaire. Il nous laissait la grande salle pour y tenir nos assemblées, parce qu'il avait peur de son fils. Israël fut désigné comme président et je fus élu vice-président à l'unanimité.

Après la séance, une surboum fut organisée dans le sous-sol de l'école. Un grand nombre de filles y assistaient et un des garçons me présenta à sa sœur, Lydia. Longtemps nous restâmes là, fumant de la marijuana, buvant du vin bon marché et assis dans les escaliers, caressant nos petites amies, tandis que d'autres dansaient au son d'un tourne-disque. La cage d'escalier était fermée par un lourd treillis de fer et des couples montèrent dans les étages pour profiter de l'obscurité.

Je pris Lydia par la main.

— Sortons ! lui dis-je.

Dehors, elle se serra contre moi.

— Je suis à toi pour toujours, Nicky ! Je serai à toi toutes les fois que tu voudras !

Nous descendîmes jusqu'au parc Washington, mais il n'y avait aucune possibilité d'intimité. Finalement, je poussai Lydia par-dessus la chaîne qui servait de clôture et elle tomba dans l'herbe, de l'autre côté, en riant. Je la suivis et nous nous étendîmes dans les bras l'un de l'autre. Elle riait nerveusement tandis que je la caressais, mais soudain j'eus l'impression que quelqu'un nous observait. Je regardai vers le bâtiment qui se dressait de l'autre côté de la rue et j'aperçus les visages d'une douzaine de jeunes filles du foyer des infirmières qui nous regardaient. C'était un peu comme si nous nous aimions sur la scène d'un théâtre !

Je me levai et Lydia me demanda :

— Qu'est-ce qui ne va pas ?

A mi-voix je lui répondis :

— Regarde là-haut ! Toute la cité maudite nous observe !

— Qu'est-ce que cela peut faire ?

Et Lydia, riant toujours, me tira vers elle dans l'herbe.

Par la suite, nous retournâmes bien des fois dans le parc, complètement indifférents aux visages curieux derrière les vitres et aux autres couples qui se trouvaient non loin de nous, dans le pré.

* * *

Les quatre mois qui suivirent furent remplis de bagarres, de vols et d'autres activités de ce genre. La police m'arrêta cinq fois, mais ne put jamais réunir assez de preuves contre moi. Je m'en tirais toujours avec un avertissement. Les membres du gang m'avaient adopté et me respectaient. Je n'avais peur de rien et j'étais tout aussi prêt à me bagarrer en plein jour que sous le couvert de l'obscurité.

Personne parmi nous n'avait une auto. Si nous devions nous déplacer, nous prenions le métro ou nous volions une voiture. Je ne savais pas conduire mais, un soir, Mannie Durango vint me dire :

— Volons une voiture et faisons un tour !

— As-tu déjà choisi ? lui demandai-je.

— Oui, mon pote ! Elle est juste à l'angle de la rue. C'est une beauté et un idiot y a laissé ses clés !

J'allai avec lui et, en effet, elle était en face d'une maison locative. Mannie avait raison : c'était une Chevrolet convertible et le toit était ouvert. Nous sautâmes à l'intérieur et Mannie s'assit au volant. Je pris place à côté de lui et fumai une cigarette, secouant les cendres par-dessus la porte, comme un homme d'affaires. Mannie tournait le volant de gauche à droite, imitant avec sa bouche le bruit de pneus grinçants et d'un moteur de voiture de course.

— Rrrumm ! Rrrumm ! Rrrumm !

Je me mis à rire :

— Alors, Mannie, peux-tu vraiment conduire cette voiture ?

— Bien sûr, mon gars, regarde !

Il tourna la clé de contact et la voiture prit vie en rugissant. Il embraya, mit la marche arrière et posa lourdement son pied sur l'accélérateur. L'auto s'écrasa contre un camion à l'arrêt. Nous entendîmes le tintement de vitres brisées.

— Hé, mon vieux ! lui dis-je en riant encore, tu es vraiment un bon conducteur ! Tu sais comment manier ce truc ! Voyons maintenant comment tu fais pour démarrer.

Mannie remit en marche et je me raidis quand la voiture partit brusquement en avant et qu'elle heurta violemment un autre véhicule en stationnement. On entendit le fracas du choc, et une fois de plus, le bruit de verre cassé.

Nous étions si amusés par nos exploits que nous ne vîmes pas un homme sortir de la maison en courant. Il nous interpella :

— Laissez cette voiture, sales Portoricains !

Il essaya de m'extraire de mon siège. Mannie fit reculer l'auto, l'homme perdit l'équilibre et fut entraîné malgré lui. Je pris une bouteille de Coca-Cola qui traînait là et j'en frappai la main du propriétaire, désespérément agrippé à la porte. Il hurla de douleur. Mannie fit avancer la voiture et nous nous élançâmes dans la rue à toute vitesse. J'étais affaissé sur le siège, riant toujours. Je jetai la bouteille sur le trottoir en passant et nous l'entendîmes voler en éclats alors que nous nous éloignions rapidement.

Mannie ne savait pas conduire. Il tourna au coin de la rue et s'engagea du mauvais côté de l'avenue du Parc. Nous évitâmes de justesse deux voitures. La troisième monta sur le trottoir en klaxonnant, essayant d'empêcher une collision. Nous continuions à crier et à rire. Mannie traversa une station service et s'engagea dans une rue secondaire.

— Mettons le feu à cette voiture ! dit-il excédé.

— Non ! mon vieux ! C'est une magnifique auto. Gardons-la ! Viens ! Nous allons la montrer aux filles .

Mais Mannie se trouva dans l'impossibilité de tourner et, finalement, la voiture s'emboutit sous l'arrière d'un camion arrêté à un feu rouge. Nous sautâmes et partîmes en courant le long du trottoir, abandonnant le véhicule cabossé et écrasé par le poids lourd.

Mannie était un compagnon selon mon cœur. Si j'avais pu prévoir l'horrible sort qui l'attendait... !

* * *

La presse rapportait quotidiennement des histoires d'agressions et d'assassinats dans les parcs, les cours, les métros et les impasses, dans les corridors de maisons locatives et les allées. Chaque nuit, des désordres et des émeutes se produisaient.

Un soir, Tony et quatre autres types attaquèrent une femme qui rentrait chez elle. Ils la traînèrent dans le parc où tous les cinq abusèrent d'elle par deux fois. Tony essaya de l'étouffer avec sa ceinture. Plus tard, la femme l'identifia et il fut condamné à douze ans de prison.

La direction de l'Ecole technique de Brooklyn fit poser de lourds et solides grillages sur toutes les portes. Les fenêtres du bâtiment, jusqu'au cinquième étage, furent recouvertes d'un treillis de fil de fer.

De nombreux commerçants se procuraient des chiens policiers et les enchaînaient, pour la nuit, dans leur magasin.

Les gangs étaient mieux organisés et de nouvelles bandes se formaient sans cesse. Dans notre quartier seulement, trois nouveaux groupes avaient surgi : les Scorpions, les Vice-rois et les Quentos.

Nous découvrîmes bientôt que la loi de la cité new-yorkaise défendait à un agent de police de fouiller une fille. Par conséquent, nous leur laissions le soin de porter nos armes et nos couteaux jusqu'au moment où nous en avions besoin. Si un agent s'arrêtait près de nous pour nous fouiller, les filles restaient en arrière et criaient :

— Hé ! Sale flic ! Laisse-le tranquille ! Il n'a rien sur lui ! Il est propre ! Pourquoi ne viens-tu pas me palper, moi ? Je te ferai mettre dans ta propre geôle ! Hé, flic ! Tu n'oses pas me toucher ? Viens donc !

Nous avions appris à faire une espèce de lance-balles et à employer des balles de 22 mm., en utilisant une antenne de radio et les éléments d'une serrure ordinaire. Ces armes explosaient parfois entre les mains d'un garçon ou, par un retour de flamme, le rendaient aveugle. Mais nous en fabriquions en grande quantité et les vendions aux membres d'autres bandes, sachant bien que, si l'occasion se présentait, ils ne manqueraient pas de s'en servir contre nous.

Le 4 juillet * de cette année-là, tous les gangs se rassemblèrent à Coney Island. Les journaux estimèrent à plus de huit mille les adolescents, membres de gangs, qui y débarquèrent. Aucun d'entre eux ne paya son billet d'entrée, ni les transports publics. Ils se poussaient en masse pour franchir les grilles et personne n'osait s'opposer à eux.

Le 1er août, Israël fut arrêté par la police. Quand il sortit de prison, il nous informa que sa situation était grave et qu'il désirait rester à l'écart jusqu'à ce que les choses s'arrangent un peu pour lui. Nous fûmes d'accord. Le gang m'élut président à sa place et annonça à Israël qu'il continuerait à défendre notre cause en tant que vice-président, jusqu'à ce que tout s'apaise. J'avais fait partie de la bande pendant six mois lorsque je dus la prendre en charge.

* * *

Peu après, mon frère Louis, qui habitait dans le Bronx, vint me voir pour me supplier d'aller vivre avec lui. Il avait appris par les journaux de New York les difficultés que j'avais eues avec la police.

— Nicky, tu joues avec ta vie et c'est très dangereux. On finira par te tuer.

Il me dit que sa femme et lui avaient longuement parlé ensemble à ce sujet et que tous deux désiraient que je m'installe chez eux. Je me moquai de lui :

— Pourquoi veux-tu que j'aille vivre avec vous ? Personne ne m'a jamais désiré ! Comment êtes-vous arrivés à cette décision ?

— Ce n'est pas ça, Nicky, me répondit Louis. Tous nous t'aimons ! Frank, Gene, tous nous désirons t'avoir près de nous. Mais toi tu dois consentir à te fixer quelque part, à faire quelque chose de positif.

— Ecoute, lui répondis-je, personne ne s'intéresse

* Fête nationale de l'Indépendance des Etats-Unis.

à moi ! Ce ne sont que des histoires ! Ni toi, ni Gene, ni Frank, ni papa, ni maman...

— Tais-toi ! m'interrompit Louis. Papa et maman t'aiment...

— Vraiment ? Et pourquoi m'ont-ils éloigné de la maison ? Comment expliques-tu leur attitude à mon égard, mon bon ?

— Ils se sont séparés de toi parce qu'ils ne pouvaient plus faire façon de toi. Tu vis comme un sauvage. Tu es toujours en train de fuir quelque chose !

— Ah ! Oui ? Peut-être que je cherche à vous échapper, à vous, espèces d'hypocrites ! Ecoute ! Combien de fois papa a-t-il pris la peine de s'asseoir pour parler avec moi ? Une fois ! Une seule fois, il s'est assis et a conversé avec moi. Et c'est tout, mon vieux, et il m'a raconté l'histoire d'un oiseau stupide. Une fois ! Et c'est tout ! Ne me dis pas qu'il m'aime ! Il n'a jamais eu de temps pour personne, mais seulement pour lui-même.

Louis se leva et arpenta la chambre.

— Nicky, ne peux-tu pas être raisonnable ?

— Pourquoi irais-je chez toi ? Tu m'obligeras à retourner à l'école, comme le voulait Frank. J'ai tout ce qu'il me faut ici. J'ai deux cents garçons qui font ce que je leur demande et soixante-quinze filles au choix qui sont à moi chaque fois que je le désire. Ils me donnent l'argent dont j'ai besoin. Ils m'aident à payer mon loyer. Même la police a peur de moi. Pourquoi irais-je chez toi ? Ma famille, c'est le gang. Et c'est tout ce qu'il me faut !

Louis s'assit sur le bord de mon lit essayant, jusque tard dans la nuit, de me convaincre qu'un jour tout cela changerait. Il me dit que, si l'on ne me tuait pas, on me mettrait en prison et que le jour viendrait où je serais bien obligé de travailler et où j'aurais besoin d'instruction. Je lui demandai d'oublier tout cela. J'avais une bonne affaire en main et je n'étais pas disposé à y renoncer.

Le lendemain dans l'après-midi, je me trouvais seul dans ma chambre et la peur que j'avais su cacher avec tant d'astuce s'empara de moi. J'étais étendu sur mon lit et je bus du vin au point de ne pouvoir me lever. Cette nuit-là, je dormis tout habillé. Mais je n'étais pas préparé à ce qui m'attendait. Des cauchemars ! Des cauchemars horribles à vous glacer le sang ! Je rêvai de papa. Je le voyais enchaîné dans une caverne. Il avait des dents comme celles d'un loup et son corps était couvert d'un poil galeux. Il aboyait pitoyablement. J'aurais voulu l'approcher, le caresser, mais je craignais qu'il ne me morde.

Et puis, il y avait les oiseaux. Le visage de Louis apparaissait et disparaissait devant moi. Mon frère était assis sur le dos de l'un d'eux fuyant dans le ciel. Tout à coup je fus assailli par des millions de volatiles virevoltants qui déchiraient mes chairs et m'arrachaient les yeux. Chaque fois que je parvenais à m'en libérer, je voyais Louis et l'oiseau passant à tire d'ailes à travers l'immensité et se dirigeant vers quelque liberté inconnue.

Je m'éveillai en poussant des cris perçants :

— Je n'ai pas peur ! Je n'ai pas peur !

Mais quand je retombais dans le sommeil, je voyais dans l'obscurité papa enchaîné et les oiseaux s'assembler pour m'attaquer à nouveau. Pendant plus de deux ans, je fus terrifié à la pensée de m'endormir. Chaque fois que je sommeillais, les horribles cauchemars réapparaissaient. Je pensais à mon père et désirais qu'il vienne à New York, qu'il me délivre de mes démons. J'étais possédé par un sentiment de culpabilité et de terreur. La nuit, je restais sur mon lit, luttant contre le sommeil et me répétant sans cesse :

— Rien à faire ! Rien à faire ! Aucune manière d'en sortir ! Aucune manière d'en sortir !

Seules les activités du gang me protégeaient contre une folie totale.

CHAPITRE VI

L'enfant de Lucifer

Alors que l'été approchait, il semblait que le ghetto tout entier explosait en flammes de haine et de violence. Durant l'hiver, les bandes s'étaient retranchées mais, au printemps, elles reprirent vie de plus belle et en forces organisées. Tout l'hiver, nous avions fabriqué des sortes de lance-balles ; nous avions volé des armes à feu et amoncelé des réserves de munitions. J'avais acquis la réputation de chef de gang le plus craint à Brooklyn. Arrêté dix-huit fois au cours de cet hiver-là, j'avais été détenu trente jours, attendant le jugement. Mais on ne put faire concorder les témoignages.

A l'arrivée de la saison chaude, nous commençâmes à agir comme des gens insensés et sauvages. Les Dragons avaient livré bataille aux Vice-rois. Le 1er mai, Mingo, le président des Chapelains, pénétra dans un comptoir de confiserie portant un fusil de chasse sous le bras.

— Hé ! Môme ! dit-il en montrant son arme à un garçon assis dans un coin. C'est toi qui t'appelles Sawgrass ?

— Oui ! C'est moi ! Qu'est-ce que ça peut te faire ?

Mingo ne répondit pas. Il leva son fusil et visa le garçon à la tête.

— Hé ! drôle de type ! Sawgrass sourit faiblement et se leva en prenant ses distances. Ne dirige pas ce truc contre moi, le coup pourrait partir !

Mingo s'était terriblement drogué et le regarda sans le voir, tout en tirant sur la gâchette. La balle atteignit le garçon au-dessus du nez et fit sauter le sommet de sa tête. Le reste de son corps s'affala sur le sol. Du sang, des os et des morceaux de plomb giclèrent à l'autre bout de la paroi.

Mingo se retourna et sortit du magasin. Quand la police l'arrêta, il marchait le long de la rue, balançant le fusil au bout de sa main. Les agents le sommèrent de rester sur place. Au lieu d'obéir, il se retourna et pointa l'arme contre eux. Les hommes firent feu et il tomba, criblé de balles.

Au-dedans de chacun de nous se cachait un Mingo. On aurait pu croire qu'un vent de folie secouait toute la ville.

Au cours de l'été, nous déclarâmes la guerre à la police. Nous écrivîmes une lettre aux flics de la 88e circonscription et à ceux du commissariat, leur annonçant qu'il s'agissait d'un ultimatum. Nous leur déclarions la guerre et dès lors, l'agent qui pénétrerait sur notre terrain serait considéré comme un ennemi et abattu.

La police renforça ses patrouilles et les hommes faisaient souvent leur ronde à trois. Cela ne ralentit nullement notre frénésie. Nous nous assemblions sur les toits d'où nous leur lancions des briques, des bouteilles, des poubelles. Quand ils s'arrêtaient pour voir qui les bombardaient, nous ouvrions le feu sur eux. Nous visions mal et nos fusils, fabrication maison, n'étaient efficaces que dans un combat rapproché. Notre rêve le plus passionné était de tuer un agent de l'ordre.

Une de nos ruses favorites consistait à lancer des bombes à essence. Nous volions la benzine dans les voitures parquées pour la nuit et nous la conservions dans des bouteilles à vin ou à limonade. Nous faisions une mèche avec un chiffon, l'allumions et jetions le récipient contre un bâtiment ou une voiture de police qui explosait.

Parfois, il se produisait un retour de flamme. Un après-midi, Dan Brunson, un membre de notre gang, alluma une bombe pour la jeter contre un poste de police. La mèche brûla trop vite et la bombe explosa contre son visage. Avant que l'on pût lui porter secours, il était couvert d'essence embrasée. Les agents coururent et éteignirent les flammes avec leurs mains, l'un d'eux fut profondément brûlé. On emmena Dan précipitamment à l'hôpital mais les médecins déclarèrent qu'il lui faudrait des années pour se remettre.

La semaine qui suivit l'accident, nous ralentîmes nos combats, mais bientôt ils reprirent plus furieusement que jamais.

La période des vacances était notre temps favori pour fomenter des troubles. A Pâques, le 30 mai, jour des décorations et le 4 juillet, fête de l'indépendance, la plupart des deux cent quatre-vingt-cinq gangs de la cité se rassemblaient à Coney Island. Chacun portait ses meilleurs vêtements et essayait de se faire valoir, ce qui provoquait de terribles — et souvent fatals — combats. Ce 4 juillet, les Evêques descendirent Larry Stein, un de nos gars. Il n'avait que treize ans et quatre d'entre eux le battirent à mort avec des chaînes de bicyclettes. Ils enterrèrent son corps dans le sable, sous l'estacade. On ne le trouva qu'une semaine plus tard.

Quand la nouvelle nous parvint, environ deux cents d'entre nous s'assemblèrent dans le sous-sol de l'école pour y tenir une séance de revanche. L'atmosphère de la salle était chargée d'hostilité. La moitié des jeunes étaient ivres et voulaient sortir pour incendier les maisons où vivaient les Evêques et mettre le feu à leur local de l'avenue de Bedford, à Brooklyn. Il me fut possible cependant de maintenir l'ordre et il fut décidé que nous assisterions aux funérailles de Larry, le lendemain, nous retrouvant le soir même pour organiser l'émeute.

Nous nous réunîmes l'après-midi au cimetière pour l'ensevelissement. Deux voitures arrivèrent et un petit groupe de personnes en deuil en sortirent. Je reconnus le père et la mère de Larry et ses quatre frères. Les Mau-Mau s'étaient dispersés dans les allées et quand la famille arriva, nous nous avançâmes tous à la fois, plus de deux cents garçons et filles, la plupart portant le blouson noir avec le double « M » rouge dans le dos.

Je fis quelques pas pour parler à Mme Stein. Elle me vit venir et commença à crier.

— Faites-les partir ! Faites-les partir ! Ce sont des monstres, des sorciers !

Elle se retourna et se dirigea en chancelant vers la voiture, mais elle s'évanouit et tomba dans l'herbe. Son mari se pencha sur elle et les petits frères regardaient, les yeux pleins d'horreur, notre bande qui approchait entre les monuments funéraires pour se placer autour de la tombe.

M. Stein me vit et m'insulta :

— C'est toi qui es responsable de tout ceci. Sans toi et ton gang répugnant, Larry vivrait encore aujourd'hui. Il s'avançait, la haine jaillissant de ses yeux, mais l'organisateur du convoi le prit par le bras et le fit reculer.

— S'il vous plaît, placez-vous de l'autre côté de la tombe, me dit-il. Facilitez-moi la tâche, voulez-vous ?

Je m'inclinai et nous nous retirâmes loin de la tombe, tandis qu'on s'occupait de Mme Stein et que le service funèbre se poursuivait.

Le soir même nous eûmes notre seconde assemblée. Cette fois, rien ne nous arrêterait. Nous avions appris, durant la journée, que l'on avait tiré sur l'un des Evêques et que l'ensevelissement devait avoir lieu le lendemain. Les garçons voulurent interrompre les funérailles en jetant des bombes incendiaires depuis les maisons. L'intense loyauté de la bande, en voulant venger la mort d'un garçon, fut extraordinaire. La haine ardait en chacun d'eux et ils ne pouvaient pas la réprimer plus longtemps. Ce fut Mannie qui nous cria qu'il allait à la chapelle mortuaire où l'on avait déposé le corps de l'Evêque.

— Allons mettre le feu à cet horrible endroit. Si nous attendons à demain, ce sera trop tard ! Allons-y !

— Oui ! Oui ! Oui ! Allons-y ! crièrent-ils tous en chœur.

Plus d'une quinzaine de gars se dirigèrent vers la petite salle réservée aux gens de couleur ; ils renversèrent des cercueils et tailladèrent les rideaux avec leurs couteaux.

Le service eut lieu le lendemain sous la garde renforcée de la police, mais nous nous sentions vengés.

* * *

Seul le cauchemar de violence, qui bouillonnait dans mon propre cœur, dépassait en véhémence les troubles de la rue. J'étais un animal sans conscience, sans moralité, ni raison, sans aucun sens du bien et du mal. Le gang subvenait à mes besoins grâce à ses pillages et à ses vols nocturnes, Frank m'aidait aussi. Je préférais, pourtant, me tirer d'affaire tout seul.

Au printemps de 1957, Frank vint me dire que mes parents allaient arriver de Porto Rico pour une visite. Il désirait que je me rende à son appartement, le lendemain pour les rencontrer. Je refusai. Je n'avais pas besoin d'eux ! Ils m'avaient rejeté ; maintenant je ne voulais plus les voir.

Le soir suivant, Frank amena papa dans ma chambre. Il me dit que maman avait refusé de venir puisque je ne désirais pas la rencontrer.

Mon père resta sur le seuil de la porte un long

moment, me regardant. J'étais assis sur le bord de mon lit.

— Frank m'a parlé de toi, dit-il enfin et sa voix s'élevait de plus en plus tandis qu'il parlait au point qu'il criait presque, hors de lui. Il m'a dit que tu es un chef de gang et que la police est à tes trousses. Est-ce vrai ?

Je ne lui répondis pas mais je me tournai vers Frank qui était debout près de lui et lui dis avec hargne :

— Que lui as-tu dit ? Tu savais que je ne désirais pas les voir !

— Je lui ai dit la vérité, Nicky, répondit calmement Frank. C'est le moment que tu regardes toi-même la vérité en face.

— Il a un démon, dit papa en me fixant. Il est possédé. Je dois le délivrer !

Je me mis à rire nerveusement :

— L'an passé, j'ai cru que j'avais un démon. Mais maintenant les démons eux-mêmes ont peur de moi !

Papa traversa la chambre et plaça sa lourde main sur mon épaule. Il me poussa jusqu'à ce que je m'agenouille sur le plancher. Lui, me dominait, ses grandes mains m'enserrant comme des chaînes.

— Je sens cinq mauvais esprits chez lui, dit-il.

Il fit signe à Frank de saisir mes bras et de les tenir haut au-dessus de moi. Je me débattais pour me libérer mais ils étaient trop forts pour moi.

— Cinq démons ! murmura papa. C'est pourquoi il est délinquant. Nous le guérirons aujourd'hui !

Les mains jointes sur le sommet de ma tête, il exerça une forte pression puis fit un mouvement de torsion, comme s'il dévissait le couvercle d'un bocal.

— Dehors ! Dehors ! s'exclamait-il. Je vous conjure de sortir.

C'était au démon qui était dans mon esprit que parlait mon père. Puis il me frappa brutalement des deux côtés de la tête, me donnant des coups répétés sur les oreilles. D'une voix perçante, je l'entendais ordonner aux démons de sortir de mes oreilles.

Frank tint mes deux bras au-dessus de ma tête et papa me serra le cou de ses grosses mains. Je commençais à étouffer.

— Il a un démon sur la langue ! Sors, démon ! Dehors !

Puis il cria :

— Le voici ! Il sort ! Son cœur aussi est noir ! dit-il encore et il m'asséna plusieurs coups sur la poitrine à tel point que je pensais qu'il finirait par m'enfoncer des côtes.

Finalement, il me saisit aux hanches et me dressa sur mes pieds, me frappant de sa main à l'aine et commandant aux mauvais esprits de sortir de mes reins.

Il me lâcha et Frank se retira en me disant :

— Il t'a fait une immense faveur, Nicky. Tu as été terriblement méchant, mais maintenant il t'a purifié !

Papa était debout au milieu de la chambre, tremblant comme une feuille.

Jurant et tempêtant, je pris la porte et descendis en courant les escaliers jusqu'à la rue. Deux heures plus tard, je vis un marin ivre-mort qui dormait sur un banc dans le parc Washington. Je le retournai et lui volai son portefeuille. Si papa avait réellement chassé de mon corps un démon quelconque, il ne lui avait pas fallu longtemps pour revenir ! J'étais encore l'enfant de Lucifer.

Les cauchemars empirèrent. La visite de mon père semblait avoir intensifié ma crainte de l'avenir. Nuit après nuit, j'étais étendu sur mon lit, hurlant en m'éveillant d'un cauchemar après l'autre. Je multipliai mes combats de forcené pour cacher la terreur qui me consumait intérieurement.

* * *

Nous avions surtout besoin de fusils et de carabines. Et tout cela coûtait cher. J'eus une idée pour opérer sans peine un vol à main armée.

J'avais remarqué que tous les samedis à 15 h., un homme arrivait en voiture — une grande Cadillac noire — devant une des maisons locatives. Mes gars l'observaient et nous plaisantions souvent à son sujet. Nous savions qu'il venait de Jersey et qu'il arrivait toujours quand Mario Silvario était déjà parti au travail. Nous imaginions qu'il rendait visite à la femme de Mario. Un jour, nous escaladâmes l'échelle de secours et vîmes l'homme et la femme ensemble.

Je parlai avec Mannie, lui expliquant que ce serait très simple d'intervenir. Nous demandâmes à Willie l'Etrangleur d'apporter son revolver et nous nous rencontrâmes au début de l'après-midi.

A l'heure habituelle, la Cadillac apparut au coin de la rue et vint s'arrêter devant la maison. Willie et Mannie se tapirent dans l'ombre. Je serrai mon manteau de pluie autour de moi et m'avançai sur le trottoir. L'homme sortait de la voiture. C'était un grand gaillard, dans la quarantaine, vêtu d'un pardessus et d'un chapeau qui avaient dû lui coûter cher. Il ferma soigneusement son véhicule et se dirigea vers la maison. Les rues étaient vides. Seul le trafic de l'avenue voisine rompait le silence.

Il me vit venir et pressa le pas.

— Eh ! Monsieur ! Je me suis perdu. Pouvez-vous m'indiquer où se trouve l'avenue Lafayette ?

L'homme recula et regarda autour de lui. Il me dit :

— Fiche-moi le camp, gamin. Je ne désire pas avoir des ennuis.

— Mon vieux, tout ce que je demande c'est le chemin pour l'avenue Lafayette.

Je souris et mis ma main dans ma poche d'imperméable comme si je dirigeais un revolver contre lui.

— Au secours ! Des voleurs !

Je m'approchai de lui :

— Taisez-vous ou je vous tue !

Il haleta et me regarda, incrédule. Puis il se mit à crier :

— Au secours ! A mon aide !

A ce moment, Willie jeta son bras par derrière autour de la nuque de l'individu. Il lui appliqua brusquement le canon de l'arme contre sa joue.

— Pas un mot de plus ou je vous abats ! lui souffla-t-il à l'oreille.

L'homme resta comme pétrifié quand Mannie et moi commençâmes à le fouiller.

Dans la poche de sa veste, je trouvai le plus gros paquet de billets que j'eusse jamais vu. Ils étaient enroulés et tenus ensemble par un élastique. Je devinai qu'ils étaient destinés à la femme de Mario.

— Hé ! Regarde, Willie. Que penses-tu de ça ? Regarde tout ce fric !

Je reculai en riant. Nous étions tombés sur le bon ! Je me mis à danser dans la rue et me moquai de lui.

— Hé ! bonhomme ! Si je te laisse rendre visite à ta vieille, me donneras-tu de l'argent chaque semaine ?

Mannie prit part à l'action à son tour et commença à décrocher la ceinture de l'homme.

— Qu'en dis-tu, vieux ? Tu ne te fâcheras pas si nous t'enlevons tes pantalons pour que tout le monde voie comme tu es beau ?

L'homme serra les dents et se mit à gémir.

— Eh bien ! Nous te faisons une faveur, dit Mannie. Allons, descends ces pantalons comme un gentil petit garçon.

Il décrocha la boucle et l'homme se remit à hurler.

— Au secours ! Au... !

Je sautai en avant et le tapai sur la bouche. Il enfonça ses dents dans ma chair. Je me rejetai en arrière en criant :

— Abats-le, Willie ! Brûle-le ! Il m'a mordu !

Willie se plaça derrière lui et, tenant à deux mains

son revolver, visa le dos de l'homme et tira sur la gâchette. J'entendis le bruit du percuteur mais rien ne se passa.

Je frappai l'homme aussi durement que possible à l'estomac, avec ma main valide. Il se pencha en avant et je lui envoyai un coup à la tête avec mon autre main, mais cela me fit si mal que je crus m'évanouir. Je me tins de côté pour l'encercler.

— Tue-le, Willie ! Fais-lui son affaire !

Willie appuya sur la détente une fois encore. Rien ne se produisit. Il essaya à plusieurs reprises, mais le coup ne partit pas. J'arrachai l'arme des mains de Willie pour assommer l'homme. Il y eut un bruit d'écrasement du métal contre des os. La chair s'ouvrit et j'aperçus l'os blanc de la pommette mis à nu et encadré de rouge écarlate. Il essaya de crier quand je le cognai encore sur le sommet de la tête. Il s'affaissa dans le caniveau, une main pendant dans l'égout au bord du trottoir.

Nous n'attendîmes pas notre reste. Des lumières apparurent aux fenêtres des appartements et nous entendîmes des cris. Nous partîmes en courant et nous entrâmes dans une allée, derrière l'école. J'enlevai mon imperméable tout en courant et l'enfilai dans une poubelle.

Nous nous séparâmes à la prochaine rue. Je courus chez moi et escaladai les étages jusqu'à ma chambre. A l'intérieur, je fermai la porte à clé et restai debout, dans l'obscurité, à bout de souffle mais riant quand même. Ça c'était vivre vraiment !

J'allumai et regardai ma blessure. On voyait la marque des dents de l'homme dans le creux de ma main. Je la lavai avec un peu de vin et l'enveloppai d'un mouchoir.

J'éteignis et me laissai tomber sur le lit. Au loin les sirènes de la police mugissaient et je riais encore.

— Quel paquet ! pensais-je alors que je tâtais ma poche pour en sortir la liasse de billets. Mon Dieu !

Ils n'y étaient pas. Je sautai sur mes pieds et fouillai mes poches avec frénésie. Soudain, je me souvins. J'avais enfilé le paquet dans mon manteau de pluie quand la bagarre commençait. Oh ! non ! Et je l'avais jeté dans la poubelle, ce manteau ! Et le revolver ? Le revolver de Willie avait disparu. Je l'avais certainement laissé tomber après en avoir frappé l'homme.

Je ne pouvais pas retourner là-bas maintenant. La place grouillait certainement d'agents de l'ordre. Je devrais attendre jusqu'au matin et, d'ici là, le manteau et l'argent auraient été ramassés.

Je retombai sur mon lit et martelai le matelas à coups redoublés de mon poing crispé. Tant de peine pour rien du tout !

CHAPITRE VII

Mannie

Pendant les deux ans au cours desquels je fus le chef désigné des Mau-Mau, dix-sept personnes furent assassinées ; j'avais été arrêté plus souvent que je ne m'en souvenais. Nous vivions, nous tous qui appartenions aux gangs, comme si la loi n'existait pas. Rien n'était sacré pour nous, à l'exception toutefois de notre loyauté les uns à l'égard des autres et, en particulier du lien d'amitié et de fidélité qui m'unissait à Israël et à Mannie.

Un matin, Israël vint me dire que Mannie avait reçu un coup de poignard et qu'il était à l'hôpital.

— Qu'est-ce qui se passe, Nicky ? me dit-il après m'avoir raconté l'histoire du coup de poignard. Comment se fait-il que tu te comportes comme ça ?

Mon estomac était comme noué et je sentais le sang se retirer de mon visage. Mannie et Israël étaient mes seuls amis. Et voilà que, tout à coup, en écoutant Israël me raconter que Mannie avait échappé de peu à la mort, je sentais une partie de mon assurance m'abandonner.

Je hochai la tête.

— Je suis bien, mais fou de colère ! Je vais aller le voir, nous saurons qui a fait le coup et nous liquiderons le coupable.

Ce même après-midi, j'essayai de me rendre à l'hôpital, mais deux agents en uniforme gardaient la porte. Je passai par l'escalier de secours et tapai à la fenêtre jusqu'à ce que Mannie l'ouvrît de l'intérieur. Il était très faible et put à peine regagner son lit.

— Qui est-ce qui a fait ça, mon pote ? lui demandai-je. Personne ne te poignardera sans qu'on intervienne !

— Les Evêques. Ils m'ont surpris lorsque j'étais tout seul et m'ont atteint deux fois, un coup dans la jambe, un autre dans le côté.

— Mais qui ? Sais-tu lequel t'a frappé ?

— Oui, celui qu'ils appellent Joe. C'est leur nouveau vice-président. Il ne manque jamais son coup ! Il a dit qu'ils reviendraient et me tueraient. C'est pourquoi les flics font la garde devant la porte.

— L'essentiel c'est que tu guérisses, Mannie. Et quand tu sortiras d'ici, nous descendrons ce sale nègre.

Je me laissai glisser le long de l'échelle de secours et, ce soir-là, je rencontrai Israël et Homer Belanchi, notre conseiller de guerre, pour dresser nos plans de revanche. Nous nous décidâmes pour un enlèvement.

Le lendemain, Homer vola une voiture qui fut cachée derrière un ancien dépôt, pour une quinzaine de jours, en attendant la sortie de l'hôpital de Mannie.

C'était la semaine avant Noël 1957 et le moment pour nous d'agir. Homer conduisait le véhicule et nous prîmes Mannie à bord. Comme il boitait, il se servait encore d'une canne. Augie, Paco et moi, étions assis à l'arrière. Nous descendîmes la rue St. Edward et passâmes devant le Centre catholique. Il y avait un bal de Noël et deux agents en uniforme étaient en faction devant la porte. On ne voyait pas d'Evêques dans les alentours, aussi allâmes-nous à la confiserie et parquâmes de l'autre côté de la rue.

Il était environ 23 heures et nous conseillâmes à Mannie de rester dans la voiture.

Nous pénétrâmes dans la confiserie. Plusieurs Evêques y étaient et je leur dis :

— Hé, les gars, nous sommes à la recherche de notre ami le vice-président des Evêques. Nous avons entendu dire qu'il désire une réconciliation. Nous sommes venus pour lui en parler. Est-il dans les parages ?

L'un des Evêques demanda :

— Vous cherchez Joe ? Oui ! Il est là-bas au fond en train d'embrasser sa fille.

Nous allâmes sans nous presser vers Joe, assis par terre avec son amie. Il leva les yeux et Augie lui dit :

— C'est nous ! Les Mau-Mau ! C'est toi que nous cherchons !

Joe essaya de se dresser, mais Augie mit son pied sur l'épaule du garçon et le repoussa au sol. Nous avions tous deux des pistolets dans notre poche et il pouvait voir qu'ils étaient dirigés contre lui.

Il se mit à crier. Augie sortit son arme et en menaça les autres garçons.

— Ne bougez pas ! Pas un de vous ! Le premier qui bouge est un homme mort !

Le propriétaire paraissait pris de panique.

— Nous ne vous ferons rien, patron ! dit Augie. Restez seulement tranquille et nous serons loin dans une minute.

Je parlai à Joe qui était encore assis sur le plancher, à côté de sa fille terrifiée.

— Hé ! Voyou ! Tu as le choix : ou bien tu nous accompagnes maintenant, ou bien nous te descendons là où tu te trouves. Veux-tu une minute de réflexion ?

Le garçon bégaya quelques mots et je lui dis :

— Bien ! Très heureux que tu aies réfléchi ! Je le mis d'aplomb sur ses pieds et nous sortîmes, tandis qu'Israël tenait les autres garçons en joue avec son arme.

Augie leur dit :

— Dites aux Evêques que nous vous le ramènerons après lui avoir fait la leçon à propos des mauvais traitements qu'il a infligés à un Mau-Mau.

Nous fermâmes la porte derrière nous et obligeâmes Joe à traverser la rue en courant avec nous après quoi nous nous entassâmes dans la voiture. Il prit place entre Augie et moi qui le tenions en respect avec nos armes. Homer embraya et nous conduisit vers une construction abandonnée, près du pont de Manhattan.

Nous le fîmes entrer et l'attachâmes sur une chaise avec un bâillon dans la bouche.

— Il se pourrait que nous te tuions sans délai. Il se pourrait aussi que nous te laissions ici pour le reste de tes jours ! lui dis-je en le narguant...

Augie lui cracha au visage et nous partîmes après avoir verrouillé la porte derrière nous.

Il était minuit.

Nous ne retournâmes là-bas que deux soirs plus tard. Nous étions accompagnés de vingt-cinq Mau-Mau. Joe était couché sur le côté, encore attaché à la chaise. Il avait essayé de prendre la fuite, mais il était trop étroitement lié pour réussir. Nous le redressâmes et donnâmes de la lumière. Il avait été deux jours entiers sans eau et sans nourriture. L'endroit était glacial. Il clignotait des yeux de peur et d'horreur en nous voyant autour de lui.

Je demandai à Mannie de s'approcher et de se placer devant Joe.

— Mannie, est-ce ce garçon qui t'a donné un coup de couteau et qui t'a menacé de te tuer ?

Mannie s'appuya sur sa canne en boîtant.

— C'est bien lui ! C'est celui-là !

J'enlevai le bâillon de sa bouche. Ses lèvres et sa langue étaient enflées et fendues, sa gorge desséchée et il émettait d'étranges bruits rauques quand il essayait de parler.

Je dis en riant.

— Tu vois ! Il avoue que c'est lui !

Augie saisit Joe par ses longs cheveux et lui tira la tête en arrière. Mannie fit tomber d'un coup sec la cendre de sa cigarette et la tint près du cou du garçon. Les yeux de Joe étaient hagards et Mannie rit quand il toucha doucement la peau tendre de Joe avec le charbon ardent. Joe hurla de douleur et Mannie retira la cigarette.

— Encore une fois ! dit Augie à Mannie. Il t'a poignardé deux fois, lui !

Cette seconde fois, Mannie fit pénétrer la cigarette dans la bouche de Joe, l'enfonçant délibérément entre ses lèvres serrées et fendillées. Le menton du garçon trembla légèrement quand il passa sa langue brûlée sur les ampoules rouge vif, dans une tentative infructueuse de se libérer des cendres et des brins de tabac qui y adhéraient.

— Maintenant à votre tour, les gars ! dit Augie.

Chacun alluma une cigarette et s'approcha de Joe, alors qu'Augie lui saisissait une nouvelle fois les cheveux et lui tirait la tête en arrière. Il poussa des cris de terreur et de sa gorge s'échappaient des bruits étranges comme si l'on avait passé du papier de verre sur un treillis en fil de fer. Les garçons l'entouraient, chacun d'eux écrasant sa cigarette sur le visage et sur la nuque du traître. Il continua à lancer des cris aigus jusqu'à ce qu'il s'évanouît de douleur.

Nous le détachâmes et il s'effondra sur le sol, dans la saleté et les toiles d'araignées. L'injuriant à voix forte, les cruels garnements lui donnaient des coups de pied avec leurs chaussures à pointes, lui brisant les côtes et la mâchoire. Nous le transportâmes, le laissâmes tomber au fond de la voiture et le conduisîmes à la confiserie, sur le terrain des Evêques. Augie écrivit sur un papier qu'il lui épingla dans le dos :

« Personne ne fait du mal à un Mau-Mau sans être puni ! »

Nous passâmes lentement devant le magasin et, finalement, fîmes rouler son corps inconscient sur la rue. Puis, nous nous éloignâmes en riant aux éclats.

Le jour de Noël, je rencontrai Mannie chez Gino. Nous étions assis sur un tabouret, au comptoir, fumant des cigarettes et riant encore de ce qui s'était passé la semaine précédente.

Je regardai et vis cinq Evêques qui traversaient la rue. Je jetai un coup d'œil autour de moi et, bien que nous nous trouvions au cœur du terrain des Mau-Mau, nous étions absolument seuls. Je poussai Mannie du coude.

— Des Evêques, mon vieux ! Fichons le camp !

Mais il était déjà trop tard. Ils nous virent plonger derrière le comptoir pour sortir par une porte de côté. Nous avions un peu d'avance sur eux. Nous franchîmes la porte et la rue pour entrer dans une allée, courant aussi vite que possible, mais Mannie, dans l'état de faiblesse où il se trouvait, restait en arrière. Quand nous arrivâmes au coin de la ruelle, ils étaient là qui nous attendaient.

Je baissai la tête et fonçai au milieu d'eux. Surpris par mon audace, ils ne ripostèrent pas.

Je donnai un coup de tête dans le ventre d'un garçon qui tomba en arrière sur le trottoir. Je m'appuyai de la main sur le capot d'une voiture parquée là, et sautai de l'autre côté. Une camionnette de livraison arrivait à toute allure et klaxonna violemment tandis que je courais me mettre à l'abri. J'espérais que Mannie avait pu profiter de mon assaut et qu'il me suivait de près.

Tout à coup, je m'aperçus qu'il ne m'avait pas rejoint. Je regardai derrière moi : aucun des Evêques n'était à mes trousses. J'interrompis ma course et revins sur mes pas pour voir ce qui s'était passé. A l'entrée de l'allée, cinq d'entre eux tenaient Mannie contre un mur, le frappaient avec leurs poings et lui donnaient des coups de pied dans l'estomac et le bas-ventre.

Je vis un bref éclair de lumière et sus qu'il s'agissait d'un reflet du soleil sur la lame d'un poignard. Je courus vers eux tout en sortant mon couteau et en criant :

— Bâtards ! Sales porcs ! Laissez-le ! Je vais vous descendre !

J'arrivai trop tard. Le garçon au couteau jeta son bras en arrière et, d'un geste violent, enfonça la lame dans les côtes de Mannie qui en eut le souffle coupé. Il essaya de se redresser, resta debout un bref instant et s'affaissa, la face contre le béton. Le vaurien profita de sa chute pour plonger cruellement son poignard une fois encore dans la poitrine de Mannie.

Je m'étais arrêté au coin de la ruelle ne croyant pas qu'ils allaient le tuer, puis, je fus affolé et me précipitai dans le groupe, brandissant mon arme et les menaçant de mon poing. Ils s'éparpillèrent et s'éloignèrent en courant dans les deux sens de la rue. Mannie fut abandonné sur le trottoir. Le sang s'échappait de sa bouche, de son nez et formait une flaque sur le sol.

Il était couché sur le ventre, le visage tourné de côté, me regardant de ses yeux pleins d'effroi. Il essaya de parler mais, quand il ouvrit la bouche, rien n'en sortit sinon quelques bulles rougeâtres.

Je m'agenouillai, le retournai sur le dos et l'installai sur mes cuisses appuyant sa tête contre ma veste. Son sang salissait mes pantalons et je le sentais, chaud et collant, sur mes mains.

Mannie fit encore un effort pour parler, les prunelles dilatées par la peur. Il ouvrit les lèvres, mais je n'entendis qu'une sorte de gargouillement dans ses poumons. Il continuait à expulser de petites bulles sanguinolentes.

— Mannie ! Mannie ! criai-je. Ne meurs pas, Mannie ! Ne meurs pas !

Une fois encore il ouvrit la bouche et je perçus le bruit de l'air qui s'en échappait. C'était comme le faible sifflement d'un pneu qui se dégonfle. Sa tête roula dans mes bras et sa poitrine s'affaissa sous la veste.

Je regardai, épouvanté, ses yeux sans expression. Il était mort.

— Mannie ! Mannie ! criai-je de toute la force de ma voix, pleine de l'horreur de la réalité dont je venais d'être le témoin.

La rue s'anima. D'une fenêtre, une femme jeta des cris :

— Hé ! Que se passe-t-il là en bas ? Qu'est-il arrivé ?

Je ne pouvais pas rester là. Avec mon dossier, la police chercherait à m'accuser. Je ne pouvais plus rien faire pour Mannie. Les voix se rapprochant, je me levai. Le corps retomba lourdement sur le trottoir ; le choc de sa tête heurtant le ciment retentissait comme un écho à chacun de mes pas, tandis que je fuyais le long de l'allée. Mentalement, je revoyais Mannie, couché sur le trottoir, la face tournée vers moi, ses yeux terrifiés, grands ouverts et vitreux, image de la mort. J'étais anéanti. Je courus tout le trajet jusque chez moi, fis claquer la porte et pris mon revolver dans l'armoire. Ma respiration était saccadée et je restai assis sur le bord de mon lit tenant mon arme pointée vers la porte fermée. J'étais pétrifié de terreur. Jamais je n'avais vu la mort de si près, en tout cas pas face à face. Mannie était mon ami ; une minute auparavant, il avait ri et plaisanté ; une minute après, il était couché sur la rue, le sang s'échappant de sa bouche. Je ne pouvais me faire à la réalité. Je me croyais courageux quoi qu'il pût m'arriver. Mais la mort, c'était trop. Je commençai à avoir mal à l'estomac. De grandes vagues passaient en moi et je me mis à vomir à plusieurs reprises. J'aurais voulu crier, mais je ne le pouvais pas.

Je me levai précipitamment et courus vers la paroi.

— Je n'ai pas peur ! Je n'ai pas peur ! Je n'ai pas peur ! hurlais-je sans arrêt.

J'étais comme possédé par des démons. Je regardais mes mains souillées de sang coagulé. L'image de ses lèvres fendillées et de ses yeux vitreux passait et repassait devant moi.

Je me mis à me frapper le front contre le mur en criant :

— Personne ne peut me faire du mal ! Personne ne peut me faire du mal ! Personne... !

Epuisé, je tombai haletant sur le plancher. La peur ! La peur ! La peur ! La peur nue, terrifiante, insoutenable, indomptable ! C'était comme un cauchemar devenu réalité. Je me roulai encore et encore sur le sol, me serrant la poitrine des deux bras, gémissant et criant. Les murs de la chambre paraissaient se refermer sur moi et le plafond se hausser à une quinzaine de kilomètres, au moins. J'étais couché au fond d'un minuscule rectangle, regardant la porte et la fenêtre qui se trouvaient à des milliers de mètres au-dessus de ma tête. J'étais accroupi et coincé au fond de ce qui me paraissait être un tuyau de paille carré qui s'élevait à une hauteur vertigineuse, m'empêchant de fuir.

En haut, un épais nuage, noir et vaseux, apparut et commença à déverser de la paille sur moi. Je suffoquais. J'ouvris la bouche pour crier, mais rien ne s'en échappa, sinon des bulles de sang.

Je m'agrippais aux parois essayant de les escalader et de m'échapper. Mais ma nuque s'inclinait de côté et je sentais ma tête frapper le sol, en faisant un bruit semblable à celui de Mannie quand il tomba sur le béton, après avoir roulé de mes genoux.

Le nuage noir descendait toujours et j'étais étendu

sur le dos, le repoussant des pieds et des mains. C'était le nuage de la mort... de la mort... de la mort... qui cherchait à m'atteindre. Je vomis et essayai encore de crier. Mais il ne sortit de mes lèvres que d'autres bulles. Ce gargouillement bizarre que j'avais perçu dans la poitrine de Mannie alors que le sang jaillissait de ses poumons et de sa gorge, je l'entendais dans ma propre poitrine. Tout à coup, le nuage noir s'abattit sur moi et je fus conscient d'un rire creux et diabolique qui se répercutait sur les côtés de cette tour de paille dans laquelle j'étais emprisonné. Il se répétait sans arrêt : LA MORT... la mort... la mort... ! C'était le rire de Satan !

Quand je m'éveillai, l'aube se levait. Le soleil tentait de traverser ma fenêtre malpropre. J'étais encore étendu sur le plancher, engourdi, meurtri et glacé. La première chose que je remarquai furent mes mains couvertes de sang coagulé.

CHAPITRE VIII

Au fond du gouffre

Trois jours avant Pâques, quatre d'entre nous se trouvaient à l'intersection des rues Auburn et St. Edward, en face de l'Eglise St. Edward-St. Michael. Nous savions que les prêtres recueillaient beaucoup d'argent durant les cultes spéciaux de la semaine pascale et nous faisions des plans pour cambrioler l'église.

Un agent de police sortit du bureau du commissariat qui se trouvait de l'autre côté de la rue et nous vit, appuyés contre la clôture hérissée de pointes de fer qui entoure le sanctuaire. Il traversa la chaussée et nous dit :

— Fichez le camp d'ici, sales Portoricains !

Nous restâmes où nous étions, les bras par-dessus la barrière et le regardant sans le voir.

Il ordonna une fois encore :

— Allez, Portoricains, décampez d'ici !

Les autres garçons obtempérèrent, mais moi je restai sur place. Le flic me considéra d'un air farouche :

— Je t'ai dit de t'en aller, espèce de porc ! Va-t-en !

Il saisit sa matraque pour me frapper.

Je crachai contre lui.

Il s'avança le bras levé, et son gourdin se brisa sur

la clôture : je l'avais évité de justesse en plongeant rapidement. Je me lançai sur lui et il me serra à la nuque. Il était deux fois plus grand que moi, mais j'étais prêt à le tuer si cela était possible. Je sortis mon couteau quand j'aperçus qu'il décrochait son revolver. En même temps, il sifflait pour obtenir de l'aide.

Rapidement, je reculai et levai les mains.

— Je me rends ! Je me rends !

Du renfort sortit du poste de police et traversa en hâte la rue. Ils se saisirent de moi et me traînèrent de l'autre côté, le long des escaliers, jusqu'au bureau.

L'agent avec qui j'avais lutté me gifla brutalement. J'essuyai le sang qui perlait sur mes lèvres.

— Vous êtes un grand type avec un revolver mais, au-dedans, vous êtes un lâche comme tous les autres flics ! lui dis-je.

Il me frappa encore et je fis semblant de m'évanouir en tombant sur le plancher.

— Lève-toi ! Sale porc ! Cette fois-ci, on va t'éloigner du quartier pour de bon.

Alors qu'ils me traînaient dans une autre salle, j'entendis le sergent de service marmonner :

— Ce gosse a perdu la tête ! Il est fou ! On devrait l'interner définitivement avant qu'il assassine quelqu'un !

J'avais été arrêté par la police bien des fois auparavant, mais on n'avait pas pu me garder faute de preuves. Personne n'avait jamais voulu témoigner contre moi, car on savait bien qu'à ma sortie de prison, je tuerais les dénonciateurs ou que les Mau-Mau se chargeraient de le faire pour moi.

Cette fois-ci, pourtant, ils m'emmenèrent à l'autre bout de la ville et me mirent dans une cellule. Le gardien me poussa alors que j'entrai. Je me retournai et l'attaquai de mes deux poings. Il me tira dehors, dans le corridor, et tandis qu'un autre garde me maintenait, il me frappa à son tour.

— La seule manière de traiter ces fils de ... c'est de les battre jusqu'à ce que le diable sorte de leur corps ! expliqua-t-il. C'est une bande de porcs dégoûtants et malodorants ! La prison est pleine de Noirs, d'Italiens et de Portoricains. Toi, tu es exactement comme les autres et si tu bronches, nous te ferons regretter de n'être pas mort !

Ils me poussèrent dans la cellule et je restai étendu sur le sol dur, les maudissant.

— Très bien, voyou, dit le geôlier en fermant la porte, pourquoi ne te lèves-tu pas et ne te bagarres-tu pas maintenant ? Pas si dur que ça, hé ?

Je me mordis les lèvres et ne répondis pas. Mais j'étais sûr que je l'abattrais quand je serais libéré.

Le lendemain, le gardien revint dans mon cachot. Lorsqu'il ouvrit la porte, je tombai sur lui et le repoussai dans le corridor. Il me donna des coups sur la tête avec ses clés. Je sentis le sang couler d'une blessure au-dessus de l'œil.

— Allez-y ! Battez-moi ! criai-je. Mais un jour, j'irai chez vous, je tuerai votre femme et vos enfants ! Attendez seulement et vous verrez !

Lors de mon arrestation je n'avais été inculpé que d'une faute mineure de résistance et de désobéissance à un officier de police. Mais j'étais en train d'aggraver mon cas. Le gardien me repoussa à l'intérieur de la cellule et en ferma la porte.

— Très bien ! voyou ! Tu peux rester là et y pourrir, si cela te plaît !

* * *

Ma comparution eut lieu la semaine suivante. On me mit les menottes et j'entrai dans la salle du tribunal. J'étais assis sur une chaise tandis qu'un agent lisait le procès-verbal.

Le juge, un homme dans la cinquantaine, au visage grave et portant des lunettes sans bord, dit :

— Attendez un instant. N'ai-je pas déjà vu ce garçon ici ?

— Oui, Votre Honneur ! répondit l'agent. C'est la troisième fois qu'il passe devant le tribunal. De plus, son dossier porte vingt et une arrestations et il a été accusé de tout : de vol à main armée jusqu'à l'attaque avec intention de meurtre.

Le juge se tourna vers moi et me regarda.

— Quel âge avez-vous, jeune homme ?

Je remuai gauchement sur la chaise, les yeux baissés.

— Levez-vous quand je m'adresse à vous ! dit-il avec fermeté.

Je me levai et le regardai.

— Je vous ai demandé votre âge ! répéta-t-il sévèrement.

— Dix-huit ans !

— Vous avez dix-huit ans, vous avez déjà été arrêté vingt et une fois et vous avez comparu trois fois devant ce tribunal ? Pourquoi n'êtes-vous pas avec vos parents ?

— Ils sont à Porto Rico, répondis-je.

— Chez qui habitez-vous ?

— Chez personne. Je n'ai besoin de personne. Je vis tout seul.

— Depuis combien de temps vivez-vous ainsi ?

— Depuis mon arrivée à New York, il y a trois ans.

— Votre Honneur, interrompit l'officier, c'est un mauvais garçon. Il est le président des Mau-Mau. Il est la cause de toutes les difficultés que nous avons dans le quartier. Je n'ai jamais vu un gosse aussi cruel et méprisable que celui-là. Il est comme un animal et la seule chose à faire avec un chien enragé c'est de l'enfermer. J'aimerais vous recommander, Votre Honneur, de le laisser en prison jusqu'à ses vingt et un ans. Cela nous permettra peut-être de remettre un peu d'ordre à Fort Greene.

Le juge se tourna vers l'officier et le regarda :

— Vous dites qu'il est pareil à un animal ? A un chien enragé ?

— Exactement, Votre Honneur ! Et si vous le relâchez, il tuera quelqu'un avant la nuit !

— Oui ! Je pense que vous avez raison ! ajouta le juge, portant à nouveau ses regards sur moi. Mais il me semble que nous devons au moins découvrir ce qui le rend semblable à un animal. Pourquoi est-il si vicieux ? Pourquoi a-t-il besoin de haïr et de voler, de se battre et de tuer ? Nous en avons des centaines comme lui, qui passent devant nos tribunaux chaque jour et il me semble que l'Etat a un certain devoir à leur égard. Il doit essayer de sauver quelques-uns de ces garçons, au lieu de les enfermer tout simplement pour le reste de leurs jours. Et je crois que, tout au fond du cœur de ce « chien enragé et vicieux », il y a une âme qui pourrait être sauvée.

Il se tourna vers l'agent.

— Croyez-vous que nous devrions essayer ?

— Je ne sais pas, Votre Honneur, répondit le policier. Ces gosses ont tué trois agents au cours des deux dernières années et nous avons eu cinquante assassinats environ depuis que je suis dans ce district. La seule chose qu'ils comprennent, c'est la force. Et je sais pertinemment que si vous le laissez aller, nous devrons l'enfermer à nouveau, et la prochaine fois ce sera probablement pour un meurtre.

Le juge baissa les yeux sur la feuille de papier devant lui.

— Cruz ! C'est bien ça ? Nicky Cruz, venez ici !

Je me levai et m'approchai. Mes genoux commencèrent à trembler. Le juge se pencha sur le pupitre et me regarda dans les yeux.

— Nicky, j'ai un garçon qui a à peu près votre âge. Il va à l'école. Il habite dans une belle maison, dans un joli quartier. Il n'a pas de difficultés. Il joue au base-ball dans l'équipe de son collège et il a de bonnes notes. Il n'est pas un « chien enragé » comme vous. Et, la raison pour laquelle il n'est pas un chien enragé, c'est qu'il est aimé. Selon toute évidence, vous n'avez personne qui vous aime et vous, vous n'aimez personne non plus. Vous êtes malade, Nicky, et je voudrais savoir pourquoi. Je veux savoir ce qui provoque tant de haine chez vous. Vous n'êtes pas comme les autres garçons. L'agent a raison. Vous êtes comme un animal et vous agissez comme un animal. Je devrais vous traiter comme tel, mais je vais découvrir pourquoi vous êtes ainsi. Je vais vous mettre entre les mains du psychologue du tribunal, le docteur John Goodman. Je ne suis pas qualifié pour affirmer si vous êtes ou non un cas psychiatrique. Il vous examinera et prendra la décision finale à votre égard.

Je fis un signe de tête affirmatif. Je ne savais pas s'il allait me relâcher ou s'il prolongerait ma détention, mais je compris que — pour l'instant, du moins — je ne retournerais pas à la prison.

— Encore une chose, Nicky, dit le juge. Si vous provoquez de nouvelles difficultés, si j'ai une seule plainte à votre sujet, si vous vous comportez mal, alors j'en déduirai que vous êtes absolument incapable de comprendre les instructions que l'on vous donne et de prendre vos responsabilités. Dans ce cas, je vous enverrai immédiatement à Elmira pour travailler à la ferme. Compris ?

— Oui, Monsieur ! répondis-je.

Je fus surpris moi-même. C'était la première fois que je disais « Monsieur » à un homme. Mais il me parut que c'était la seule chose que j'avais à faire en l'occurrence.

Le lendemain, le psychologue de la Cour de justice, le Dr John Goodman, vint me voir dans ma cellule. Il était grand, avec les tempes prématurément grises et une profonde cicatrice au visage. Le col de sa chemise était effiloché et ses souliers n'avaient pas été cirés.

— J'ai été désigné pour étudier ton cas, me dit-il en s'asseyant sur ma couche, les jambes croisées. Ce qui signifie que nous passerons pas mal de temps ensemble.

— Bien sûr, grand homme, quand vous voudrez !

— Ecoute, mon gars, chaque jour je parle avec une vingtaine de types comme toi. Fais attention à ce que tu dis : il pourrait t'en cuire ! Et tu le regretterais !

Je fus interloqué par ses manières abruptes, mais je ricanai avec arrogance :

— Vous parlez bien pour un réducteur de têtes ! Peut-être aimeriez-vous avoir la visite des Mau-Mau un de ces soirs ?

Avant que je puisse faire un geste, le docteur m'avait saisi par le devant de ma chemise et m'avait presque soulevé de terre.

— Laisse-moi te dire quelque chose, bavard. J'ai passé quatre ans dans des bandes et trois ans dans la marine avant d'aller au collège. Tu vois cette cicatrice ? Il tourna la tête pour que je puisse voir la profonde balafre qui s'étendait de sa pommette jusque sous son col. J'ai reçu ça dans un gang, mais pas avant d'avoir à peu près tué six autres vauriens avec une batte de base-ball. Maintenant, si tu tiens à jouer au dur, tu auras le partenaire que tu désires !

Il me poussa en arrière ; je trébuchai contre le lit et tombai assis.

Je crachai par terre et me tus.

Sa voix reprit un ton naturel pour me dire :

— Demain matin, je dois aller à Bear Mountain. Tu peux venir avec moi et nous parlerons ensemble.

* * *

Le lendemain, je fus interrogé durant toute la journée par le psychologue. Nous sortîmes de la cité et nous dirigeâmes vers les hauteurs de l'Etat de New York. C'était mon premier voyage hors de la jungle d'asphalte depuis mon arrivée de Porto Rico, trois ans auparavant. J'étais un peu excité, mais restais maussade et insolent quand il me posait des questions.

Après un court arrêt à la clinique, il me conduisit au jardin zoologique, dans le parc public. Nous prîmes le chemin qui passe devant les cages. Je m'arrêtai et regardai les animaux sauvages allant et venant derrière les barreaux.

— Aimes-tu les jardins zoologiques, Nicky ? me demanda-t-il.

— Je les abhorre ! répondis-je en m'éloignant des cages et en reprenant le sentier.

— Ah ! Et pourquoi ?

— Je hais ces animaux qui sentent mauvais, qui n'arrêtent pas de marcher en long et en large, qui désirent toujours s'échapper de là.

Nous nous assîmes sur un banc, dans le parc. Le docteur John sortit des cahiers de sa serviette et me demanda de dessiner quelque chose : des chevaux, des vaches, des maisons. Je traçai l'image d'un bâtiment avec une immense porte dans la façade.

— Pourquoi as-tu fait une si grande porte à cette maison ? m'interrogea-t-il.

— Pour que le réducteur de têtes puisse y pénétrer !

— Je n'accepte pas cette explication. Donne-moi une autre réponse.

— Très bien ! Alors... pour que je puisse sortir rapidement au cas où l'on me pourchasserait.

— La plupart des gens dessinent des portes pour entrer.

— Pas moi ! J'essaye toujours de sortir !

— Dessine-moi maintenant un arbre, me dit-il.

J'esquissai un arbre. Et puis, je pensai qu'un arbre sans oiseau, ce n'était pas complet, aussi dessinai-je un oiseau sur la cime de l'arbre.

Le docteur examina mon croquis et me demanda :

— Tu aimes les oiseaux, Nicky ?

— Je les hais !

— Il semble qu'il n'y ait rien au monde que tu ne haïsses !

— Vraiment ? C'est bien possible. Mais je hais les oiseaux plus que tout !

— Pourquoi ? Parce qu'ils sont libres ?

J'entendais le grondement du tonnerre dans le lointain.

Cet homme commençait à me faire peur avec ses questions. Je pris mon crayon et fis un trou à travers le dessin :

— Bien ! Oubliez l'oiseau ! Je viens de le tuer !

— Tu penses te débarrasser de tout ce qui te fait peur en le tuant, n'est-ce pas ?

— Mais enfin, pour qui vous prenez-vous, stupide charlatan ? hurlai-je. Vous pensez que vous pouvez me faire dessiner une image idiote et me poser des questions ridicules pour tout savoir de moi ? Je n'ai peur de personne. Tout le monde a peur de moi. Demandez aux Evêques, ils vous en parleront. Il n'y a pas un seul gang à New York qui ose se battre avec les Mau-Mau. Je n'ai peur de personne !

Ma voix avait atteint le paroxysme de la colère, tandis que je restais debout devant lui.

Le docteur Goodman continuait à tracer des notes sur son bloc de papier. Levant les yeux sur moi, il me dit :

— Assieds-toi, Nicky, tu n'as pas besoin de chercher à m'impressionner !

— Ecoutez, mon vieux, continuez seulement à m'exaspérer et vous serez bientôt un homme mort !

Le grondement lointain se rapprochait et je tremblais de rage devant lui. Le docteur me regarda et voulut dire quelque chose quand les premières gouttes de pluie s'écrasèrent sur le sentier, près de nous. Il secoua la tête :

— Il vaut mieux partir avant l'orage.

Nous fîmes claquer les portes de la voiture au moment où une lourde averse éclaboussait le pare-brise.

Le docteur John resta assis, silencieux, un long moment avant de mettre le moteur en marche et de s'engager sur la route.

— Je ne sais pas, Nicky ! Vraiment, je ne sais pas !

Le voyage de retour fut misérable. La pluie battait la voiture avec force. Le docteur John conduisait sans dire un mot. Quant à moi, j'étais perdu dans mes pensées. Je n'avais pas du tout envie de retourner en ville et j'étais effrayé à la pensée de réintégrer la prison. Je ne supportais pas d'être en cage comme un animal sauvage.

La pluie avait cessé mais le soleil était déjà couché alors que nous passions devant des centaines de pâtés de maisons, hautes comme des tours et sales. J'avais l'impression de descendre dans un gouffre. Je désirais sortir et courir. Mais, au lieu d'aller vers le pénitencier, le docteur John ralentit la marche et tourna dans l'avenue Lafayette en direction de Fort Greene.

— Vous ne me ramenez pas à la prison ? lui demandai-je, intrigué.

— Non ! J'ai l'autorisation de t'enfermer ou de te relâcher. Je ne pense pas que la prison te fera le moindre bien !

— Cette fois-ci, mon vieux, nous sommes sur la même longueur d'ondes ! dis-je en grimaçant.

— Non ! Tu ne comprends pas ce que j'ai voulu dire. Je ne pense pas qu'il y ait une chose au monde qui puisse te faire du bien.

— Que voulez-vous dire, Doc ? Vous pensez qu'il n'y a plus aucun espoir pour moi ? Et je me mis à rire.

Il arrêta sa voiture au coin des rues Lafayette et Fort Greene.

— C'est exactement ce que je pense, Nicky. Pendant des années, j'ai travaillé avec des gosses comme toi. Je vivais dans le ghetto. Mais je n'ai jamais vu un gamin aussi dur, aussi froid, aussi sauvage que toi. Tu n'as réagi à aucune des choses que je t'ai dites. Tu hais tout le monde et tu as peur de tous ceux qui menacent ta sécurité.

J'ouvris la portière et sortis :

— Bon ! Vous pouvez aller au diable, Doc. Je n'ai pas besoin de vous ni de personne d'autre !

— Nicky, dit-il alors que je m'éloignais, je vais te dire franchement ce que je pense. Tu es destiné à périr. Il n'y a aucun espoir pour toi. A moins que tu ne changes, tu es sur le chemin de la prison, de la chaise électrique et de l'enfer !

— Vraiment ? Alors, je vous reverrai là-bas !

— Où ? demanda-t-il.

— En enfer, mon pote ! lui répondis-je en éclatant de rire.

Il secoua la tête et démarra dans la nuit. J'essayai de rire encore, mais le son s'éteignit dans ma gorge.

* * *

J'étais debout, dans la rue, les mains dans les poches de mon imperméable. Il était 19 heures et les rues étaient pleines de visages sans nom, de pieds qui se hâtaient, se hâtaient... se hâtaient. J'étais comme une feuille sur cette mer humaine, emportée dans toutes les directions par mes passions insensées. Je regardais les gens. La plupart d'entre eux avançaient, marchaient ; quelques-uns couraient. Nous étions en mai, pourtant le vent était froid. Il fouettait mes jambes et me glaçait intérieurement.

Les paroles du psychologue revenaient à ma mémoire, sans cesse, comme un disque qui repart toujours et se bloque au même endroit. « Tu es sur le chemin de la prison, de la chaise électrique et de l'enfer. »

Jamais je ne m'étais examiné réellement. Oh ! j'aimais à me regarder dans le miroir. J'avais toujours été un garçon propre, ce qui était un peu inhabituel pour la plupart des Portoricains de mon quartier. Contrairement à la majorité des garçons de mon gang, je mettais mon orgueil à me vêtir avec soin. J'aimais porter une cravate et une chemise voyantes. J'essayais toujours de maintenir mes pantalons bien repassés et j'employais beaucoup de lotion pour mon visage. Je n'avais jamais aimé fumer à l'excès, parce que cela donnait une mauvaise odeur à mon haleine. Mais, je me sentis soudain malpropre à l'intérieur. Le Nicky que je vis dans la glace n'était pas le vrai Nicky. Et le Nicky que j'observais en cet instant était sale... immonde... perdu.

Le juke-box du bar Papa John lançait les rythmes retentissants d'un air à la mode. Le trafic, dans la rue, était intense, les klaxons résonnaient, les gens criaient. J'observais leurs faces sans expression et sans nom. Personne ne souriait. Tout le monde était pressé. Quelques vagabonds étaient ivres. La plupart des gars devant le bar étaient drogués. C'était là le vrai Brooklyn. C'était là aussi le vrai Nicky.

Je suivis la rue en direction de ma chambre, à Fort Greene. Les dernières éditions des journaux claquaient contre la barrière de fer et les grilles des magasins. Des bouteilles cassées et des boîtes de bière vides remplissaient les caniveaux. L'odeur d'aliments gras flottait tout le long de la rue et me donnait la nausée. Les trottoirs tremblaient sous mes pas quand les métros assourdissants passaient et disparaissaient dans l'obscurité.

Je rattrapai une vieille femme misérable. Je dis « vieille », mais étant derrière elle, je ne pouvais pas savoir l'âge qu'elle avait. Elle était petite, plus petite que moi. Sa tête était entourée d'une écharpe noire. Des mèches de cheveux d'un roux jaunâtre et maintes fois teints, apparaissaient sur les côtés. Elle portait une veste de drap marine usée, trop grande pour elle d'au moins quatre tailles. Ses jambes émaciées et habillées de pantalons noirs sortaient comme des cure-dents au-dessous de l'ourlet de sa jaquette démesurée. Elle portait des souliers d'homme et n'avait pas de bas.

J'eus, en la voyant, de l'aversion pour elle. Elle symbolisait toute la saleté, la fange de mon existence. Je tâtai mon couteau dans ma poche. Je ne m'amusais pas cette fois-ci, et me demandais quelle force j'aurais à déployer pour faire pénétrer la lame dans le drap durci de sa jaquette et dans son dos. J'eus une sensation de chaleur en m'imaginant le sang dégoulinant du bord de la veste et formant une flaque sur la rue.

A ce moment même, un petit chien se précipita vers nous. Elle l'observa avec des yeux vides et sans âge. Je la reconnus : c'était une prostituée qui habitait mon quartier. Par l'aspect de son visage, ses paupières tombantes et le regard vide de ses yeux, je sus qu'elle s'était droguée.

Je lâchai mon poignard, ma pensée se fixant à nouveau sur moi-même et je la dépassai. Ce faisant, j'aperçus ses yeux indifférents suivant un ballon rouge qui bondissait sous le vent, au milieu de la rue.

Un ballon ! Mon premier instinct fut de m'élancer et de l'écraser du pied. Je le haïssais ! Oh ! combien je le haïssais ! Il était libre, lui !

Soudain, une immense vague de compassion m'inonda. Je m'identifiais à ce stupide ballon bondissant. C'était une chose bien étrange : pour la première fois de ma vie, je ressentais quelque pitié et c'était pour un objet inanimé, emporté au hasard par le vent.

Je passai devant la femme et me hâtai pour suivre, sans le perdre de vue, le ballon qui roulait et s'élançait le long de la rue sale.

Il ne paraissait guère à sa place dans cet environnement répugnant. Tout autour de lui, des papiers, des détritus tourbillonnaient. Au bord du trottoir, il y avait ces bouteilles de verre cassées, ces récipients de bière écrasés. De chaque côté s'élevaient, comme des tours, les murs noirs et lugubres de cette prison où je vivais et d'où je ne pouvais m'échapper. Et là, au milieu de tout cela, il y avait pourtant un ballon rouge et libre, chassé par le vent.

Qu'avait-il, ce ballon, qui puisse tellement m'intéresser ? Je pressai le pas pour l'accompagner dans sa course. Je me surpris à espérer qu'il ne heurterait pas un débris de verre et qu'il n'éclaterait pas. Et pourtant, je savais qu'il ne pouvait pas durer ! Il était trop délicat, trop propre et pur pour exister longtemps au cœur de cet enfer.

Je retenais mon souffle chaque fois qu'il bondissait en l'air et redescendait dans la rue. J'attendais l'explosion finale et irrévocable. Et, malgré tout, il poursuivait son joyeux voyage. Je pensais : peut-être qu'il y arrivera ! Peut-être qu'il ira jusqu'au bout et qu'il sera emporté vers la liberté, dans le parc ! Peut-être qu'il a une chance d'y arriver, après tout !

Je priais presque pour qu'il en fût ainsi. Mais, en pensant au parc, l'abattement me saisit à nouveau. Ce parc insensé, aux mauvaises odeurs ! Qu'en sera-t-il de lui s'il atteint le parc ? Qu'arrivera-t-il ? Il n'y a rien pour lui là-bas. Il se jettera contre la clôture rouillée et il éclatera ! Et, même s'il passe la barrière et pénètre à l'intérieur, il tombera et sera percé par les épines des buissons et les mauvaises herbes. Ou bien, pensai-je encore, si quelqu'un le ramasse, il le portera dans son logis dégoûtant où il sera prisonnier pour le reste de ses jours. Il n'y a pas d'espoir... pas d'espoir, ni pour lui, ni pour moi !

Tout à coup, sans avertissement, un car de police descendit le long de la rue. Avant même que le fil de mes pensées fût interrompu, la voiture passait sur le ballon et j'entendis le pitoyable « pop », lorsqu'elle l'écrasa sans pitié. J'aurais voulu courir après le camion et crier :

— Sales flics ! Cela ne vous fait donc rien ?

Je désirais les tuer pour m'avoir écrasé, moi, sur la rue.

La vie s'était échappée de mon cœur. Je restai debout, sur le trottoir, regardant la chaussée. Mais il n'y avait rien qui rappelât le ballon. Il avait disparu dans les ordures et les détritus de Fort Greene, et faisait partie désormais des immondices de Brooklyn. Je retournai sur mes pas et m'assis sur les marches de la maison que j'habitais. La vieille femme débauchée s'enfonçait d'un pas traînant dans la nuit. Le vent sifflait toujours emportant les papiers et les balayures jusqu'aux barrières du parc auxquelles ils restaient collés. Un autre métro passa au-dessous de moi à grand fracas, grondant dans l'obscurité. J'avais peur. Moi, Nicky, j'étais effrayé. Je tremblais non pas de froid, mais du dedans au-dehors. Je pris ma tête dans mes mains et pensai :

— C'est inutile ! Je suis condamné ! Maudit ! C'est exactement ce qu'a dit le docteur John. Il n'y a plus d'espoir pour Nicky, plus que la prison, la chaise électrique et l'enfer.

* * *

Après cela, je devins indifférent à tout. Je remis la présidence du clan à Israël. J'étais dans le gouffre, aussi profondément qu'il était possible de l'être. Il n'y avait plus aucune espérance. Je pouvais tout aussi bien faire comme tous ceux qui vivaient dans le ghetto : me tourner vers l'héroïne. Et j'étais fatigué de courir. Qu'avait dit le juge ? Que j'avais besoin d'amour ? Mais où peut-on trouver de l'amour quand on est au fond du gouffre ?

CHAPITRE IX

La rencontre

C'était un brûlant vendredi après-midi de juillet 1958. Israël, Lydia et moi, étions assis sur des marches d'escalier, devant la maison où j'habitais, quand un groupe de gamins passa en courant le long de la rue.

— Hé ! Qu'est-ce qui arrive ? leur criai-je.

L'un des gosses répondit par-dessus son épaule :

— Il y a un cirque près de l'école !

A Brooklyn, les distractions sont rares et ne se produisent que de loin en loin. C'est une des raisons pour lesquelles nous devions pourvoir à nos propres plaisirs, sous forme de bagarres, de stupéfiants et de sexualité.

N'importe quoi était préférable à l'ennui de rester inactifs. Aussi partîmes-nous en courant à travers le parc, vers l'école de la rue St-Edward. La foule s'était déjà rassemblée devant le Commissariat de police N° 67. Nous jouâmes des coudes pour nous frayer un chemin et renversâmes quelques petits pour occuper le premier rang.

Un homme, debout sur une bouche d'incendie, soufflait dans une trompette le cantique :

« La lutte suprême
Nous appelle tous ! »

Il répéta plusieurs fois la même mélodie. A côté de lui, sur le trottoir, se tenait un autre personnage, le plus émacié, le plus débile, le plus chétif que j'aie jamais vu. Au-dessus d'eux, au bout d'une hampe, flottait un drapeau américain.

Finalement, le musicien s'arrêta et la foule commença à l'interpeller. Près de cent garçons et filles s'étaient assemblés, obstruant la rue.

L'homme décharné avait été chercher un tabouret de piano à l'école voisine. Il y monta et ouvrit un livre noir. Nous nous mîmes à l'apostropher. Il était là, debout, la tête inclinée et nous vîmes qu'il avait peur. Les cris augmentaient. La foule était de plus en plus dense et j'entourai Lydia de mon bras, caressant son épaule sous le pullover.

Soudain, je remarquai que tout était devenu tranquille. Mon attention se détourna de Lydia pour se porter sur l'homme du tabouret. Il penchait la tête sur le livre noir ouvert entre ses mains, devant lui.

Un sentiment étrange s'empara de moi, semblable à celui qui m'envahissait quand, à la maison, mon père se livrait à la sorcellerie. Tout sembla s'apaiser bizarrement ; même le trafic dans l'avenue du Parc, distante de cinquante mètres, ne paraissait plus occasionner aucun bruit. Le calme n'avait plus rien de terrestre. J'eus peur !

L'ancienne frayeur que je n'avais plus ressentie depuis que je m'étais joint aux Mau-Mau se répandit en moi. C'était la terreur contre laquelle j'avais combattu devant le juge au tribunal ; l'angoisse que j'avais connue en rentrant chez moi, après avoir passé la journée avec le psychologue de la Cour de justice. Il m'avait été possible jusque-là de la repousser et de lui échapper, mais, à cet instant, elle s'insinuait dans mon cœur et dans mon corps, et je la sentais s'installer dans mon âme. J'avais grande envie de me détacher de la foule et de fuir en courant, mais tout le monde autour de moi écoutait et attendait.

Tout à coup, l'homme maigre releva la tête et, d'une voix si éteinte qu'on l'entendait à peine, il lut dans le livre : « Car Dieu a tant aimé le monde qu'Il a donné Son Fils unique afin que quiconque croit en Lui ne périsse point mais qu'il ait la vie éternelle ».

Apeuré, je tremblais. Cet homme devait être une sorte de prêtre ou de sorcier. Il parlait d'amour. Je connaissais l'amour. J'étais même un expert en la matière. Je pinçai Lydia à la hanche. Elle me regarda :

— Ecoute ce qu'il dit, Nicky !

Je fronçai le sourcil et tournai la tête à nouveau vers l'homme qui n'avait que la peau sur les os. Il pria et demanda qu'un miracle s'accomplisse. Je ne savais pas de quel miracle il s'agissait, mais tout le monde écoutait avec attention, et je ne voulais pas être différent des autres.

Il cessa de parler et resta là, comme s'il s'attendait à ce que quelque chose se produisît. Puis, il manifesta le désir de s'entretenir avec les présidents et les vice-présidents des bandes. Je commençai à sentir que cet individu était dangereux. Il envahissait notre domaine et je ne voulais pas d'étrangers parmi nous.

Il poursuivit :

— Si vous êtes aussi forts et aussi durs que vous le prétendez, vous ne craindrez pas de venir jusqu'ici pour me serrer la main, à moi, un prédicateur chétif et maigre... ou bien ?

Quelqu'un cria :

— Hé ! Buckboard. Qu'est-ce qui se passe ? Tu as donc peur ?

Buckboard était le président des Chapelains, notre bande sœur.

J'entendis un mouvement dans la foule et regardai. Buckboard s'avançait, accompagné de Stagecoach et de deux autres adolescents de couleur appartenant au gang. Ils allaient vers le prédicateur qui était descendu du tabouret et les attendait.

Je devins plus nerveux encore. Je n'aimais pas du tout cela. Autour de moi, chacun souriait et s'écartait pour laisser passer Buckboard et Stagecoach.

Ils se serrèrent la main, puis le pasteur et le soliste emmenèrent les deux garçons avec eux et gagnèrent la porte de l'école. Ils restèrent là, ensemble, debout, pour parler.

Je quittai Lydia et m'approchai d'Israël :

— Que font-ils ? lui demandai-je, mais il ne me répondit pas.

Une étrange expression animait son visage.

Soudain, je les vis tous se mettre à genoux dans la rue. Buckboard et Stagecoach, agenouillés sur le trottoir, avaient enlevé leur chapeau et le tenaient entre leurs mains.

Ils se relevèrent, et revinrent vers la foule. Je criai alors :

— Hé ! Buckboard ! Tu fais de la religion, maintenant ?

Buckboard, un grand type d'un mètre quatre-vingts, pesait près de cent kilos. Il se retourna et me regarda d'une manière que je ne lui connaissais pas. Son visage était sérieux, terriblement sérieux. Ses yeux plongèrent profondément dans les miens et je compris ce qu'il voulait dire, bien que ne sachant pas ce qui lui était arrivé. Son regard me parlait :

— Tu ferais mieux de rester tranquille, Nicky ! Ce n'est pas le moment de faire l'idiot !

Quelqu'un m'interpella :

— Alors, Nicky ? Tu ne vas pourtant pas laisser ces Noirs s'imposer par ici, ou bien ? Tu as peur de les affronter, toi aussi ?

Israël me poussa du coude et d'un signe de tête désigna les deux hommes.

— Viens, Nicky ! Allons-y !

Je remarquai qu'il était sérieux et je reculai. Il y avait quelque chose de périlleux dans toute cette affaire. Elle me rappelait étonnamment ce qui me faisait mortellement peur.

La foule commença à s'agiter.

— Hé ! Regardez notre chef. Il a peur du petit prédicateur !

Israël me tira par la veste.

— Allons-y, Nicky ! Viens avec moi !

Je n'avais pas le choix et je m'avançai me trouvant bientôt devant les étrangers.

Israël leur serra la main. J'étais encore effrayé et me tenais à l'écart. L'homme s'approcha de moi et voulut me saluer.

— Nicky, je m'appelle David Wilkerson. Je suis un prédicateur de Pennsylvanie.

Je le regardai fixement et lui dis :

— Allez au diable, pasteur !

A quoi il répondit :

— Nicky, tu ne m'aimes pas, n'est-ce pas ? Mais moi, j'ai pour toi des sentiments bien différents. Je t'aime et, en plus, je suis venu pour te dire que Jésus t'aime, lui aussi.

Je me sentis comme un animal pris au piège et qu'on va mettre en cage. J'avais la foule derrière moi, devant le visage souriant du prédicateur qui me parlait d'amour. Personne ne m'aimait. Personne ne m'avait jamais aimé. Alors que j'étais là, debout, mon esprit retournait loin dans le passé, au moment où j'entendais ma mère me dire :

— Je ne t'aime pas, Nicky !

Je pensai : si ta propre mère ne t'aime pas, personne ne t'aime, et ne t'aimera jamais !

Le pasteur était là, bienveillant, la main tendue vers moi. J'avais toujours été fier de n'avoir aucune peur. Mais, en cet instant, j'étais pris de panique à la pensée que cet homme allait me mettre en cage. Il allait me prendre mes amis. Il était en train de bouleverser toute ma vie et c'était pourquoi je le haïssais.

— Si vous approchez, pasteur, je vous descends ! lui dis-je en reculant et en cherchant la protection de la foule. J'étais terrorisé et je ne savais pas comment affronter la situation.

La frayeur me submergeait. Je grognai contre lui comme un chien hargneux, puis lui tournai le dos et, traversant la foule, je criai :

— Hé ! les gars ! Cet homme est un communiste. Laissez-le !

Je ne savais pas ce qu'était un communiste, mais je m'imaginais que c'était quelqu'un contre qui nous devions tous nous dresser. Je fuyais, je m'en rendais compte, mais je ne pouvais supporter cette sorte d'approche : s'il était venu vers moi avec un poignard, je me serais battu. S'il était venu plaidant et mendiant, je me serais moqué de lui et lui aurais assené un coup de pied dans les dents. Mais il s'était avancé en disant : je t'aime ! Jamais auparavant je n'avais fait une telle rencontre.

Je fonçai à travers la cohue, la tête haute, le buste en avant. Je saisis Lydia par le bras et nous partîmes le long de la rue St-Edward, loin de l'école.

Quelques gamins nous suivirent et nous entrâmes dans notre sous-sol. Je mis en marche le pick-up, aussi fort que possible. J'essayais de noyer le son de ces mots : Jésus t'aime.

Pourquoi une telle chose pouvait-elle m'exaspérer à ce point ? Je fis un tour de danse avec Lydia ; je bus une demi-bouteille de vin médiocre et fumai un paquet de cigarettes en chaîne, c'est-à-dire en allumant une nouvelle avec le mégot de la précédente. Lydia s'aperçut que j'étais nerveux.

— Nicky, tu devrais parler au pasteur ! Etre chrétien ce n'est peut-être pas aussi terrible que tu le penses !

Je la regardai fixement et elle baissa la tête.

J'étais malheureux et plein de crainte. Soudain, il y eut de l'agitation à la porte. Je levai les yeux et vis entrer le prédicateur ! Il paraissait tellement déplacé, dans cette cave immonde, avec sa chemise blanche, sa jolie cravate et son beau costume. Il demanda à l'un des adolescents :

— Où est Nicky ?

Le gosse lui indiqua, de l'autre côté du local, l'endroit où je me trouvais assis, la tête entre les mains, une cigarette pendant à mes lèvres.

Wilkerson vint à moi, détendu, comme si l'endroit lui appartenait. Un large sourire éclairait son visage. Une fois de plus, il me tendit la main, en disant :

— Nicky, je désire seulement te serrer la main et...

Avant qu'il puisse achever sa phrase, je le frappai durement à la face. Il essaya encore de sourire, mais il était évident que je l'avais impressionné. Pourtant, il ne céda pas et la peur s'insinua au-dedans de moi, à me rendre malade. J'usai de représailles de la seule manière que je connaissais : en crachant sur lui.

— Nicky ! Ils ont aussi craché sur Jésus et Il a prié : « Père, pardonne-leur car ils ne savent ce qu'ils font ».

Je me mis à l'injurier :

— Sortez d'ici ! Allez au diable ! et je le poussai rudement vers la porte.

— Nicky ! Avant de partir, laisse-moi te dire encore une chose : Jésus t'aime !

— Fichez le camp, vieux fou de prêtre ! Vous ne savez pas de quoi vous parlez ! Je vous donne vingt-quatre heures pour quitter mon domaine ou alors je vous abats !

Wilkerson franchit la porte, toujours souriant :

— Souviens-toi, Nicky ! Jésus t'aime !

Ce fut plus que je ne pouvais en supporter. Je me baissai pour ramasser une bouteille vide et je la brisai en la jetant au sol. Je ne m'étais jamais senti aussi frustré, aussi désespéré, aussi complètement perdu qu'en cet instant-là.

Je passai la porte, l'orgueil m'inondant. J'étais conscient du fait que tous les autres savaient que j'avais réellement ce type dans le nez. La seule façon de les duper consistait à agir durement. Si je laissais voir mes vraies émotions, seulement un bref instant, je savais que je perdrais tout le respect que me témoignait le gang.

— Quel stupide, ridicule sorcier ! pensai-je. S'il ose revenir ici, je lui mettrai le feu !

Je fis claquer la porte derrière moi et restai sur le trottoir à le regarder s'éloigner d'un pas allègre. Quel effronté ! pensai-je. Et pourtant, au fond de moi-même, je savais pertinemment qu'il y avait quelque chose de vrai, d'authentique dans cet homme étrange.

Je fis demi-tour et partis dans la direction opposée. M'arrêtant près de la salle de jeux, je commandai des billes et essayai de me concentrer sur l'extrémité de la queue de billard. Mais tout ce que j'entendais dans mon esprit, c'était la voix du pasteur à la peau collée aux os et les mots : « Jésus t'aime ».

— Je ne m'en soucie pas ! pensai-je. Ce n'est pas lui qui me fait peur ! Personne ne me fait peur !

Je fis encore deux coups et jetai l'instrument de bois sur la table.

« Jésus t'aime ». La phrase résonnait sans cesse à mon ouïe. J'expliquai aux garçons que j'étais malade et me traînai jusqu'à mon logement.

Je craignais d'être réellement mal. Jamais je n'étais rentré chez moi si tôt. Il était 22 h. 30 et j'attendais généralement jusqu'à 3 ou 4 heures du matin pour me coucher. Je fermai la porte à clé derrière moi. Tremblant, je traversai la chambre et allumai ma petite lampe de chevet. Je sortis mon revolver de l'armoire, plaçai deux cartouches dans le magasin et disposai l'arme sur la table près de mon lit. D'un coup de pied, je me débarrassai de mes chaussures et changeai mes vêtements. Laissant mes cigarettes à disposition, je me couchai sur le lit et regardai le plafond. Sans cesse, les paroles de David Wilkerson me revenaient à l'esprit.

« Jésus t'aime, Nicky, Jésus t'aime ! »

Je rallumai la lampe et fumai cigarette sur cigarette. Je me tournai d'un côté, de l'autre, ne pouvant me détendre. Le sommeil me fuyait, les heures passaient une à une. Je me levai finalement, fis de la lumière et regardai ma montre. Il était cinq heures du matin.

Je m'habillai et remis mon revolver dans l'armoire. Je pris mes cigarettes, descendis les deux étages et ouvris la porte d'entrée de la maison. L'aube commençait à poindre. Au loin, j'entendis les bruits de la grande cité qui s'éveillait et reprenait vie.

Je m'assis sur l'une des marches, la tête entre mes mains : « Jésus t'aime ! Jésus t'aime ! Jésus t'aime ! »

J'entendis une voiture s'arrêter près de moi et une portière claquer. Une main étreignit mon épaule. Harassé, je levai la tête et vis, debout devant moi, le prédicateur. Il souriait encore et dit :

— Hé, Nicky ! Te souviens-tu de ce que je t'ai dit hier soir ? Je voulais passer par ici pour te le répéter une fois de plus : Nicky, Jésus t'aime !

Je sautai sur mes pieds et esquissai un mouvement vers lui. Wilkerson était évidemment sur ses gardes, car il recula et échappa à mon attaque. Je rugis comme un animal prêt à se jeter sur sa proie. Wilkerson me regarda droit dans les yeux :

— Tu pourrais me tuer, Nicky. Tu pourrais me couper en mille morceaux et les étaler sur la rue. Mais chacun d'eux crierait encore que Jésus t'aime. Et tu ne pourras jamais plus échapper à cela !

J'essayai de lui faire baisser les yeux, mais il poursuivit :

— Nicky, je n'ai pas peur de toi. Tu parles durement, mais intérieurement tu es pareil à nous tous.

Tu es effrayé. Ton péché te rend malade. Tu es solitaire. Mais Jésus t'aime.

Un déclic se produisit en moi. Comment savait-il que je me sentais seul ? Je ne comprenais pas de quoi il parlait quand il mentionna le péché. Je craignais d'admettre ma terreur. Mais comment savait-il que j'étais solitaire ? Le gang m'accompagnait toujours. J'avais autant de filles que j'en désirais. Les gens avaient peur de moi. Quand ils me voyaient approcher, ils descendaient du trottoir sur la chaussée. J'avais été le chef de la bande. Comment quelqu'un pouvait-il penser que j'étais délaissé ? Pourtant je l'étais ! Et voilà que ce prédicateur le discernait.

J'essayai d'être mordant :

— Vous pensez que vous allez me changer comme ça ? lui dis-je en faisant claquer mes doigts. Vous pensez que je vais vous écouter, ramasser une Bible et aller de droite et de gauche comme un prédicateur et les gens commenceront à dire : Nicky Cruz, un ange, un saint !

Mais je compris qu'il était profondément sérieux et qu'il était sincère.

— Nicky, tu n'as pas beaucoup dormi la nuit dernière, n'est-ce pas ?

De nouveau je fus stupéfait. Comment savait-il que je n'avais pas dormi ?

Wilkerson continua :

— Moi non plus, d'ailleurs. Je suis resté éveillé presque toute la nuit et je priais pour toi. Mais avant cela, j'ai parlé avec quelques-uns de tes garçons. Ils m'ont dit que personne n'ose t'approcher. Ils ont tous peur de toi. Mais, Nicky, je suis venu pour te dire que quelqu'un se soucie de toi. Jésus se soucie de toi : Il t'aime. Puis, il me regarda droit dans les yeux : un jour, bientôt, Nicky, l'Esprit de Dieu te prendra en charge. Un jour, Nicky, tu cesseras de courir çà et là et tu iras à Lui, oui, en courant !

Je ne répondis pas. Je me levai, lui tournai le dos

pour retourner chez moi et fermai la porte d'entrée. Dans ma chambre, je m'assis au bord du lit et regardai vers la fenêtre ; sa voiture était déjà loin. A l'est, le ciel se nuançait de rose. Le grand bâtiment qui abritait l'Ecole technique de Brooklyn, de l'autre côté de la rue, m'empêchait de voir l'horizon, mais, soudain, comme l'on respire une bouffée d'air marin quand on est encore dans le fleuve, à des kilomètres de l'embouchure, j'eus le sentiment que la vie était plus que tout ceci, plus que ces édifices et ces tours de béton, plus que ces murs de prison en verre et en pierre.

Je pensais à ce qu'il avait dit : « Un jour, tu cesseras de courir et tu iras à Lui, oui, en courant ! »

Je ne savais pas qui « Il » était, mais je pensais, assis sur le bord du lit et regardant la rue pleine d'ordures, d'où montait le bruit des camions grinçant et rugissant au carrefour, qu'Il devait être semblable au soleil qui se lève au-dessus de l'océan, par un jour sans nuage. Ou peut-être pareil à l'étoile du matin qui reste suspendue dans le ciel, à l'aurore. Peut-être... un jour...

Ce jour-là était plus proche que je ne le pensais.

* * *

Durant les semaines qui suivirent, je ne pus échapper à ma rencontre avec l'homme qui parlait de Dieu. Ce fut Israël qui me tourmenta constamment à son sujet. Chaque fois que je le voyais, il avait quelque chose à me dire concernant Dieu.

— Ça suffit, Israël ! Si tu ne te tais pas avec cette histoire de Dieu, je finirai par te tuer !

Mais Israël continuait à en parler et je soupçonnais qu'il rencontrait Wilkerson à mon insu. Je n'aimais pas ça. J'avais l'intuition que cet homme pourrait fort bien détruire notre bande. Maintenant que Mannie était parti, il ne me restait qu'Israël. Et même lui semblait glisser dans une autre direction. Ses références constantes à Wilkerson et son désir insatiable de m'obliger à parler m'amena au bord du désespoir.

Je ne pouvais en supporter davantage. La nuit qui précéda le 4 juillet, alors que tous les gangs sont censés converger vers Coney Island, Israël la passa chez moi. Il parla longtemps, essayant de me convaincre de ne pas partir pour Coney Island le lendemain et d'aller plutôt voir Wilkerson. Je mis les mains sur mes oreilles, pour étouffer son continuel bavardage. A la fin, il s'endormit. J'étais étendu sur mon lit, les yeux fixés au plafond, consumé par la peur. Il fallait que cela cesse. Il fallait que je fasse taire Israël. Je ne pouvais plus entendre parler de Wilkerson.

Je passai ma main sous le matelas et saisis le manche de bois du pic à glace que j'y avais caché. J'entendais Israël respirer profondément sur le lit, près de moi. Plus je pensais à sa façon de me tourmenter au sujet de Dieu, plus j'étais en fureur.

Je ne le supportais plus.

— Cela t'apprendra à m'irriter de la sorte ! criai-je au moment d'empoigner le pic à glace de dessous le matelas et de le plonger avec violence dans le dos d'Israël.

Mon cri l'éveilla et il se dressa sur le lit à la seconde où le pic s'enfonçait profondément dans le matelas derrière lui.

Je le retirai et le balançai en criant de nouveau :

— Je t'ai dit de te taire à propos de Dieu. Pourquoi ne le fais-tu pas ? Pourquoi ? Pourquoi ? Pourquoi ?

Israël m'empoigna et nous luttâmes, roulant sur le plancher, alors que je le frappais aveuglément.

Il me renversa et tomba sur moi, à califourchon sur ma poitrine, maintenant mes mains au-dessus de ma tête, sur le sol.

— Pourquoi n'as-tu pas pu te taire ? continuai-je à crier.

— Qu'est-ce qui t'arrive ? Israël criait aussi tout en essayant de me maîtriser :

— Tu es fou ! C'est moi ! Ton ami ! Qu'est-ce qui ne va pas ?

Soudain, je m'aperçus qu'il pleurait tout en hurlant et en luttant avec moi. Des larmes inondaient son visage.

— Nicky ! Nicky ! Arrête ! Je suis ton ami ! Ne m'oblige pas à te faire du mal, s'il te plaît ! Arrête. Je suis ton ami ! Je t'aime !

Il l'avait dit ! Cela coula sur moi comme s'il avait inondé ma face d'eau glacée. Il l'avait dit exactement comme Wilkerson ! Je relâchai mon étreinte et il arracha le pic à glace de ma main. Je ne l'avais jamais vu pleurer auparavant. Pourquoi pleurait-il ?

Il tenait le pic à glace devant mon visage. Sa main le serrait si étroitement que je pouvais distinguer le blanc de ses jointures dans la lumière blafarde. Il tremblait, tant ses muscles étaient tendus. Un instant, je crus qu'il allait me frapper à la tête avec le pic, mais il le lança rageusement à travers la chambre. Il pleurait encore quand il me relâcha et se jeta sur le lit.

Je roulai de côté, confus et épuisé. Qu'est-ce qui n'allait pas au-dedans de moi ? N'avais-je pas tenté de tuer mon meilleur ami ?

Je sortis en courant et gravis les escaliers jusque sur le toit. Au dehors, il faisait nuit et la chaleur était suffocante. Je traversai l'asphalte jusqu'à l'endroit où le vieux Gonzalez gardait ses pigeons. J'ouvris la cage et saisis un oiseau. Les autres se trémoussèrent, battirent des ailes et s'envolèrent dans l'obscurité.

Je tenais le pigeon serré contre ma poitrine nue, et me dirigeai vers la colonne d'aération où je m'assis.

Les oiseaux ! Comme je les haïssais ! Si libres ! Mon Dieu, je haïssais tous ceux qui étaient libres, Wilkerson était libre. Israël approchait rapidement de la liberté. Je le pressentais. Cet oiseau était libre, mais moi, j'étais prisonnier dans ma cage de haine et de violence !

Je sentis mes doigts se resserrer autour de la tête du pigeon en l'étirant loin de son corps. Je n'avais pas peur !

L'oiseau lança un petit cri aigu et pitoyable et je sentis son corps trembler quand les os de sa nuque se séparèrent.

— Tu vois, Maman, je n'ai pas du tout peur !

Je perdis le contrôle de mes gestes, tordis le cou en avant et en arrière jusqu'à ce que la peau et les os fussent disjoints, et d'un coup brusque et rageur j'arrachai la tête du corps. Le sang chaud jaillit sur mes mains, dégoulinant sur mes genoux et sur le sol asphalté du toit. Je tenais la tête sanguinolente dans ma paume et la regardai en criant :

— Cette fois-ci, tu n'es pas libre ! Personne n'est libre !

Lançant la tête dans le vide, je brisai, contre le mur, le corps qui bougeait encore. Finalement, ce maudit oiseau était mort et ne hanterait plus jamais mes rêves !

Je restai sur le toit, dormant ou éveillé par intervalles. Chaque fois que je sommeillais, le cauchemar réapparaissait plus horrible que jamais. A l'aube, je retournai dans ma chambre. Israël était parti.

Je passai la plus grande partie de la journée à sa recherche. Je le découvris finalement, assis, tout seul, dans le sous-sol où nous organisions nos surboums. Tous les autres étaient allés à Coney Island.

Je commençai :

— Hé ! mon vieux ! Je regrette pour hier soir !

— Oublie ça ! me dit Israël avec un pâle sourire.

— Non, mon pote ! Je regrette vraiment ! Cela ne me ressemble pas ! Il y a quelque chose qui ne va pas chez moi !

Israël se leva et fit semblant de me donner un coup de poing à la mâchoire.

— Bien sûr, tu es comme moi, un pauvre idiot !

Je passai le reste de l'après-midi avec lui. C'était la première fois en trois ans que je manquais Coney Island un 4 juillet.

Pendant la deuxième semaine de juillet 1958, Israël passa chez moi et m'annonça la grande réunion de Wilkerson, dans l'amphithéâtre Saint-Nicolas.

En fait, le prédicateur était venu parler à Israël pour inviter les Mau-Mau à la rencontre. Un bus spécial à notre intention partirait du Commissariat N° 67 et des places nous seraient réservées, dans les premiers rangs de l'auditorium. Israël avait assuré Wilkerson que les Mau-Mau seraient présents.

Je secouai la tête et me levai pour m'éloigner. Je ne désirais pas me mêler à cette affaire. Les ondes d'angoisse s'élevaient de nouveau en moi et j'étais si oppressé que j'avais de la peine à parler.

Alors que je lui tournais le dos, Israël me rappela :

— Hé ! Mon vieux ! Tu n'es pas une poule mouillée, ou bien ?

Israël m'avait touché au défaut de la cuirasse, à mon seul point sensible. Je me retournai :

— Nicky n'a peur de personne... ni de ce prédicateur à la peau collée aux os... ni de toi... ni même de Dieu !

Israël restait là, debout, un petit sourire répandu sur son beau visage.

— Il me semble pourtant que tu as la frousse de quelque chose. Comment se fait-il que tu ne veuilles pas venir ?

Je me souvenais de Buckboard et de Stagecoach à genoux sur le trottoir, en face de l'école. Je savais que si cela avait pu leur arriver à eux... La seule chose qui me restait à faire c'était de fuir, de partir en courant. Mais partir, en cet instant, en face du défi que venait de me lancer Israël, c'eût été admettre que j'avais peur ! Et j'avais réellement peur !

Je lui demandai :

— A quelle heure ce bus sera-t-il là ?

Israël répondit :

— A 19 h. La réunion commencera à 19 h. 30. Tu y viendras ?

— Oui ! Mon beau ! Crois-tu que je sois un poltron ou quoi ? Réunissons le gang, allons là-bas et mettons le feu à la boîte !

Israël fit un signe d'assentiment et partit le long de la rue, en se dandinant. Je me retournai et escaladai les marches des trois étages pour rentrer chez moi. J'étais malade.

Je fermai la porte à clé, me jetai sur mon lit et cherchai une cigarette de haschisch. Cela m'aiderait peut-être. Ma provision étant épuisée, je fumai une cigarette ordinaire.

Les pensées se précipitaient dans mon esprit comme les eaux d'une écluse se déversant dans un bassin. J'étais anéanti. La cigarette tomba et les cendres se répandirent sur ma chemise et sur les draps sales. J'avais peur de monter dans ce bus. La pensée de m'éloigner de mon petit domaine, du territoire familier, me faisait horreur. J'avais peur de me trouver au milieu d'une foule de personnes, d'être englouti et de devenir une goutte... un rien ! Je savais qu'une fois dans la salle, il faudrait que je fasse quelque chose pour attirer l'attention sur moi.

Mais, par-dessus tout, j'étais effrayé par ce que j'avais vu là-bas, dans la rue, ce certain jour. J'avais peur que quelqu'un ou quelque chose de plus grand et de plus puissant que moi me force à me mettre à genoux, en larmes, devant tout le monde. J'avais une crainte terrible des pleurs. Je n'en avais plus jamais versé depuis l'âge de huit ans. Quelque chose avait fait pleurer Israël, mais en tout cas pas moi.

Bien sûr, si je n'allais pas avec eux, je serais considéré comme une poule mouillée par Israël et par le reste de la bande. Je n'avais pas le choix.

Il faisait très chaud, ce soir de juillet, alors que nous envahissions le bus. Deux hommes en costume et portant des cravates essayaient de maintenir l'ordre. Ils auraient pu rester chez eux : le bruit dans le bus était assourdissant.

Je me sentais mieux au milieu de mes partenaires. C'était la solitude de ma chambre qui me déprimait. Mais dans le bus, ce fut différent. Plus de cinquante Mau-Mau s'y pressaient. Les hommes, harcelés, essayèrent d'obtenir de la discipline, mais, finalement, abandonnèrent la partie et nous laissèrent tranquilles. Les garçons se bousculaient, criaient des obscénités, ouvraient les fenêtres, fumaient, buvaient du vin, tiraient la sonnette et réclamaient le départ du bus.

A l'arrivée à Saint-Nicolas, nous ouvrîmes les portes de secours. Quelques-uns passèrent par les fenêtres. Plusieurs adolescentes se tenaient dans les parages, vêtues de shorts collants et de minuscules soutiens-gorge. On entendait des cris perçant la nuit, tels que :

— Hé, Baby, si tu me donnais une de tes « deux pièces » !

Ou bien :

— Viens avec moi, poulette ! Nous allons à une surboum !

Quelques filles se joignirent à nous.

Israël et moi étions en tête de la parade. Un placeur essaya de nous arrêter à la porte. Dans la salle, les gens se retournèrent et nous regardèrent comme nous traversions bruyamment le hall.

— Hé, l'homme ! dit Israël, laisse-nous passer ! Nous sommes le peuple ! Les Mau-Mau ! C'est le pasteur lui-même qui m'a invité. Nous avons des places réservées.

Un membre des Chapelains nous aperçut de loin et se leva pour nous crier :

— Hé ! Nicky ! Viens par ici ! Ces places sont gardées pour vous ! Nous poussâmes de côté le surveillant abasourdi et nous avançâmes, crâneurs, dans l'amphithéâtre.

Nous avions endossé nos uniformes de Mau-Mau. Personne n'enleva son chapeau noir. Nous défilâmes le long du couloir en frappant lourdement le sol de nos cannes, en sifflant et interpellant la foule.

Regardant autour de moi, j'aperçus des membres de bandes rivales. Il y avait des Evêques, quelques Maîtres fantômes et d'autres encore. La salle était à peu près pleine et l'auditoire paraissait prêt à provoquer une émeute de grande envergure. Ce qui — je le pensais — ne serait pas si mal, après tout.

Le vacarme était terrible. Nous nous assîmes et nous joignîmes de grand cœur aux coups de sifflets, aux clameurs et au bruit des cannes heurtant le sol en cadence.

Une jeune fille commença à jouer de l'harmonium. Un Portoricain se leva. Croisant les bras sur sa poitrine, il rejeta sa tête en arrière et s'écria :

— Oh ! Jééé-suuus ! Sauve ma grande âme noire !

Il se laissa tomber sur son siège, au milieu des acclamations, des hurlements des gangs et d'une tempête de rires.

Plusieurs adolescents se tenaient près de l'instrument, décidés à causer du désordre. Les filles se balançaient à un rythme redoublé par rapport à celui de la musique et les garçons sautaient autour d'elles.

Des applaudissements et des cris d'approbation saluèrent leur représentation. La situation devenait incontrôlable.

Tout à coup, une fille s'avança sur la scène. Elle se plaça au centre, derrière le micro, les mains jointes devant elle, attendant que le bruit cesse. Il augmenta encore. Quelqu'un cria :

— Hé ! Baby, dandine-toi un peu !

— Un rendez-vous, ma douce ?

Un long gamin que je n'avais jamais vu se leva ; fermant les yeux, il étendit les bras et avec l'accent d'un Al Jolsen, il implora :

— Maaa-mmy !

La foule applaudit et siffla de plus belle.

La jeune fille se mit à chanter. Même au troisième rang, à notre place avantageuse, il était impossible d'entendre sa voix dans le brouhaha de la foule. Tandis qu'elle chantait, plusieurs adolescents montèrent sur les sièges et commencèrent à danser en rond, les filles avec leurs shorts collants et les garçons avec leurs vestes noires de Mau-Mau, leurs souliers effilés et leurs chapeaux alpins pointus, décorés d'allumettes et, sur le devant, d'une étoile d'argent.

La jeune fille acheva son cantique et regarda anxieusement vers les coulisses. Nous nous mîmes à applaudir et à réclamer un autre numéro. Elle sortit pourtant de scène et soudain le prédicateur s'avança vers la rampe.

Je ne l'avais pas revu depuis notre rencontre matinale, plusieurs semaines auparavant. Mon cœur manqua un battement et la peur m'inonda à nouveau. C'était comme si un sombre nuage menaçant s'installait sur tous les points de ma personnalité.

Israël se leva :

— Hé, David ! Me voici ! Vous voyez, je vous avais bien dit que je viendrais ! Et regardez qui est là ! ajouta-t-il, en me désignant.

Je compris que je devais faire quelque chose ou que j'allais m'effondrer de peur. Je sautai sur mes pieds et criai :

— Hé, pasteur Qu'allez-vous faire ? Nous convertir ou bien quoi ?

Les Mau-Mau se joignirent aux rires et je me rassis, me sentant mieux. Ils reconnaissaient encore mon autorité. Bien que j'eusse remis la présidence à Israël, j'étais toujours leur chef et ils riaient encore de mes plaisanteries. J'avais repris le contrôle de la situation.

Wilkerson se mit à parler :

— Voici la dernière soirée de notre croisade de jeunesse dans cette cité. Ce soir, nous allons faire les choses un peu différemment. Je vais demander à mes amis les Mau-Mau de recevoir vos offrandes.

Le pandémonium éclata. Tous les membres de gangs dans l'auditoire connaissaient notre réputation. Demander aux Mau-Mau de recevoir la collecte, c'était comme si l'on avait chargé Jack l'éventreur de veiller sur un nouveau-né ! Les gens se mirent à rire et à manifester.

Mais je fus debout en moins d'une seconde. J'avais attendu l'occasion de me montrer, d'attirer l'attention sur moi d'une manière ostentatoire, et je la tenais. Je ne pouvais pas croire que le prédicateur avait besoin de nous, mais puisqu'il désirait que nous fassions quelque chose, alors nous étions prêts.

Je désignai cinq garçons, y compris Israël.

— Toi !... Toi !... Toi !... Allons-y ! Nous partîmes nous aligner tous les six devant la scène. Derrière nous, tout était calme.

Wilkerson se pencha et nous remit à chacun un grand carton à ice-cream. Il nous dit :

— Maintenant, je désire que vous vous placiez devant l'estrade. L'harmonium jouera et je demanderai aux auditeurs de venir en avant apporter leur offrande. Quand ce sera fini, je désire que vous passiez derrière le rideau et que vous montiez sur la scène. Je vous attendrai là pour recevoir la quête.

C'était trop beau pour être vrai. Il n'y avait pas de doute dans l'esprit d'aucun de nous au sujet de ce que nous allions faire. Quiconque ne profiterait pas d'une situation pareille était fou à lier.

Les offrandes étaient généreuses, les couloirs remplis de personnes qui s'avançaient. Bien des adultes donnaient des billets de banque importants et des chèques. Si nous devions recevoir ces offrandes, j'étais décidé à le faire comme il faut. Quelques membres de gangs arrivèrent en sautillant et en dansant le long des côtés et faisaient semblant de glisser de l'argent ou essayaient d'en prendre dans les cartons. Dans ces cas-là, je mettais la main dans ma poche comme si j'y cherchais mon couteau et je disais :

— Une minute, baby ! Tu as oublié de donner quelque chose !

Ils se mettaient à rire jusqu'à ce qu'ils comprissent que je ne badinais pas.

— Mon vieux, le pasteur a dit de donner, tu vas donner... ou bien est-ce que nous devrons te l'arracher au couteau ?

Presque tout le monde apporta une contribution.

Après que tous eurent passé, je fis un signe de tête et nous partîmes vers le côté droit de l'estrade derrière les rideaux. Au-dessus de nous se trouvait un grand panneau aux lettres rouges qui indiquait : sortie. Tout le monde pouvait le voir et, quand nous disparûmes derrière les draperies, les rires commencèrent à fuser ; doucement d'abord — quelques moqueurs avisés seulement — puis nous les entendîmes s'élever en crescendo jusqu'à ce que la salle entière explosât dans le fracas des éclats hilares, tous étant persuadés que le pauvre prédicateur avait été dupe des Mau-Mau.

Nous nous réunîmes derrière le rideau. Les garçons me regardaient, dans l'expectative, attendant que je leur dise ce qu'il fallait faire. Je pouvais leur parler avec mes yeux. Ils cherchaient un signe, un cillement de mes paupières vers la sortie qui signifierait : filons ! Emportons l'argent et fichons le camp d'ici !

Mais quelque chose au-dedans de moi me tirait dans la direction opposée. Le prédicateur m'avait choisi entre tous, il m'avait témoigné de la confiance. Je pouvais contenter la foule ou faire ce qu'il attendait de moi. Cette confiance avait allumé une étincelle en mon cœur. Au lieu de ciller vers la porte de sortie, je branlai la tête pour dire « non ».

— Allons ! Portons ce butin au prêtre !

Les garçons n'en croyaient pas leurs yeux, mais ils firent ce que je leur demandais. L'un d'eux était devant moi au moment où nous montions l'escalier, derrière l'estrade. Il plongea la main dans le carton, en sortit un billet de 20 dollars et l'enfila dans la poche de sa veste.

— Hé ! toi ! Qu'es-tu en train de faire ? Remets cet argent là-dedans ! Ça appartient au prêtre !

Les garçons se retournèrent et me regardèrent incrédules.

— Hé ! Nicky ! Ne t'excite pas tellement ! Tu as vu tout cet argent ? Personne n'en saura rien. Allons ! Il y en a assez pour nous et pour lui !

Je mis ma main dans ma poche et d'un mouvement habile en sortis mon couteau. D'un petit geste rapide je l'ouvris et dis :

— Canaille, tu creuses ta tombe, si tu ne remets pas ce billet, crois-moi !

Il n'y eut pas d'autre argument. Humblement, il reposa l'argent dans le carton.

— Attends une minute, ce n'est pas fini ! dis-je. Combien as-tu dans ta poche ?

— Ah ! Nicky, voyons ! dit-il en bégayant. Ça c'est à moi. Ma mère me l'a donné pour m'acheter des pantalons.

— Combien ? lui demandai-je, en pointant le bout étincelant de mon couteau vers sa pomme d'Adam.

Il rougit et sortit deux billets de 10 dollars et un de 5 dollars.

— Dans la boîte ! lui ordonnai-je encore.

— Vieux, tu es fou ou bien ? Ma vieille va m'écorcher vivant si je perds ça ! Il criait presque.

— Bien ! Je vais te dire ceci, mon beau. Moi, je vais t'écorcher tout de suite si tu ne le fais pas !

Il me regarda incrédule, une fois encore. Le couteau le convainquit de mes intentions. Il fit un rouleau de l'argent et le lança dans le carton.

— Maintenant, allons-y !

Nous entrâmes en file indienne sur la scène. De nombreux gosses se mirent à huer. Ils avaient pensé que nous nous étions moqués du prédicateur et regrettaient que nous n'ayons pas filé par la porte comme ils l'auraient fait eux-mêmes. Mais j'éprouvais un sentiment d'ardeur et de satisfaction à la pensée que j'avais accompli quelque chose de bon, quelque chose d'honorable. Pour la première fois de ma vie, j'avais fait le bien parce que je voulais le faire. J'en étais heureux.

— Voici, pasteur ! C'est à vous !

J'étais nerveux, là, devant la foule. Mais quand je remis l'argent, la salle redevint tranquille.

Wilkerson prit les cartons et me regarda droit dans les yeux :

— Merci, Nicky. Je savais que je pouvais compter sur toi.

Nous fîmes demi-tour et occupâmes nos places. La salle était si paisible qu'on aurait entendu tomber une épingle.

Wilkerson se mit à prêcher.

Il parla pendant une quinzaine de minutes. Tout le monde était calme. Mais je n'entendis pas un mot. Je continuais à me souvenir de la chaude émotion que j'avais éprouvée lorsque je lui avais tendu l'argent. Au-dedans, je me faisais le reproche de n'être pas parti avec le butin. Mais quelque chose était né en moi et grandissait : c'était un sentiment de bonté, de noblesse, de justice, un sentiment que je n'avais jamais ressenti auparavant.

Le fil de mes pensées fut interrompu par du tapage derrière moi. Wilkerson, dans son sermon, était arrivé au point où il nous invitait à nous aimer les uns les autres. Il disait que les Portoricains devaient aimer les Italiens et les Italiens les gens de couleur, et les gens de couleur devaient aimer les Blancs et tous, nous devions nous aimer les uns les autres.

Derrière moi, Augie se leva :

— Hé ! Prédicateur ! Vous êtes un peu fou ? Vous voulez que j'aime Dagos ? Vous êtes idiot ! Regardez ça !

Il souleva sa chemise et montra une grande cicatrice écarlate sur son côté.

— Il y a deux mois, ces répugnants voyous m'ont tiré dessus. Vous pensez que je puis oublier ça ? Je tuerai ce fils de ... si je le retrouve.

— Oui ! un garçon du groupe italien sauta sur ses pieds et arracha sa chemise : Vous voyez ça ? et il montrait une plaie en chair vive qui contournait son épaule et descendait sur sa poitrine. Un membre d'une bande de Noirs m'a ouvert avec un rasoir. Je les aimerai, bien sûr... avec un tuyau de plomb !

Un adolescent de couleur se leva dans le fond de l'arène et hurla d'une voix pleine de venin :

— Hé ! Guinéa, tu veux essayer maintenant ?

L'ambiance se chargea soudain de haine. Un Noir, appartenant aux Chapelains, se leva, renversant des chaises. Il tenta de se frayer un chemin à travers les rangs pour atteindre le groupe des Maîtres fantômes. Je sentais venir l'émeute.

Un photographe de presse courut le long du couloir avec son appareil. S'arrêtant, il se retourna vers l'auditoire et commença à prendre des photos.

Israël parla rapidement aux trois garçons qui occupaient le bout de sa rangée :

— Attrapez-le ! leur dit-il.

Ils se levèrent d'un bond et se battirent avec le photographe. L'un des trois réussit à lui arracher l'appareil des mains et à le jeter à terre. L'homme se penchait pour le ramasser quand un autre garçon, arrivant de côté, projeta la caméra à coups de pied vers l'estrade. Le photographe chercha à le reprendre en avançant sur ses mains et sur ses genoux. Il allait le saisir, lorsqu'un autre garçon le renvoya vers la paroi du fond. L'homme courait toujours après son bien, mais, avant qu'il pût s'en emparer, un autre vaurien, d'un coup terrible, envoya l'appareil sur les dalles du sol où il alla s'écraser, brisé et inutilisable.

Nous étions tous debout. L'atmosphère était plus que jamais chargée d'hostilité. Je cherchai des yeux une sortie vers le couloir. Un tumulte incontrôlable se préparait.

Soudain, je me sentis poussé à regarder Wilkerson. Calme, il se tenait debout sur l'estrade, la tête penchée en avant, ses mains étroitement jointes sur la poitrine. Je voyais qu'il remuait les lèvres, je savais qu'il priait.

Quelque chose m'étreignit le cœur. Autour de moi, la folie s'installait ; mais je m'arrêtai et regardai au tréfonds de mon être. Là-bas, se tenait le pasteur, sans peur, au milieu de tout ce danger. D'où cette puissance lui venait-elle ? Pourquoi n'était-il pas effrayé comme nous tous ? Je sentais la honte, le désarroi, la culpabilité m'envahir.

La seule chose que je connaissais concernant Dieu, c'était ce que j'avais appris en regardant vivre cet homme. Je pensais à l'autre révélation que j'avais eue de Dieu, quand j'étais enfant. Mes parents m'avaient conduit à l'église. Elle était pleine de gens. Le prêtre parlait à voix basse et l'assemblée chantait les répons. Ce fut une heure misérable. Rien ne m'avait fait impression et je n'y étais plus retourné.

Je m'enfonçai dans ma chaise. Tout autour de moi, le chahut continuait. Israël était debout et regardait derrière lui. Il criait :

— Arrêtez ! Taisez-vous ! Ecoutons ce que dit le pasteur !

Les Mau-Mau s'assirent. Israël réclama encore le silence. Le bruit s'apaisa. Comme une brume venant de la mer, le calme se répandit jusqu'au fond de l'amphithéâtre et monta vers les galeries. Un calme de mort semblait suspendu sur la salle tout entière.

Quelque chose se passait en moi. Les souvenirs affluaient à ma mémoire. Je me souvenais de mon enfance, de la haine que j'éprouvais pour ma mère ; je me rappelais mes premiers jours à New York alors que je courais comme un animal sauvage, échappé de sa cage. J'étais comme assis dans une salle de cinéma, mes actions passant tel l'éclair devant mes yeux. Je voyais les filles... la luxure... les coups de poignard... les dommages causés... l'animosité. C'était presque insupportable. J'en oubliais tout ce qui se passait autour de moi. Je ne pouvais que me souvenir. Et plus je me rappelais, plus grands aussi étaient mes sentiments de culpabilité et de honte. J'avais peur d'ouvrir les yeux, craignant que quelqu'un puisse regarder au-dedans de moi et y voir ce que j'y voyais moi-même. C'était repoussant.

Wilkerson avait repris la parole. Il dit qu'il fallait se repentir du péché. J'étais sous l'influence d'une puissance un million de fois plus forte que n'importe quel stupéfiant et inconscient de mes mouvements, de mes actes ou de mes paroles. J'étais entraîné par le torrent impétueux d'une rivière déchaînée, incapable de lui résister. Ce qui se passait au-dedans de moi m'échappait. Je ne savais qu'une chose : la peur m'avait lâché.

A mes côtés, j'entendais Israël se moucher. Derrière moi, des gens pleuraient. Quelque chose passait sur cette immense assemblée, comme le vent quand il agite la cime des arbres.

Wilkerson poursuivait :

— Il est ici ! Il est au milieu de nous ! Il est venu spécialement pour vous rencontrer. Si vous désirez un changement dans votre vie, voici le moment !

Puis il éleva la voix avec autorité :

— Levez-vous ! Ceux qui veulent recevoir Jésus-

Christ et être transformés, levez-vous ! Venez ici en avant !

Je sentis qu'Israël se levait :

— Les gars, j'y vais. Qui m'accompagne ?

Je me dressai à mon tour, me retournai vers le gang et fit un signe de la main.

— Allons-y !

Il y eut un mouvement spontané à travers les chaises, vers le devant de l'estrade. Plus de vingt-cinq Mau-Mau répondirent.

Derrière nous, une trentaine de garçons d'autres bandes suivirent notre exemple.

Nous étions en bas, autour de la scène, regardant Wilkerson. Il termina la réunion et nous invita à le suivre dans les locaux derrière l'estrade, pour y recevoir des conseils.

Israël était devant moi, la tête inclinée et le visage caché dans son mouchoir de poche. Nous passâmes la porte et suivîmes un corridor qui menait aux loges des acteurs.

Plusieurs membres de gangs se tenaient là et riaient.

— Hé ! Nicky ! Qu'est-ce qui se passe ? Tu deviens religieux ?

Je levai les yeux et vis une jeune fille s'avancer vers nous. Elle avait retiré la partie supérieure de son deux pièces et exposait sa poitrine à nos regards.

— Si vous allez là-bas, mes potes, alors vous pourrez dire adieu à tout ceci !

Maintenant je comprends qu'elles étaient jalouses. Elles savaient que nous allions partager notre amour avec Dieu et elles le désiraient tout entier pour elles-mêmes. C'est là tout ce qu'elles connaissaient de l'amour. C'était aussi tout ce que j'en avais connu moi-même. Je poussai la jeune fille de côté, en crachant sur le plancher, et lui dis :

— Tu me donnes la nausée !

Rien n'importait, en cet instant, sinon le fait que

je désirais être un disciple de Jésus-Christ, quel qu'Il fût !

Un homme nous parla du chemin de la vie chrétienne, puis Wilkerson vint à son tour.

— Très bien, garçons ! dit-il. Mettez-vous à genoux ici même !

Je pensai qu'il était fou. Je ne m'étais jamais agenouillé devant qui que ce fût, mais une force invisible me pressait de le faire. Je sentais mes genoux plier sous moi et je ne pouvais pas rester debout. C'était comme si une main puissante me poussait vers le bas, jusqu'à ce que j'eusse touché le plancher.

Le contact avec le sol dur me rappela à la réalité. C'était l'été, le temps des émeutes. J'ouvris les yeux et me dis : « Que fais-tu ici ? ». Israël était à côté de moi, pleurant bruyamment. Au milieu de toute cette tension, je riais nerveusement.

— Israël, tu m'ennuies avec toutes ces plaintes !

Israël leva les yeux et me sourit à travers ses pleurs. Mais, alors que nous nous regardions l'un l'autre, j'eus une étrange sensation : chez moi aussi les larmes jaillissaient, débordaient de mes yeux, roulaient le long de mes joues. Je pleurais. C'était la première fois que je versais des larmes depuis que j'avais sangloté, le cœur brisé, dans le sous-sol de la maison, à Porto Rico.

Israël et moi étions tous deux à genoux; des pleurs sillonnaient notre visage et nous riions en même temps. C'était un sentiment étrange et indescriptible. J'étais heureux et pourtant mes yeux ruisselaient. Il se produisait, dans ma vie, quelque chose sur quoi je n'avais aucun contrôle... et j'en étais content !

Soudain, je sentis la main de Wilkerson sur ma tête. Il priait, il priait pour moi. Je pleurais plus librement tandis que je baissais le front et que la honte, le repentir et la merveilleuse joie du salut se mélangeaient dans mon âme.

— Vas-y, Nicky ! me dit Wilkerson. Pleure ! Répands ton cœur devant Dieu ! Appelle-Le à ton aide !

J'ouvris la bouche, mais les mots qui en sortirent n'étaient pas les miens :

— O Dieu, si Tu m'aimes, viens dans ma vie ! Je suis fatigué de courir ! Viens dans ma vie et change-moi. S'il Te plaît, change-moi !

Et ce fut tout. Mais je me sentis soulevé et emporté vers le ciel !

La marijuana ! Le sexe ! Le sang ! Tous les frissons sadiques et immoraux d'un million de vies réunies ne pouvaient égaler ce que je ressentais. J'étais vraiment baptisé d'amour.

Après que la crise émotionnelle se fut dissipée, Wilkerson nous cita quelques versets des Ecritures :

— Si un homme est en Christ, il est une nouvelle créature : les choses anciennes sont passées, voici, toutes choses sont devenues nouvelles (2 Corinthiens 5. 17).

Pour la première fois de ma vie, cela signifiait quelque chose de compréhensible pour moi. J'étais une nouvelle personne, Nicky et pourtant plus Nicky. La vieille manière de vivre avait disparu. J'étais vraiment une nouvelle créature.

Bonheur ! Joie ! Félicité ! Délivrance ! Soulagement ! Liberté ! Merveilleuse, merveilleuse liberté ! Je ne courais plus !

Toutes mes frayeurs s'étaient dissipées ! Mes anxiétés s'étaient envolées ! Toute ma haine avait disparu. J'aimais Dieu... j'aimais Jésus-Christ... et ceux qui m'entouraient. Et même, je m'aimais aussi. Le dégoût que j'avais eu de moi-même s'était changé en amour.

Nous nous embrassâmes, Israël et moi. Nos larmes coulaient encore sur nos visages et mouillaient la chemise de l'un et de l'autre. Je l'aimais. Il était mon frère.

Wilkerson était sorti mais il revint bientôt. Je l'aimais, lui aussi. Ce prédicateur souriant, à la peau collée aux os, sur qui j'avais craché quelques semaines auparavant — je l'aimais !

— Nicky ! Israël ! dit-il. Je désire vous donner une Bible. J'en ai d'autres pour les Mau-Mau aussi. Venez avec moi, je vais les chercher pour vous les remettre.

Nous le suivîmes dans une autre pièce. Il y avait des caisses sur le plancher contenant des exemplaires du livre noir. Il se pencha et prit une édition de poche du Nouveau Testament et nous l'offrit.

— Hé ! Davie ! lui demandai-je. Qu'est-ce que ces gros livres ? Ne pourrions-nous pas en avoir des gros ? Nous désirons que tout le monde sache que nous sommes des chrétiens maintenant !

Wilkerson parut surpris. Les « gros livres » étaient justement une édition de la Bible de grand format. Mais c'étaient ceux-là que les garçons désiraient et il voulut bien nous les donner.

— Mon vieux, dit Israël en me souriant, qu'en dis-tu ? Une Bible qui pèse dix kilos ! Je pensais comme lui. Mais le poids du livre était léger comparé à celui qui avait été enlevé de mon cœur, ce soir-là, alors que le péché en avait été extirpé et que l'amour l'avait inondé.

Plus tard, je montai les escaliers de ma chambre comme une personne nouvelle. Il était plus de onze heures du soir — ce qui était tôt pour moi — mais j'étais désireux de me retrouver chez moi. Il n'y avait plus aucune nécessité de courir. Les rues ne m'attiraient plus. Le besoin d'être reconnu comme le chef de la bande n'existait plus. Je n'avais plus peur de la nuit.

J'ouvris mon armoire, en sortis ma veste de Mau-Mau et mes souliers et les glissai dans un sac.

— Jamais plus ! me dis-je à moi-même. Je n'en aurai jamais plus l'emploi !

Sur le rayon, je pris mon revolver. Par habitude, je mis des balles dans le magasin pour dormir avec une arme prête sur ma table de chevet. Mais, soudain, je me souvins : « Jésus m'aime ! Il me protégera ! » Je sortis les balles et les replaçai dans la petite boîte à cet effet, je remis l'arme sur le rayon. Au matin, j'irais les porter à la police.

M'arrêtant devant le miroir, je n'en pus croire mes yeux : une lumière jamais vue autrefois brillait sur mon visage. Je me souris à moi-même :

— Hé ! Nicky ! Regarde comme tu es beau ! Dommage que tu aies à renoncer aux filles maintenant que tu es si plaisant à voir !

J'éclatai de rire devant l'ironie des choses ! Mais j'étais si heureux. Le fardeau de la peur n'existait plus. Je pouvais rire librement.

Je m'agenouillai près du lit et jetai la tête en arrière :

— Jésus ! Rien d'autre ne sortait. Jésus !... Et, finalement, les paroles vinrent : Merci, Jésus... Merci !

Cette nuit-là, pour la première fois dans mon souvenir, je posai la tête sur l'oreiller et dormis merveilleusement pendant neuf heures consécutives. Pas d'agitation. Pas de frayeur causée par les bruits du dehors. Les cauchemars avaient, eux aussi, disparu.

CHAPITRE X

La sortie du désert

De bonne heure, le lendemain, j'étais dans la rue rassemblant les garçons qui s'étaient avancés la veille. Je leur demandai d'apporter leurs armes et leurs balles, et de me retrouver au Parc Washington. Nous ferions un cortège jusqu'au commissariat de police.

De retour dans ma chambre, j'enfilai mon revolver dans ma ceinture et, prenant avec moi ma grosse Bible, je partis vers le parc pour y rencontrer le groupe.

En traversant la place de Fort Greene, je me trouvai face à face avec une vieille Italienne que j'avais déjà vue en d'autres occasions. Cette fois-ci, je levai mon grand livre noir sur lequel il était écrit « La Sainte Bible » en lettres dorées.

Elle fixa le livre :

— Où as-tu volé cette Bible ?

Je souris :

— Je ne l'ai pas volée. C'est un pasteur qui me l'a donnée.

Elle secoua la tête :

— Ne sais-tu pas qu'on ne doit pas mentir à propos de choses sacrées ? Dieu te punira pour ce mensonge !

— Je ne mens pas. Et Dieu ne me punira pas,

parce qu'Il m'a pardonné. Je vais au poste de police maintenant pour leur remettre ce revolver. J'écartai ma chemise pour qu'elle pût voir l'arme à ma ceinture.

Ses regards incrédules passaient lentement du revolver à la Bible où ils se fixèrent. Tout à coup, alors que son visage souriait, elle s'écria :

— Alléluia ! et levant les bras, elle répéta encore : Alléluia !

Je lui souris à mon tour et courus vers le parc Washington.

Environ vingt-cinq Mau-Mau étaient déjà là. Israël organisa le cortège et nous partîmes le long de la rue St-Edward jusqu'au poste de police, au coin de la rue Auburn. Nous ne nous arrêtâmes pas à nous demander ce que la police penserait en nous voyant arriver. Vingt-cinq membres parmi les plus durs d'un gang de Brooklyn défilaient au milieu de la chaussée, portant tout un arsenal d'armes et de munitions. J'ai remercié le Seigneur bien des fois de ce que les agents ne nous aient pas aperçus avant notre entrée au poste. Si cela avait été le cas et s'ils nous avaient repérés cent mètres avant le commissariat, ils se seraient barricadés ; ils auraient probablement tiré sur nous et nous auraient abattus dans la rue.

Le sergent de service sauta sur ses pieds et saisit son pistolet lorsqu'il nous vit entrer dans son bureau.

— Qu'est-ce qui se passe ? Qu'est-ce que vous complotez ?

— Nous ne sommes pas venus pour provoquer des troubles. Nous sommes ici pour vous remettre nos revolvers, répondit Israël.

— Quoi ? cria le sergent. Qu'est-ce que vous faites ici ? Il se retourna et cria par-dessus son épaule : lieutenant, il faut que vous veniez tout de suite !

Le lieutenant apparut sur le seuil de la porte.

— Qu'est-ce que ces gosses font ici ? demanda-t-il au sergent. Qu'est-ce qui se passe ?

Israël se tourna vers le lieutenant :

— Nous avons donné notre cœur à Dieu et maintenant nous désirons donner nos armes à la police.

— C'est ça ! cria un des gamins. Peut-être pourrez-vous les utiliser pour combattre les mauvais garçons ! Nous nous mîmes à rire et le lieutenant s'adressa au sergent :

— Est-ce qu'ils sont sincères ? Il serait préférable de faire un contrôle dehors, au cas où il s'agirait d'un guet-apens ou de quelque chose de semblable.

Je m'avançai :

— Lieutenant ! Regardez ça ! Je levai ma Bible. Le prédicateur nous a remis ces Bibles, hier soir après que nous avons tous donné notre cœur à Christ. Nous ne sommes plus des membres de gangs. Maintenant, nous sommes des chrétiens !

— Quel prédicateur ? nous demanda le lieutenant.

— David Wilkerson, bien sûr ! Ce prédicateur qui n'a que la peau sur les os et qui rôde par ici depuis quelque temps, parlant avec les bandes. Hier soir, nous avions une grande réunion dans l'amphithéâtre de Saint-Nicolas et nous nous sommes tous approchés de Dieu. Si vous ne nous croyez pas, téléphonez-lui !

Le lieutenant se tourna vers le sergent :

— Connaissez-vous le numéro de téléphone de ce prédicateur ?

— Oui, lieutenant ! Il habite chez Mme Ortez.

— Appelez-le et dites-lui de venir ici dès que possible. Nous pourrions avoir de gros ennuis. Si c'est quelque chose qu'il a provoqué lui-même, nous l'arrêterons.

Le sergent obtint le pasteur et tendit l'appareil au lieutenant :

— Le Révérend Wilkerson ? Il serait bon que vous veniez ici sans tarder. J'ai un bureau plein de Mau-Mau et je ne sais pas de quoi il en retourne.

Il y eut une pause et le lieutenant raccrocha.

— Il arrive. Mais avant qu'il soit ici, je désire avoir vos armes, toutes vos armes.

— Bien sûr, général ! dit Israël. C'est justement pour ça que nous sommes là. Puis, s'adressant au gang, il ajouta : très bien, les gars ! Apportez vos fusils et revolvers et placez-les sur le comptoir. Laissez aussi vos munitions.

Les agents de police n'en croyaient pas leurs yeux. Pendant ce temps, quatre autres policiers étaient entrés et se tenaient là, incrédules, tandis que le tas de pistolets, de fusils et armes de tous genres grandissait de plus en plus.

Quand tout fut donné, le lieutenant hocha la tête. S'adressant à Israël, il lui dit :

— Très bien ! Et maintenant si vous me disiez ce qui est arrivé ?

Israël raconta encore une fois ce qui s'était passé à Saint-Nicolas. Il lui dit que nous étions devenus des chrétiens et que nous étions décidés à vivre un genre de vie totalement différent. Puis il demanda au lieutenant s'il voulait bien dédicacer nos Bibles. Cela nous parut une excellente idée et nous entourâmes les agents, leur demandant d'apposer leurs signatures sur la Bible de chacun de nous.

A ce moment-là, David Wilkerson poussa la porte. Il nous regarda et se dirigea vers le lieutenant qui invita tous les autres officiers à entrer dans le bureau.

— Révérend, dit-il, je désire vous serrer la main.

Wilkerson jeta un coup d'œil inquisiteur autour de lui puis il tendit la main aux agents qui la saisirent amicalement.

— Comment avez-vous obtenu cela ? lui demanda le lieutenant. Ces garçons nous avaient déclaré la guerre et ont provoqué des troubles pendant des années. Et, ce matin, ils sont entrés en nombre ici et savez-vous ce qu'ils désirent ?

Wilkerson secoua la tête négativement.

— Ils veulent que nous dédicacions leurs Bibles !

Wilkerson resta interloqué.
— Qu'avez-vous demandé à ces agents ? dit-il en bégayant.
J'ouvris ma Bible et lui montrai la signature du lieutenant sur la page de garde.
— Eh bien ! Loué soit Dieu ! dit David. Vous voyez, lieutenant, que le Seigneur est à l'œuvre ici, à Fort Greene !
Nous sortîmes tous dans la rue et laissâmes le lieutenant branler la tête, étonné, devant l'amoncellement d'armes sur le comptoir devant lui.
Nous entourâmes Wilkerson en criant.
Israël lui dit :
— Hé ! Davie ! J'ai lu la Bible presque toute la nuit. Regardez ! Je suis dans la Bible. Mon nom s'y trouve partout ! Vous voyez : Israël ! C'est moi ! Je suis illustre !

* * *

Plusieurs semaines après cet incident, le Révérend Arce, ministre de l'Eglise espagnole appelée « Iglesia de Dios, Juan 3. 16 » (Eglise de Dieu, Jean 3. 16) vint chez moi. Israël était là. Nous avions passé beaucoup de temps ensemble lisant nos Bibles et priant à haute voix, tout en marchant en long et en large dans ma chambre. Le Révérend Arce désirait que nous allions à son Eglise, le lendemain soir, pour y donner notre témoignage. C'était un culte du mercredi et il nous promit de venir nous chercher pour nous y conduire.
C'était le premier vrai culte auquel j'assistais. Nous chantâmes pendant une heure environ. Israël et moi étions sur l'estrade, et l'église était absolument pleine. Le Révérend Arce prêcha un sermon complet et m'appela ensuite pour témoigner.
Lorsque j'eus fini, je pris place devant l'estrade et écoutai Israël.
C'était la première fois que je l'entendais parler en public. Il se tenait debout, derrière le pupitre ;

son beau visage rayonnait de l'amour de Christ. De sa voix douce, il raconta les événements qui l'avaient conduit à sa conversion.

Je constatai chez lui une profondeur de sentiment et d'expression que je ne lui avais jamais connue jusqu'alors. Ses paroles me ramenaient à la soirée passée à l'amphithéâtre de Saint-Nicolas, quand Israël avait répondu de si bonne grâce à l'appel de l'Evangile. Je pensais à ma propre attitude à l'égard de Davie. Je le haïssais — Dieu sait combien je le haïssais ! Pourquoi avais-je été si mauvais, si injuste ? Tout ce qu'il désirait, au fond, c'était que Dieu manifeste Son amour pour moi à travers lui, et moi j'avais craché sur lui, je l'avais maudit, j'avais souhaité sa mort.

Israël mentionna le nom de David, ce qui me ramena brusquement à la réalité.

— Je cherchais encore des preuves de la sincérité de Wilkerson, disait Israël en se référant à ses sentiments après la première réunion en plein air où il l'avait entendu parler. Un après-midi, Davie vint me trouver pour me demander de le conduire auprès des chefs d'autres bandes. Il désirait les inviter aux réunions qu'il organisait. Nous allâmes ensemble à Brooklyn, et je lui montrai le petit Jo-Jo, le président des Dragons de Coney Island, l'un des gangs de rues les plus nombreux de la cité. Je le lui désignai de loin. Je ne désirais pas que Jo-Jo sache que j'avais parlé de lui à Davie, car ses garçons et lui étaient les grands ennemis des Mau-Mau. Je dis à Davie que je rentrais chez moi. Alors qu'il s'avançait vers Jo-Jo, je me cachai derrière l'escalier d'une maison locative pour les écouter. Jo-Jo regarda fixement Wilkerson et, ensuite, cracha sur les souliers de son interlocuteur. C'est le plus grand signe de mépris que l'on puisse donner à un homme. Jo-Jo ne dit pas un mot, il ne fit que cracher sur les souliers de Davie. Puis, il se retourna et s'assit sur une marche.

Jo-Jo n'avait pas de foyer. Il dormait dans le parc, par temps chaud et, quand il pleuvait, ou faisait froid, il passait la nuit dans le métro. Jo-Jo était un vrai clochard. Il prenait des habits dans les caisses disposées aux coins des rues et destinées aux œuvres de charité. Il portait ces vêtements jusqu'à ce qu'ils tombent en loques et en volait d'autres pour les remplacer. Ce jour-là, il avait aux pieds de misérables savates qui laissaient passer ses orteils ; il portait de vieux pantalons hors d'usage qui avaient appartenu à un homme corpulent. Je m'imaginai que si Wilkerson était un hypocrite, sa rencontre avec Jo-Jo me le révélerait immédiatement, car Jo-Jo avait du flair dans ce domaine-là. Si Wilkerson n'était pas sincère, Jo-Jo le percerait de son couteau. Il le regarda et lui dit :

— Fichez le camp ! richard ! Vous n'êtes pas chez vous ici ! Vous arrivez de New York et vous parlez haut de Dieu qui change les gens. Vous avez des souliers neufs tout brillants aux pieds, et de nouveaux pantalons et nous, ici, nous n'avons rien. Ma vieille m'a chassé à coups de pied parce que nous sommes dix dans notre trou et sans argent. Je connais les gens de votre espèce. Vous visitez les bas-fonds comme les riches qui voyagent en bus à travers le Bowery, pour voir. Ce serait mieux pour vous de disparaître avant qu'on vous perce le ventre avec un poignard.

Je sentais que quelque chose s'emparait du cœur de Davie. Peut-être savait-il que Jo-Jo disait la vérité. Il m'a raconté plus tard qu'il s'était souvenu du Général Booth qui avait dit : « Il est impossible de consoler le cœur des hommes en leur parlant de l'amour de Dieu si leurs pieds périssent de froid ». Il se peut que je ne cite pas exactement sa phrase, mais de toute manière Davie m'a dit que ce fut cela qui lui vint à l'esprit comme un éclair. Et savez-vous ce qu'il fit ? Il s'assit sur la marche — là, dans la rue

— enleva ses souliers et les tendit à Jo-Jo. Le vieux Jo-Jo regarda Davie et lui dit :

— Qu'est-ce que vous voulez me prouver, pasteur ? Que vous avez du cœur ou quoi ? Je ne vais pas enfiler vos souliers qui sentent mauvais !

Mais Davie lui répondit sur le même ton :

— Mon vieux, ces souliers t'ont donné la colique. Maintenant, tu vas les mettre ou cesser de ronchonner !

Jo-Jo répondit :

— Je n'ai jamais eu une paire de souliers neufs.

Et Wilkerson continua à le harceler :

— Mets ces souliers !

Ainsi, Jo-Jo enfila les chaussures de Davie. Pendant ce temps, David s'éloignait le long de la rue dans la direction de sa voiture. Je sortis de ma cachette, derrière l'escalier, tandis que Jo-Jo courait après David. Celui-ci marchait sur ses chaussettes et eut à franchir deux pâtés de maisons, affrontant les rires de ceux qui le regardaient. A ce moment-là, je sus qu'il était sincère.

Israël, ravalant ses larmes, s'arrêta un instant. Puis il reprit :

— Rien de ce que Davie m'avait dit ne m'était resté. Mais cet homme n'était pas un charlatan. Il vivait ce qu'il prêchait. Je savais que je ne pourrais pas résister à la puissance qui inspirait un homme à faire une chose semblable pour un être comme Jo-Jo.

* * *

Après la réunion, je sortis lentement à travers la foule, encore impressionné par le culte et par la puissance de Dieu que j'avais sentie en moi alors que je témoignais. Après tout, Dieu me destinait peut-être à la prédication. Etait-ce sa manière de me le dire ? Je ne le savais pas et il me fallait du temps pour y penser.

Les gens étaient encore dans le vestibule ou devant la salle, sur le trottoir. Je serrais des mains tout en avançant vers la sortie. A ce moment-là, deux voitures arrivèrent en trombe. J'entendis une femme crier. Regardant de son côté, j'aperçus deux canons de fusils sortant des fenêtres baissées des véhicules et je reconnus plusieurs Evêques. Ils commencèrent à tirer sauvagement dans ma direction. Des personnes se jetèrent au sol, devant l'église, d'autres se précipitèrent à l'intérieur, cherchant à échapper à la fusillade. Je me cachai derrière une porte tandis que les balles s'écrasaient contre le mur de pierre derrière moi. Puis les voitures disparurent à toute vitesse dans la nuit.

L'excitation calmée, un vieillard s'approcha de moi et, entourant mon épaule de son bras, me dit :

— Mon fils, ne vous découragez pas ! Jésus Luimême a été tenté dans le désert après son baptême. Vous devriez vous sentir honoré de ce que Satan vous ait choisi pour vous persécuter. Je vous prédis que vous accomplirez de grandes choses pour Dieu si vous persévérez !

Je ne connaissais pas le sens du mot « persévérer », mais je voulais faire de grandes choses pour Dieu. Pourtant, je n'étais pas très sûr de me sentir honoré de ce que Satan eût envoyé les Evêques pour essayer de me tuer.

Les choses s'étant apaisées, je me mis en route car j'avais un long chemin à parcourir pour rentrer chez moi. Le Révérend Arce avait ramené Israël à la maison en voiture, mais j'avais désiré marcher. J'avais besoin de réfléchir. M. Delgado qui avait travaillé avec Wilkerson m'avait invité à aller chez lui pour y passer la soirée. C'était un homme doux, aimable, bien vêtu. Je pensais qu'il devait être riche. J'avais honte de mes manières, de mes habits et je déclinai son offre. Il me donna un billet d'un dollar et me dit de lui faire savoir si j'avais besoin d'argent.

Je le remerciai et partis. En traversant l'avenue Vanderbilt, j'aperçus Loca, devant sa maison.

— Hé ! Nicky ! Où étais-tu pendant tout ce temps ? Quelqu'un a raconté que tu avais lâché le gang. Est-ce vrai ?

Je lui dis que c'était vrai.

— Tu nous manques ! Ce n'est plus la même chose par ici sans toi ! Comment se fait-il que tu ne reviennes pas ?

Soudain quelqu'un serra ses bras autour de moi par derrière.

— Tu désires vraiment que je revienne, n'est-ce pas ? dis-je en pensant que c'était l'un des garçons de notre bande qui me tenait de la sorte.

Le visage de Loca était glacé de terreur. Je tournai la tête et reconnu Joe, l'Apache, que nous avions kidnappé et brûlé.

Je luttai pour me dégager et vis un poignard dans sa main droite. Il me tenait à la nuque par derrière, de sa main gauche et brandissait la lame de son couteau par-dessus mon épaule, cherchant à m'atteindre au cœur. Je levai brusquement la main droite pour me préserver de cette lame menaçante, longue de vingt-cinq centimètres, mais il me frappa entre le petit doigt et l'annulaire, me déchirant toute la main et m'effleurant la poitrine.

Je fis demi-tour et le frappai.

— Je vais te descendre, cette fois-ci, dit-il en jurant. Si tu penses m'échapper en te cachant dans une église, tu te trompes. Je vais rendre service à l'humanité en tuant une poule mouillée qui s'est convertie.

Je criai à Loca :

— Va-t-en ! Ce type est fou !

Il s'approcha de nouveau, essayant de m'atteindre au ventre, avec son poignard. Je fis un saut en arrière et arrachai une antenne de radio à une voiture parquée là. Les chances désormais étaient au moins égales. Dans ma main, l'antenne était une arme aussi mortelle que son couteau.

Je tournai autour du garçon, battant l'air avec la tige de métal. Je me retrouvais dans mon élément, sachant par expérience quel serait mon prochain mouvement. Quand il s'avancerait pour me frapper, je sauterais en arrière et je le surprendrais : il en perdrait l'équilibre. Je pouvais l'aveugler par un coup de revers, le paralyser ou le tuer en l'attaquant une seconde fois.

Je tenais l'antenne dans ma main gauche, maintenant devant moi ma droite ruisselante de sang pour me protéger de son arme.

Je lui dis à voix basse :

— Allons, vaurien ! Essaie une fois encore ! Seulement une fois ! Ce sera ta dernière !

La haine rétrécissait les yeux du garçon. Je savais qu'il fallait que je l'abatte, car rien d'autre ne pourrait plus l'arrêter.

Il s'élança vers moi et je reculai devant son poignard. Comme prévu il avait perdu l'équilibre. Je fouettai avec l'antenne son visage sans protection.

Tout à coup, j'eus l'impression que la main de Dieu saisissait mon bras.

— Présente l'autre joue !

La voix était si réelle que je l'entendis. Je ne voyais plus l'Apache comme un ennemi mais comme une personne. J'eus pitié de lui, là, debout dans l'obscurité, crachant des injures et la haine marquée sur sa face. Je pouvais me voir moi-même quelques semaines plus tôt, dans une rue sombre, essayant de tuer un adversaire.

Je priai. Pour la première fois, je priai pour moi-même :

— Mon Dieu, aide-moi !

L'Apache se redressa et me regarda :

— Que dis-tu ?

Je répétai :

— Mon Dieu, aide-moi !

Il me regardait fixement.

Loca arriva en courant et glissa dans ma main le col d'une bouteille de whisky cassée :

— Mets-le en pièces, Nicky !

Le garçon se mit à courir.

— Jette ça contre lui, Nicky ! Jette-le !

Je fis un geste du bras, mais au lieu de lancer le verre contre l'Apache en fuite, je le jetai contre le mur de la maison.

Puis, je pris mon mouchoir et enveloppai ma main blessée. Le sang trempa la toile et Loca courut chez elle pour me rapporter un linge de toilette afin d'absorber l'épanchement. Elle voulut m'accompagner à la maison, mais je l'assurai que je pouvais y aller tout seul et m'éloignai le long du trottoir.

J'avais peur d'aller à l'hôpital, mais je sentais que j'avais besoin de secours immédiat. La perte de sang m'affaiblissait de plus en plus. Il fallait passer le parc Washington depuis la place Fulton, pour atteindre l'hôpital Cumberland. Je pensai qu'il était préférable d'y aller avant de me saigner à blanc. Debout au coin de DeKalb, près du poste des pompiers, j'attendais les feux verts. Mes yeux commencèrent à se brouiller et je devais traverser la rue avant de m'évanouir.

Je m'avançai en chancelant au milieu du trafic. J'entendis un cri : un des Mau-Mau arriva en courant pour m'aider à atteindre le trottoir. C'était Tarzan, un vrai drôle, qui portait un immense chapeau mexicain.

— Que fais-tu, Nicky ? Tu veux te suicider ?

Il croyait que j'étais devenu fou parce que j'avais donné mon cœur à Dieu.

— Mon vieux, je suis blessé, gravement blessé. Aide-moi à monter chez Israël, veux-tu ?

Tarzan m'accompagna jusqu'à la maison d'Israël

et nous montâmes les cinq étages qui mènent au logement. Il était minuit lorsque je frappai à sa porte.

Sa mère m'ouvrit et m'invita à entrer. Elle avait remarqué que j'étais blessé. Israël sortit d'une autre chambre, me regarda et se mit à rire :

— Que t'est-il arrivé ?

— J'ai été attaqué par un Apache !

— Eh bien ! mon gars, je n'aurais jamais pensé que cela pût t'arriver, à toi !

La mère d'Israël nous interrompit et insista pour que j'aille à l'hôpital. Israël et Tarzan m'aidèrent à redescendre les escaliers et me conduisirent à la salle des urgences d'un hôpital proche. Tarzan fut d'accord de prendre soin de mon portefeuille qui contenait un dollar et de dire à mon frère Frank où j'étais. Israël attendit que le médecin eût examiné ma main. Des tendons avaient été tranchés. Il fallait faire une narcose pour m'opérer. Israël avait un air grave quand on m'emmena.

— Ne te fais pas de souci, mon petit, on l'aura celui qui t'a fait ça !

J'aurais voulu lui dire que nous n'avions plus à nous venger, que Dieu s'en chargerait, mais la porte se referma doucement derrière moi.

* * *

De bonne heure, le lendemain, Israël était dans ma chambre. J'étais encore vaseux à cause de l'anesthésie, pourtant, je remarquai qu'il y avait quelque chose de changé chez lui. Je réussis finalement à maintenir les yeux ouverts et vis qu'il s'était fait raser complètement la tête.

— Hé ! Tête chauve ! Qu'est-ce qui se passe ? murmurai-je.

Le visage d'Israël portait son ancienne expression.

— Mon gars, d'abord ils nous ont presque abattus devant l'église et maintenant ils t'ont poignardé. Cette affaire de Jésus ne tient pas debout. Ce garçon n'avait pas le droit de te traiter comme il l'a fait. Je lui réglerai son compte pour toi.

Je reprenais conscience et m'assis dans mon lit.

— Hé ! mon pote, tu ne peux pas faire ça. J'aurais pu le mettre à mal moi-même, hier soir, mais je l'ai abandonné aux mains de Dieu. Si tu descends de nouveau dans la rue, tu ne pourras jamais plus en revenir ! Souviens-toi de ce que Davie a dit : « Si tu mets la main à la charrue... » Mon gars, tu restes avec moi et tu abandonnes la bagarre !

Je fis un effort pour rester assis et vis que Lydia et Loretta avaient accompagné Israël.

Je me laissai retomber sur l'oreiller, encore affaibli par la perte de sang et l'opération. Mon bras était dans le plâtre depuis le bout des doigts jusqu'au coude.

Loretta était une Italienne amusante aux cheveux noirs avec qui j'étais sorti plusieurs fois. Elle me dit :

— Nicky ! Israël a raison. Ces types vont venir ici et te tueront si tu ne reprends pas ta place dans le gang. Recommençons comme par le passé, pas vrai ? Tu vas guérir et tu reviendras parmi les Mau-Mau. Nous t'attendons !

Je me retournai et regardai Lydia :

— C'est ce que tu penses, toi aussi ? lui demandai-je.

Elle baissa la tête :

— Nicky, je dois te dire quelque chose. J'ai honte de t'en parler maintenant, j'aurais dû le faire il y a longtemps. Je suis une chrétienne depuis deux ans.

— Quoi ? Je la regardai, incrédule. Tu veux dire que tu as été une chrétienne tout ce temps et que tu ne me l'as jamais dit ? Comment peux-tu être chrétienne et faire toutes les choses que tu te permets ? Pense à ce que nous avons fait nous-mêmes ensemble ! Ne me dis pas que tu es chrétienne ! Les chrétiens n'agissent pas ainsi ! Ils n'ont pas honte de leur Dieu. Je ne te crois pas !

Lydia mordit sa lèvre inférieure et des larmes jaillirent de ses yeux tandis qu'elle tortillait le bout du drap entre ses doigts.

— J'ai honte, Nicky ! Je craignais de te parler de Christ et de te dire que j'étais chrétienne ; tu ne m'aurais plus voulue !

Israël vint se placer de l'autre côté du lit.

— Allons, Nicky ! Tu n'es pas bien ! Cela ira bientôt mieux. Loretta et moi pensons que tu devrais rejoindre la bande. Je ne sais pas ce qu'il en est pour Lydia. Tu y penseras, et surtout ne t'en fais pas ! Je vais parler avec quelques-uns des types et nous nous chargerons, crois-moi, de celui qui t'a mis dans ce piteux état !

Je leur tournai le dos. Loretta vint m'embrasser sur la joue. J'y sentis de chaudes larmes quand Lydia se pencha pour me dire adieu.

— Je regrette, Nicky. Pardonne-moi, s'il te plaît, dit-elle.

Je ne répondis pas. Elle m'embrassa encore et partit en courant. J'entendis qu'ils fermaient la porte derrière eux. Après leur départ, je pus sentir presque physiquement la présence de Satan dans la chambre. Il m'avait parlé à travers Israël et Loretta. Il me préparait à travers la déception que m'avait causée Lydia.

— Nicky ! susurrait-il. Tu es un idiot. Eux ont raison ! Retourne au gang. Rappelle-toi le bon temps ! Souviens-toi de la satisfaction que donne la revanche, combien c'était doux d'être dans les bras d'une jolie fille ! Tu as laissé tomber la bande, Nicky. Mais ce n'est pas trop tard pour y retourner !

Alors qu'il me tentait, l'infirmière m'apporta mon dîner sur un plateau. J'entendais encore le chuchotement de Satan :

— Hier soir, pour la première fois de ta vie, tu n'as pas rendu les coups ! Quel lâche tu es ! Le grand, le brave Nicky Cruz, pleurant dans l'arène Saint-

Nicolas, fuyant devant un Apache et le laissant s'échapper ! Pantin ! Arriéré ! Lâche !

— Monsieur Cruz ?

C'était l'infirmière qui me parlait, debout près du lit :

— Si vous voulez bien vous retourner, je vous apporte votre repas.

Je sautai dans le lit, en criant :

— Au diable ! Dehors !

Et je donnai un coup au plateau qui échappa des mains de la jeune fille et tomba sur le plancher.

Je désirais en dire davantage, mais rien ne vint à mes lèvres ni à ma mémoire. Tous les anciens mots injurieux avaient disparu. Je ne me les rappelais même pas, et restai là, assis, la bouche ouverte. Soudain, les larmes remplirent mes yeux, coulant comme des cascades le long de mes joues.

Je sanglotais :

— Je regrette ! Je regrette ! S'il vous plaît, appelez un pasteur, appelez le Révérend Arce.

L'infirmière ramassa tranquillement les plats et me tapotant l'épaule, me dit :

— Je vais l'appeler immédiatement. Vous allez vous étendre et vous reposer !

Je me recouchai. La tête sur l'oreiller je me mis à sangloter. Peu après, le Révérend Arce arriva et pria avec moi. Tandis qu'il s'adressait à Dieu, je me sentis délivré de l'esprit mauvais qui m'avait possédé. Le Révérend me dit qu'il enverrait M. Delgado le lendemain matin pour me voir et qu'il prendrait soin de moi.

Ce soir-là, après que l'infirmière m'eut aidé à changer ma veste de pyjama, je m'agenouillai près de mon lit, dans la chambre d'hôpital.

Pendant l'après-midi, on avait installé un malade dans le second lit. Je crus qu'il dormait et commençai à prier à haute voix : la seule manière que je connaissais. Ne sachant pas qu'il était possible de prier pour soi, mentalement, je me mis donc à parler à Dieu d'une façon audible.

Je lui demandai de pardonner le garçon qui m'avait blessé et de le protéger du mal pour qu'il apprenne à connaître Jésus. Je lui demandai également de pardonner mon attitude à l'égard de Lydia et mon mouvement d'humeur en faisant tomber le plateau des mains de l'infirmière. Je Lui dis aussi que j'irais n'importe où Il m'enverrait et que je ferais tout ce qu'Il me demanderait. Je Lui rappelai que je n'avais pas peur de mourir, mais que j'aimerais beaucoup vivre assez longtemps pour parler, un jour, de Jésus à papa et à maman. Un grand moment, je restai agenouillé avant de me remettre au lit et de m'endormir.

Le lendemain matin, je m'habillais pour quitter l'hôpital quand l'homme qui occupait l'autre lit murmura et me fit signe d'approcher. C'était un vieillard ; il avait un tuyau dans la gorge ; il tremblait et pouvait à peine parler.

Il murmura :

— J'étais éveillé hier soir.

Embarrassé, je lui souris un peu bêtement.

Il continua :

— Merci ! Merci pour votre prière !

Je lui confessai :

— Mais je ne priais pas pour vous ! Je croyais que vous dormiez ! Je priais pour moi-même.

Le vieillard se pencha et saisit mà main valide de ses doigts froids et moites. Son étreinte était faible, mais je sentais qu'il essayait de la resserrer.

— Oh ! Non ! Vous vous trompez ! Vous avez prié pour moi ! Et moi aussi, j'ai prié ! Pour la première fois depuis de longues, longues années, j'ai prié ! Moi aussi je veux faire ce que Jésus désire. Merci !

De grosses larmes roulaient sur ses joues creuses pendant qu'il parlait. Je lui dis :

— Que Dieu vous bénisse, mon ami ! et je sortis.

Je n'avais jamais essayé de porter secours à quelqu'un durant ma vie. Je n'aurais pas su comment le faire, d'ailleurs. Mais j'avais le sentiment, profond et fort, que l'Esprit de Dieu avait assisté cet homme par mon entremise. Et j'étais heureux.

M. Delgado m'attendait dans le hall. Il avait payé mes frais d'hospitalisation et me conduisit à sa voiture.

— J'ai téléphoné à David Wilkerson, hier soir ! me dit-il. Il est à Elmira où il dirige une série de réunions. Il désire que je t'emmène là-bas, toi et Israël, demain dans la journée.

Je répondis :

— Davie m'en a parlé, la dernière fois que je l'ai vu. Israël est retourné au gang, je ne pense pas qu'il viendra !

M. Delgado me dit alors :

— J'irai le voir, ce soir. Mais je désire que tu restes chez moi où tu seras en sécurité. Nous partirons de bonne heure demain pour Elmira.

Aller à Elmira pour y retrouver Davie me paraissait un peu ironique. C'était là que la police désirait m'envoyer, mais pour une raison différente, bien sûr. Je passai le reste de la journée à prier pour Israël, pour qu'il ne reprenne pas contact avec la bande et pour qu'il vienne avec moi à Elmira.

Le lendemain, nous nous levâmes de bonne heure et partîmes en voiture à travers la cité, dans la direction de Brooklyn et du quartier de Fort Greene. M. Delgado me dit qu'Israël était d'accord de venir avec nous et que le rendez-vous était fixé à 7 heures, au coin des rues Myrtle et DeKalb. Lorsque nous y arrivâmes, Israël n'y était pas. Je commençai à m'inquiéter. Nous fîmes le tour du pâté de maisons, mais sans le voir. M. Delgado me rappela que nous étions pressés, mais il décida que nous irions encore jusqu'à la rue St-Edward où Israël habitait, en face du commissariat N° 67, dans l'espoir de le rencontrer. Nous y allâmes, mais sans succès. M. Delgado regarda sa montre et me dit que nous devions poursuivre notre voyage.

— Ne pouvons-nous pas, dis-je, faire une fois encore le tour du bloc ? Il se pourrait que nous l'ayons manqué.

— Ecoute, Nicky. Je sais que tu aimes beaucoup Israël et que tu as peur qu'il retourne à la bande, mais il doit aussi prendre ses responsabilités. Il a dit qu'il serait ici à 7 heures et il n'y est pas. Nous ferons encore une fois le tour, mais nous avons devant nous six heures de route jusqu'à Elmira et David nous attend à 14 heures.

Nous descendîmes la rue et nous partîmes ensuite en direction du Bronx pour prendre, en passant, Jeff Morales. Jeff était un Portoricain qui désirait entrer dans le ministère pastoral. David avait prié M. Delgado de l'amener avec lui pour qu'il me traduise quand je parlerais à l'église ce même soir.

En quittant la ville, j'éprouvai un sentiment de soulagement. Je me laissai aller contre le dossier et soupirai. Le poids était enlevé. Mais mon cœur était profondément triste parce que nous laissions Israël en arrière et j'avais à son sujet le pressentiment d'un destin funeste. Je ne savais pas alors, que six ans devaient s'écouler avant que je le retrouve.

* * *

Ce même soir, David m'introduisit auprès des gens d'Elmira et je donnai mon témoignage. Il m'avait dit de commencer par le début et de raconter mon histoire exactement comme elle s'était déroulée.

J'étais un peu vague quant aux détails et je ne me souvenais qu'imparfaitement de ce qui s'était passé. Je réalisai très vite que non seulement Dieu avait enlevé beaucoup de mes anciens désirs, mais qu'Il avait aussi effacé de mon esprit de nombreux souvenirs. Pourtant, je racontai l'histoire aussi bien que possible. Souvent, je coupais mon traducteur et Jeff devait me retenir :

— Pas si vite, Nicky ! Donne-moi le temps de parler ! Les gens riaient, pleuraient tout à la fois et, quand l'invitation fut faite, beaucoup vinrent en avant pour donner leur cœur à Christ. La conviction que Dieu m'appelait à un ministère particulier s'intensifiait au fur et à mesure que je Le voyais à l'œuvre dans ma vie.

Le lendemain, j'eus l'occasion de parler longuement avec David. Il me demanda si j'étais sérieux concernant la question du ministère. Je lui répondis que je ne savais pas ce que cela impliquait et que je parlais l'anglais d'une façon incompréhensible. Cependant, je sentais que Dieu avait posé sa main sur moi et paraissait me conduire dans cette direction-là. David m'assura qu'il ferait tout ce qui était en son pouvoir pour que je puisse aller à l'école.

L'école ! J'avais à peine suivi trois années d'école, ensuite on m'en avait chassé !

— Davie ! Le directeur m'a dit que si jamais j'y retournais, il me ferait arrêter par la police.

David se mit à rire !

— Il ne s'agit pas de cette école-là, Nicky ! Mais de l'Ecole biblique ! Aimerais-tu aller en Californie ?

— Où est-ce ?

— La Californie se trouve sur la côte occidentale.

— Est-ce près de Manhattan ? lui demandai-je.

Wilkerson éclata de rire :

— Oh ! Nicky ! Nicky ! Le Seigneur aura beaucoup de choses à t'enseigner ! Mais je suis certain qu'Il est assez puissant pour le faire ! Aie patience et tu verras ! De grandes choses se feront par le moyen de ton ministère, j'en suis persuadé.

Je hochai la tête. J'avais entendu dire que la police de Manhattan était aussi dure que celle de Brooklyn. Si je devais retourner à l'école, je souhaitais, bien sûr, que ce fût hors de la cité de New York.

* * *

David désirait que je reste à Elmira tandis qu'il écrivait à l'Ecole biblique qui se trouvait — je le découvris plus tard — à La Puente, dans les environs de Los Angeles, en Californie. Le cours durait trois ans ; il était destiné aux garçons et aux filles qui se préparaient pour le ministère, sans avoir, toutefois, les moyens de fréquenter un collège spécialisé. Bien sûr, je n'avais pas achevé mes études secondaires, mais David écrivit une lettre qu'il envoya par avion pour demander que l'on m'accepte quand même. Il ne donnait pas de détails sur ma vie passée, mais mentionnait mes rêves et mes ambitions, conseillant finalement de me prendre à l'essai, bien que ma conversion ne datât que de quelques semaines.

Mais les choses n'étaient pas brillantes à Elmira. Quelqu'un avait répandu la rumeur que j'étais encore un chef de gang et que j'essayais de former une bande là-bas. David était préoccupé par cette affaire et savait que cela pouvait provoquer des ennuis. D'autre part, la nuit je partageais sa chambre et je craignais qu'on finisse par le critiquer. Nous décidâmes de prier à ce sujet.

Un soir, David me parla du baptême de l'Esprit. Je l'écoutai attentivement, mais je ne compris pas ce qu'il essayait de m'expliquer. Il me lut plusieurs passages des Ecritures, du livre des Actes, de la première épître aux Corinthiens, de celle aux Ephésiens. Il me dit qu'après avoir reçu le salut, toute personne, selon le désir de Dieu, devait être remplie de Sa Puissance. Il commenta pour moi la conversion de Saul de Tarse, dans les Actes 9 et le fait que trois jours après cette expérience, Saul reçut le Saint-Esprit et fut rempli de puissance.

— C'est cela dont tu as besoin, Nicky ! me dit David. Dieu désire que tu sois rempli de puissance et Il veut te donner des dons particuliers.

— A quelle sorte de dons pensez-vous ? lui demandai-je.

Il ouvrit sa Bible à la première épître aux Corinthiens 12. 8-10 et m'expliqua ce que sont les neuf dons de l'Esprit.

— Ils sont donnés à ceux qui sont baptisés par le Saint-Esprit. Tu ne les recevras peut-être pas tous, mais tu en recevras certainement quelques-uns. Nous, qui appartenons à l'Eglise de Pentecôte, croyons que celui qui est baptisé de l'Esprit-Saint peut parler en langues.

— Vous voulez dire que je pourrais parler l'anglais sans l'apprendre ? lui demandai-je intrigué.

David voulut en dire davantage, mais il ferma sa Bible.

— Le Seigneur recommanda à ses disciples d'attendre et qu'ils recevraient la puissance. Je ne désire pas hâter cette expérience chez toi, Nicky. Nous nous attendrons au Seigneur et Il te baptisera quand tu seras prêt intérieurement à Le recevoir. En attendant, nous avons un problème à résoudre, et nous devons prier à ce sujet.

Il tourna l'interrupteur et je lui dis :

— S'il me fait don d'une autre langue, j'espère que ce sera l'italien. Je connais la plus charmante jeune Italienne que vous ayez jamais vue et j'aimerais certainement...

Je fus réduit au silence par l'oreiller de Wilkerson lancé à travers la chambre et qui atterrit sur mon visage.

— Dors, Nicky ! C'est déjà presque le matin et la moitié de la ville pense que tu es encore un chef de bande. Si Dieu te fait don d'une autre langue, il faudrait que ce soit un idiome que les gens d'ici puissent comprendre quand tu leur diras que tu n'es vraiment plus un assassin !

Le lendemain matin, David paraissait soucieux quand il revint de la réunion.

— Les choses s'aggravent, Nicky. Nous devons t'éloigner d'ici avant la nuit et je ne sais pas où je dois t'envoyer à moins de retourner à New York.

Je l'interrogeai :

— Croyez-vous que le Seigneur a entendu nos prières, hier soir ?

David me regarda, choqué.

— Bien sûr que je le crois ! C'est pour cette raison que je prie, parce que je crois qu'Il m'entend.

— Lui avez-vous demandé de prendre soin de moi ?

— Tu sais que je l'ai fait !

— Alors, pourquoi êtes-vous si inquiet ?

David, debout, me regarda un instant.

— Viens ! Nous allons prendre un déjeuner tardif. Je suis affamé et toi ?

A 14 heures, le téléphone retentit dans la salle du motel. C'était le pasteur de l'église où David prêchait. Il avait, dit-il, dans son bureau une dame qui désirait nous parler à tous les deux. David lui répondit que nous nous rendions chez elle sur-le-champ.

Nous entrâmes et le pasteur nous présenta à une dame de 70 ans, nommée Johnson, qui avait parcouru trois cent vingt kilomètres depuis sa maison, sur les hauteurs de l'Etat de New York. Elle expliqua comment, le soir précédent, elle avait lu ce que les journaux avaient écrit à mon sujet et ajouta que l'Esprit-Saint lui avait appris que je me trouvais en difficulté et qu'elle devait venir me chercher.

Je regardai David ; de grosses larmes coulaient sur ses joues. Il dit :

— Vous vous appelez bien Madame Johnson, mais il me semble qu'en réalité vous êtes Madame Ananias !

Elle regarda David très étonnée :

— Je ne comprends pas !

Le pasteur expliqua :

— M. Wilkerson se réfère à l'Ananias mentionné

dans le chapitre 9 des Actes ; l'Esprit de Dieu l'avait touché et il secourut Paul dans sa détresse.

Mme Johnson sourit :

— Tout ce que je sais, c'est que le Seigneur m'a donné des instructions pour que je vienne cueillir ce jeune homme et l'emmener chez moi !

David me dit alors de me préparer pour repartir avec elle. Il pensait avoir une réponse de La Puente au cours des prochains jours et il m'en avertirait immédiatement. Je ne désirais pas partir, mais sachant ce qui s'était passé la veille et voyant comment Dieu intervenait en cet instant, j'avais peur de rester.

Quinze jours plus tard, j'eus un coup de téléphone de David. Il était exubérant ! Les gens de l'Institut biblique lui avaient répondu ; ils étaient tellement intrigués à la perspective de mon arrivée, qu'ils avaient décidé de laisser de côté toutes les conditions habituelles et de m'accepter comme un étudiant régulier. Il me dit de prendre le bus pour regagner New York. Je devais partir pour la Californie le lendemain.

Cette fois-ci, le retour à New York ne m'inquiétait pas. Je me rappelais le voyage en compagnie du docteur John et mes sentiments de dépression en me retrouvant au bord du gouffre. Mais le gouffre n'existait plus. Cette fois-ci, je me trouvais à la sortie du désert.

J'avais une attente de cinq heures à la gare routière, avant que David ne vienne me rejoindre. J'avais décidé de rester dans la salle des voyageurs pour éviter tout ennui. Cependant, les ennuis semblaient toujours me poursuivre. Ils apparurent, cette fois-là, sous la forme de dix Vice-rois qui m'encerclèrent silencieusement alors que j'étais assis lisant un magazine.

— Hé ! Regardez le joli garçon ! dit l'un d'eux, se référant à mon costume et à ma cravate.

— Hé ! petit gommeux. Tu n'es pas sur ton territoire ! Ne sais-tu pas que c'est le terrain des Vice-rois ici ?

Tout à coup, l'un des garçons s'écria :

— Hé ! les gars ! Vous ne savez pas qui est ce type ? C'est le gaillard des Mau-Mau qui s'est fait prédicateur !

Un autre s'approcha de moi et avança son doigt contre mon visage :

— Hé ! Prédicateur ! Puis-je te toucher ? Peut-être qu'un peu de ta piété se collera à moi !

D'un coup, j'écartai sa main de ma face.

— Tu veux mourir ?

Je me moquai de lui, le vieux Nicky réapparaissait.

— Touche-moi encore une fois et tu es un homme mort !

Le garçon sauta en arrière, feignant la surprise.

— Ecoutez-le ! Il ressemble à un prédicateur, mais il parle comme un ... et il employa un mot obscène.

Avant qu'il puisse faire un geste, je me levai et lui donnai un coup de poing dans l'estomac. Comme il se tordait, je le frappai sur la nuque. Il tomba à terre sans connaissance. Les autres garçons étaient trop étonnés pour réagir. Les gens dans la gare routière se dispersèrent et se cachèrent derrière les bancs.

J'allai vers la porte :

— Si vous revenez, je vous tuerai tous. Je vais chercher les Mau-Mau. Je serai de retour dans une heure et nous abattrons tous les Vice-rois.

Ils savaient que je parlais sérieusement et ils n'ignoraient certes pas que les Mau-Mau étaient plus mauvais et plus puissants qu'eux. Ils se regardèrent et s'éloignèrent par une autre porte, emmenant avec eux leur compagnon inconscient.

Je leur criai :

— Je reviendrai ! Il est préférable que vous partiez. Vous pouvez déjà vous considérer comme morts !

Je courus à l'extérieur, vers une entrée du métro. Mais, en me hâtant le long de la rue, je passai devant une église espagnole. Quelque chose ralentit mes pas. Je revins en arrière et montai lentement les marches qui conduisaient au sanctuaire dont la porte était ouverte. Peut-être que je devrais prier avant d'agir, pensai-je. Après j'irai à la recherche des Mau-Mau.

Mais arrivé dans l'église, j'oubliai les Mau-Mau et les Vice-rois. Je pensai à Jésus, à la vie nouvelle qui s'ouvrait devant moi. Je m'agenouillai près de l'autel et les minutes passèrent comme des secondes. Finalement, je sentis qu'on me tapotait l'épaule. Je levai la tête. C'était Wilkerson.

— Comme je ne t'ai pas trouvé à la gare routière, j'ai pensé que tu serais ici ! me dit-il.

Je lui répondis :

— Bien sûr ! Où pensiez-vous que je pouvais être ? Avec le gang ?

Il riait tandis que nous allions vers sa voiture.

CHAPITRE XI

Des ténèbres à la lumière

L'Institut biblique de La Puente, en Californie, est petit et modeste. Il est situé sur un espace assez réduit, en dehors de ville. La plupart des soixante-dix étudiants reçus à l'école parlaient l'espagnol et la majorité d'entre eux étaient d'humble condition.

Steve Morales et moi arrivâmes de New York par avion. L'école était différente, très différente de tout ce que j'avais connu jusque-là. Les règlements étaient stricts et l'horaire extrêmement rigide. L'école était surtout régie par les cours donnés du mardi au samedi. La plupart des élèves vivaient dans des baraquements, construits sur les terrains de l'Institut.

Il me fallut plusieurs mois pour m'habituer à l'école. Jusque-là, j'avais toujours fait ma propre volonté, mais là, tout s'accomplissait à l'appel de la cloche dès le lever, à 6 heures, jusqu'à l'extinction des lumières, à 21 h. 30. Il n'y avait pour ainsi dire pas de temps libre et nous étions censés passer plus de deux heures en prière journellement, en plus des six heures de classe. Mon problème le plus grand était de ne pas être autorisé à parler aux filles. Cela était strictement défendu et nos seuls instants de conversation, nous les volions avant ou après la leçon, ou en lavant la vaisselle, lorsque nous étions de corvée à la cuisine.

Pourtant, c'était la règle de l'école pour nous enseigner la discipline et l'obéissance. Bien que ce fût terriblement difficile pour moi, c'était exactement le genre de formation dont j'avais besoin.

Les repas étaient abondants, mais peu appétissants. Notre petit déjeûner habituel consistait en une bouillie de maïs chaude, accompagnée de toasts ; une fois par semaine, nous avions un œuf. Ce genre de diète faisait partie de notre préparation, naturellement, puisque la majorité d'entre nous étions destinés à devenir des pasteurs de langue espagnole dans des régions pauvres de la nation où nous serions dans l'obligation de vivre chichement.

Les professeurs étaient patients à mon égard. Je ne savais pas comment agir et je sentais profondément mon instabilité. J'essayais de la compenser en me montrant dur et en me faisant remarquer.

Je me souviens d'un matin, durant le troisième mois, alors que nous étions debout et que le professeur nous dirigeait dans une longue prière, avant la leçon. Pendant plusieurs semaines, j'avais regardé, sans toutefois capter son attention, une jeune Mexicaine, pieuse et plaisante, aux cheveux noirs. Au milieu de l'oraison, je fis glisser doucement sa chaise en arrière, loin de son pupitre, certain qu'elle m'avait remarqué. Quand l'amen final fut prononcé, nous nous assîmes tous. Elle fut bien obligée de me voir ! Dans la position embarrassante dans laquelle elle se trouvait soudain sur le plancher, elle se retourna et me regarda avec des yeux qui lançaient des éclairs. Je riais très fort tout en me penchant pour la relever. Elle me fixa avec colère et se redressa sans mon aide. Elle ne dit pas un mot. Bien sûr, ce n'était plus du tout amusant. Délibérément, elle me donna un coup sur le tibia, avec le pied en bois dur de la chaise, qu'elle remit en place. Je ne pense pas que jamais un coup m'ait fait souffrir autant que celui-là. Je sentais le sang se retirer de mon visage et je pensais que j'allais certainement m'évanouir. Toute la classe riait à cœur joie.

Finalement, je me ressaisis et cherchai son regard. Elle me jeta un coup d'œil qui aurait perforé un tank blindé. Je lui souris faiblement, mais j'avais la nausée. Elle se retourna et resta assise, toute droite, à son pupitre faisant face au professeur.

Celui-ci s'éclaircit la gorge et dit :

— Puisque la prière matinale est achevée, nous allons commencer. M. Cruz sera le premier à nous réciter la leçon ce matin.

Je lui jetai un regard vide et incertain.

— Monsieur Cruz ! dit-il. Vous avez préparé votre récitation, n'est-ce pas ?

J'essayai de répondre, mais ma jambe me faisait si mal que je ne pouvais pas parler.

— Monsieur Cruz ! Vous savez quelle est la punition si vous n'êtes pas prêt pour la leçon ? J'admets que vous avez beaucoup de peine avec la langue anglaise et que votre esprit n'a pas été discipliné pour penser en termes académiques. Nous nous efforçons tous d'être patients à votre égard, mais, à moins que vous ne collaboriez, je n'ai pas d'autre choix que de vous donner un zéro et de vous renvoyer de ce cours. Je vous le demande pour la dernière fois : êtes-vous prêt ?

Je fis signe que oui et me levai. La mémoire absolument vide, je m'avançai clopin-clopant et fis face à la classe. Je regardai la jolie fille aux yeux sombres. Elle sourit très gentiment et ouvrit son cahier pour que je puisse voir, page après page, ses notes bien écrites concernant le texte que j'étais censé connaître par cœur.

Je regardai le maître et lui dis d'une voix éteinte :

— Pardonnez-moi ! Puis-je sortir un moment pour aller à mon dortoir ?

Je m'étais rendu complètement ridicule ! Je pensais agir avec désinvolture pour faire rire tout le monde, comme cela se passait dans les gangs. Mais ces gens-ci étaient différents. Ils me toléraient parce qu'ils étaient tristes pour moi. J'étais un inadapté. Un proscrit.

Je m'assis sur le bord de mon lit et écrivis une longue lettre à David Wilkerson, lui disant que c'était dur à La Puente et que je m'étais trompé en y venant. Je regrettais de le décevoir, mais j'avais peur de lui créer des difficultés si je restais à l'école. Je lui demandai de bien vouloir m'envoyer un billet d'avion pour rentrer. Après avoir collé l'étiquette express, j'expédiai ma lettre au foyer des Wilkerson, en Pennsylvanie.

Une semaine plus tard sa réponse me parvint. Impatient, je déchirai l'enveloppe où je trouvai une note brève :

« Cher Nicky,

Heureux de savoir que tout va bien pour toi. Aime Dieu et fuis loin de Satan ! Je regrette de ne pas avoir d'argent disponible dans le budget en ce moment. Je t'écrirai plus tard quand nous aurons des fonds. Ton ami,

David. »

J'étais mal à l'aise, troublé et frustré. J'écrivis ensuite à M. Delgado une lettre recommandée, sachant qu'il avait de l'argent, mais sans oser lui avouer que je passais par un temps très dur, à l'école. Je l'informai que ma famille à Porto Rico avait besoin d'aide financière et que je devais rentrer pour trouver du travail et m'occuper des miens. Il y avait une année que je n'avais pas eu de leurs nouvelles, mais il me semblait que cette histoire était la seule que je puisse raconter pour en finir une fois pour toutes.

Une semaine plus tard, je reçus une lettre recommandée de M. Delgado.

« Cher Nicky,

Très heureux d'avoir de tes nouvelles. J'ai envoyé de l'argent à ta famille pour que tu puisses rester à l'école. Que Dieu te bénisse. »

Ce soir-là, j'allai parler au doyen Lopez et lui racontai les problèmes qui me tourmentaient. J'étais en révolte contre toute autorité. Le jour précédent, il m'incombait de balayer la salle de cours. J'avais jeté le balai par terre et leur avais dit que j'étais en Californie pour fréquenter l'école, non pour travailler comme un esclave. Je marchais encore en me dandinant. Je savais que je ne devais plus penser comme le Nicky du passé avait coutume de faire, mais cela ne m'aidait pas. Quand les autres jeunes gens du dortoir essayaient de prier pour moi, je les repoussais et leur disais qu'ils étaient bien trop bons envers moi. J'étais un tordu, un gangster. Ils étaient tous des saints. Ils voulaient prier pour moi, m'imposer les mains, mais je ne voulais pas qu'ils m'approchent. Je pleurai amèrement alors que j'étais assis devant le bureau du doyen que j'appelais à grands cris à mon aide.

Le doyen Lopez était un petit homme à la peau bronzée. Il m'écouta, hocha la tête, et prit sa vieille Bible défraîchie qui était restée cachée sous un grand tas de feuilles d'examens non corrigées.

— Nicky, il faut vraiment que tu t'abandonnes à l'Esprit-Saint. Tu es converti, tu désires suivre le Christ, mais tu n'auras jamais la vraie victoire dans ta vie si tu n'es pas baptisé par l'Esprit de Dieu.

J'étais assis et j'écoutais ce que le doyen Lopez me lisait, dans sa Bible ouverte, au sujet de la magnifique expérience qui serait mon partage si je recevais le Saint-Esprit.

— Dans le livre des Actes, dit-il, les apôtres se trouvaient exactement dans ta situation, Nicky. Ils avaient été sauvés, mais ils ne possédaient pas de puissance intérieure. Ils dépendaient de la présence physique de la personne de Jésus pour se sentir forts.

Aussi longtemps qu'ils étaient près de Lui, ils étaient remplis de puissance. Mais dès qu'ils en étaient séparés, ils se sentaient sans force. L'Evangile nous rapporte qu'en une seule occasion Jésus a guéri quelqu'un à distance. Il s'agissait du serviteur du centurion. Pourtant, même dans ce cas-là, le centurion dut aller trouver Jésus pour que sa foi soit récompensée. Dans l'évangile de Matthieu, il nous est dit que Jésus envoya ses douze disciples en mission et qu'Il leur donna le pouvoir de chasser les esprits impurs et de guérir toutes sortes de maladies. Cependant, même après avoir reçu leur mandat, ils ne possédaient pas la puissance nécessaire pour accomplir leur tâche. Nous en avons la preuve, dans le même évangile, quand, plus tard, un homme amena son fils à Jésus pour qu'Il le guérît, en Lui disant que ses disciples avaient été incapables de le faire.

J'écoutais attentivement tandis que les doigts habiles du doyen tournaient les pages de la Bible avec une évidente connaissance des textes : « Dans le jardin de Gethsémané, Jésus s'éloigna de ses disciples pour prier. Mais dès qu'Il fut loin de leur vue, ils perdirent tout leur pouvoir. Il leur avait demandé de veiller avec Lui et d'être sur leurs gardes, mais, au lieu de le faire, ils s'assoupirent. »

Je pensais intérieurement : Ça, c'est moi ! Je sais ce qu'Il veut que je fasse, mais je n'ai pas le pouvoir de l'accomplir. Je L'aime et je désire Le servir, mais je suis sans force !

Le doyen continua à parler, caressant sa Bible de ses mains comme s'il eût touché le bout des doigts d'un cher vieil ami. Des larmes brillaient dans ses yeux quand il parlait de son précieux Sauveur :

— Et puis, tu te souviens que, plus tard dans la nuit, Pierre attendait debout, à l'extérieur du palais. Alors qu'ils emmenaient son Maître, il perdit sa puissance spirituelle et devint lâche. Ce soir-là, une jeune servante releva le défi de Pierre, ce qui provoqua son reniement lorsqu'il prétendit, avec imprécations, ne pas connaître Jésus.

Lopez respira profondément et de grosses larmes tombèrent de ses yeux sur les pages jaunies de la Bible ouverte.

— Oh ! Nicky ! C'est bien ce que nous faisons tous ! Comme c'est tragique ! Terriblement tragique que dans Son heure d'angoisse Il se soit trouvé seul ! Combien j'aurais voulu être là, à Ses côtés... pour mourir avec Lui ! Et pourtant, Nicky, je crains bien que j'aurais fait comme Pierre, car l'Esprit-Saint n'était pas encore descendu et, dépendant de mes propres forces, moi aussi je L'aurais certainement abandonné.

Il se tut, sa voix étouffée par les sanglots. Il sortit un mouchoir de sa poche et se moucha bruyamment.

Il ouvrit sa Bible au livre des Actes et continua :

— Nicky, te souviens-tu de ce qui se passa après la crucifixion ?

Je fis un signe négatif : je connaissais si peu de choses de la Bible !

— Tous les disciples abandonnèrent la partie. Voilà ce qui arriva. Ils dirent que, tout étant terminé, ils retournaient à leurs barques de pêcheurs. La seule puissance qui les avait animés était due à la présence physique de Jésus en qui vivait l'Esprit de Dieu. Mais après la résurrection, Jésus leur dit de retourner à Jérusalem et d'attendre jusqu'à ce qu'ils reçoivent une force nouvelle... la puissance de l'Esprit-Saint.

La dernière promesse que Jésus fit aux siens fut celle de la venue de cette puissance. Regarde ici : Actes 1.8. Il me tendit sa Bible à travers le bureau pour que je puisse lire avec lui. « Mais vous recevrez une puissance, le Saint-Esprit survenant sur vous, et vous serez mes témoins à Jérusalem, dans toute la Judée, dans la Samarie et jusqu'aux extrémités de la terre. »

— Tu vois, Nicky, qu'il n'y a pas là un ordre de témoigner, mais une promesse que tu recevras le pouvoir. Quand les apôtres l'eurent reçu, ils devinrent tout naturellement des témoins. Ils reçurent la puissance par le baptême du Saint-Esprit. L'Esprit était descendu du ciel d'une manière extraordinaire et magnifique et Il remplit chacun des apôtres de la même force que possédait Jésus au cours de son ministère.

Je m'agitai sur ma chaise et demandai :

— S'Il envoie Son Esprit, pourquoi ne me l'a-t-Il pas envoyé à moi ?

— Oh ! Il l'a fait, me répondit le doyen qui s'était levé et marchait de long en large derrière son petit bureau. Il l'a fait mais tu ne l'as pas encore reçu !

— L'envoyer ? Le recevoir ? Quelle est la différence ?

— L'Esprit de Dieu est en toi, Nicky. Il est venu ce certain soir, dans l'amphithéâtre Saint-Nicolas. « Nul ne peut dire : Jésus est le Seigneur si ce n'est par le Saint-Esprit. » C'est l'Esprit qui t'a convaincu de péché. C'est Lui qui t'a donné la force d'accepter Jésus comme ton Sauveur. C'est Lui qui t'a ouvert les portes de cette école. Mais tu ne lui permets pas de te remplir complètement.

— Comment puis-je le faire ? demandai-je honnêtement. J'ai essayé de purifier ma vie en me libérant de mes péchés. J'ai jeûné, j'ai prié, mais rien ne s'est passé.

Il sourit :

— Il n'est pas question pour toi de faire quoi que ce soit, Nicky. Tu Le reçois, tout simplement.

Je branlai la tête.

Le doyen Lopez prit de nouveau sa Bible et il en tourna habilement les pages en connaisseur.

— Laisse-moi te parler d'un homme qui s'appelait Saul. Il était en route pour Damas où il allait fomenter des émeutes contre les chrétiens. Il fut arrêté par l'Esprit du Christ. Trois jours plus tard, il reçut l'Esprit et se mit à prêcher. Cette fois-là, la puissance fut donnée par l'imposition des mains.

— Est-ce la manière de Le recevoir ? m'exclamai-je. Quelqu'un peut-il poser ses mains sur moi pour que je reçoive l'Esprit de Dieu ?

— Il pourrait venir de cette façon-là, certes, ou bien tu peux aussi Le recevoir quand tu es tout seul. Mais quand cela surviendra, ta vie ne sera jamais plus la même.

Il s'arrêta et me regarda droit dans les yeux :

— Nicky, le monde a besoin de ta voix, de ton témoignage. Il y a, en Amérique, des centaines de milliers de jeunes gens qui vivent là où tu as vécu et comme tu as vécu. Ils sont prisonniers dans les liens de la peur, de la haine et du péché ! Ils ont besoin d'entendre la forte voix d'un prophète qui s'élève des bas-fonds, du ghetto et les conduise à Christ qui seul peut les arracher à leur misère. Ils n'écouteront pas les éloquents prédicateurs d'aujourd'hui, ni les professeurs d'écoles bibliques, ni les sociologues. Ils n'entrent pas dans les grands sanctuaires et ils n'y seraient pas bien accueillis s'ils y pénétraient. Il leur faut un prophète suscité dans leurs propres rangs, Nicky. Et à partir de cette heure, je prie pour que tu sois, toi, ce prophète. Tu parles leur langage. Tu as vécu où ils vivent. Tu es comme eux. Tu as eu de la haine pour ce qu'ils ont en horreur. Tu as craint ce dont ils ont peur. Et maintenant, Dieu a touché ta vie et t'a appelé hors de la fange pour que tu puisses en inviter d'autres à suivre le chemin de la Croix.

Il y eut un long moment de silence solennel. Je l'entendis dire encore :

— Nicky ! Veux-tu que je prie avec toi pour que tu reçoives le Saint-Esprit ?

Je réfléchis longtemps et finalement je répondis :

— Non ! Je sens que c'est quelque chose à recevoir

dans la solitude. Si je dois rester debout seul, alors c'est aussi seul que je dois l'accueillir. Je crois qu'Il me remplira quand Il le voudra, car moi, je suis prêt maintenant...

Le doyen Lopez baissa les yeux et dit :

— Tu es sage, jeune Nicky. Ce que tu viens de dire t'a été inspiré par l'Esprit de Dieu. Le temps approche rapidement où ta vie sera complètement transformée. Je prierai pour toi comme tu prieras pour toi-même.

Je jetai un coup d'œil à la pendule. J'avais passé quatre heures avec lui. Il était deux heures du matin.

* * *

Je passai les cinq nuits qui suivirent en prière. Mes journées étaient remplies par les activités scolaires mais, le soir, j'étais obligé de me rendre à la chapelle pour plaider devant Dieu afin qu'Il me baptise de l'Esprit-Saint. Je ne savais pas prier autrement qu'à haute voix et je m'exprimais de plus en plus fort. Je m'agenouillais devant l'autel et criais à Dieu :

— Baptise-moi ! Baptise-moi ! Baptise-moi !

Mais rien ne se produisait. Il semblait que la salle était comme une boîte hermétique et que mes prières ne pouvaient s'élever vers le ciel. Nuit après nuit, je retournais à la chapelle et serrais dans mes mains crispées, la barre de l'autel en criant :

— Mon Dieu, s'il te plaît ! Baptise-moi pour que je reçoive la puissance de Jésus !

J'essayais même de former des mots dans un langage inconnu, mais rien ne s'échappait de mes lèvres.

Le vendredi soir, après sept nuits de quatre à cinq heures de prière, j'allais m'effondrer sous la tension. A minuit, je quittai la chapelle et traversai lentement la pelouse, quand j'entendis une voix d'homme derrière le bâtiment de l'école. J'en fis rapidement le tour et me trouvai face à face avec Roberto, un ex-drogué.

— Hé ! Roberto ! Roberto ! Que se passe-t-il ?

Il leva ses bras en l'air et s'exclama :

— Loué soit Dieu ! Loué soit Dieu ! Loué soit Dieu !

— Qu'est-ce qui t'arrive, Roberto ? Pourquoi es-tu si heureux ?

— J'ai reçu le baptême de l'Esprit ! Ce soir, il y a quelques minutes, je priais et Dieu a changé mon cœur. Il m'a rempli de bonheur et de joie. Je ne peux pas m'arrêter ! Il faut que je parte et que je le dise au monde entier ! Loué soit Dieu, Nicky ! Loué soit Dieu ! Son nom est merveilleux !

Il partit brusquement et courut à travers le terrain en sautant et répétant :

— Alléluia ! Loué soit Dieu !

— Attends une minute, lui criai-je, cherchant à le retenir. Roberto ! Roberto ! Où as-tu reçu le baptême ? Où étais-tu quand cela s'est passé ?

Il se retourna tout essoufflé et m'indiqua le bâtiment scolaire.

— Dans la salle d'études, la grande salle. J'étais devant, à genoux, et Il m'a rempli de feu ! Alléluia ! Loué soit Dieu !

Je n'entendis rien de plus. Je partis comme une flèche à travers la pelouse, vers le bâtiment de l'école. S'Il avait touché Roberto, il se pouvait qu'Il fût encore là. Il me toucherait moi aussi. Je franchis la porte d'entrée et m'élançai le long du couloir jusqu'à la grande salle. Je m'arrêtai sur le seuil et regardai à l'intérieur : tout était sombre et paisible.

Lentement, je pénétrai dans le local vide et obscur. Je m'agenouillai près du pupitre où la jolie jeune fille aux yeux noirs était tombée assise sur le plancher, après que j'eus retiré la chaise derrière elle. Je n'avais pas le temps de reconstituer mentalement la scène, mais, les mains jointes, je tournai mon visage en haut et regardai vers le plafond.

Puis, d'une voix forte, je criai :

— Mon Dieu ! C'est moi, c'est moi : Nicky ! Je suis ici, moi aussi.

Dans l'expectative, j'attendis : rien ne se passa.

Peut-être ne me suis-je pas adressé à la bonne personne, pensai-je. J'essayai encore. Je criai de toute la force de ma voix :

— C'est moi ! Nicky Cruz, ici, dans la grande salle de cours, à La Puente. J'attends que Tu veuilles bien me baptiser de ton Esprit !

Ma conviction était si forte que je me sentais comme soulevé du sol. Mes lèvres étaient ouvertes pour parler en langues. Mes jambes étaient tendues au-dessous de moi, prêtes à sauter et à courir comme l'avait fait Roberto. Pourtant, rien ne survint ! Rien ! Le silence ! Le plancher me parut plus dur, mes genoux commencèrent à me faire mal ; je me relevai et partis, déçu, à travers le terrain sombre, vers le dortoir.

Un parfum de jasmin, s'épanouissant dans la nuit, flottait dans l'air. L'herbe était humide sous mes pieds. Dans les buissons, j'entendais le cri solitaire de l'engoulevent et distinguais dans le lointain le ronflement sourd du moteur d'un train routier qui, dans l'obscurité, montait péniblement de la vallée. La lune glissa derrière un nuage gris foncé, comme une dame séduisante se retirant dans ses appartements en fermant la porte derrière elle. La brise emportait, dans la nuit fraîche, les effluves des jasmins et des gardénias. Dans la rue, la clarté des réverbères vacillait lorsque le vent agitait les feuilles des palmiers devant ses faisceaux lumineux. J'étais seul, dans le paradis de Dieu.

Sans bruit, je me glissai dans le dortoir pour gagner mon lit. Je m'étendis, les mains sous la nuque et regardai fixement dans l'obscurité. On n'entendait que la respiration régulière des garçons. Je sanglotais :

— Mon Dieu ! De chaudes larmes jaillirent de mes yeux, roulèrent sur mes joues et sur l'oreiller :

— Je Te l'ai demandé pendant toute une semaine

et Tu m'as laissé tomber. Je suis mauvais, c'est pourquoi, je le sais, Tu ne me remplis pas de Ton Esprit ! Je ne suis pas assez bon ! J'agis comme un idiot à l'égard des autres gens. Je ne sais pas même me servir correctement de mon couteau et de ma fourchette. Je ne peux pas lire couramment et ne pense pas assez vite pour saisir et suivre ce que l'on dit. Tout ce que je connais, c'est la vie du gang ! Je ne suis pas à ma place ici. Je suis tellement immonde et pécheur ! Je désire être bon. Mais je ne puis pas être bon sans le secours de Ton Esprit. Tu ne veux pas me le donner parce que je ne suis pas en état de le recevoir !

Comme un éclair, je revis ma vieille chambre, au 54 de la place Fort Greene, et me mis à trembler sans pouvoir me contrôler.

— Je ne désire pas y retourner, mon Dieu, mais je ne peux pas non plus rester ici ! Tous ces garçons et filles sont pieux et saints, mais moi, je suis répugnant et plein de péchés. Je sais bien quand je ne suis pas à ma place quelque part ! Je repartirai demain !

Je me retournai et tombai dans un sommeil agité.

* * *

Le lendemain après le cours, j'allai au dortoir pour empaqueter mes affaires. J'avais décidé de m'en aller furtivement et d'entreprendre le long voyage de retour en faisant de l'auto-stop. Il était inutile pour moi de rester là.

Le même soir, j'étais assis sur le bord de mon lit quand, soudain, le cours de mes pensées fut interrompu par l'arrivée de l'un des étudiants :

— Ah ! Nicky ! C'est justement toi que je désire voir !

Au-dedans de moi, je pensai :

— Et toi, tu es justement celui que je ne veux pas voir !

Il continua sur un ton plein d'entrain !

— Nicky ! Nous avons une étude biblique et un culte dans la salle de la petite mission du boulevard Guava. J'aimerais tellement que tu viennes avec moi !

Je secouai la tête :

— Non, Gene ! Pas ce soir. Je suis fatigué. Je dois étudier un tas de choses. Demande à un autre de t'accompagner.

— Mais c'est qu'il n'y a pas d'autres garçons dans les parages, me dit-il en me tapant amicalement l'épaule. Et puis, de plus, c'est le Saint-Esprit qui m'a dit de venir te chercher !

— Hum ! L'Esprit-Saint ? Bien ! L'Esprit-Saint m'a dit, à moi, de rester ici et de me reposer, parce que j'ai été très occupé à Lui parler durant toute la semaine. Va maintenant, et laisse-moi tranquille.

Je me couchai et lui tournai résolument le dos.

— Je ne te laisserai pas à moins que tu ne viennes avec moi, dit-il avec obstination en s'asseyant au pied du lit, les jambes croisées.

J'étais exaspéré. Ce type était complètement fou. Ne comprenait-il pas que je ne voulais pas sortir ?

— Très bien ! soupirai-je. J'irai avec toi, mais tu ne t'étonneras pas de me voir dormir pendant le culte.

— Partons ! dit Gene enchanté en me tirant par le bras. Nous sommes en retard et je dois prêcher ce soir.

J'avais décidé de l'accompagner, de m'échapper après la réunion et de faire de l'auto-stop pour quitter définitivement la ville. Ma brosse à dents et quelques autres choses de première nécessité glissées dans ma poche, je laissai le reste de mes effets à l'école. D'ailleurs, cela n'avait pas grande valeur.

Nous arrivâmes vers dix-neuf heures trente au bâtiment de la petite mission, fait de briques brunes séchées au soleil, et blanchi à la chaux à l'intérieur. Les bancs de bois, grossiers, étaient occupés par des Mexicains sincères et simples.

— Au moins me voilà en bonne compagnie ! pensai-je ! Pourtant, même ces gens sont meilleurs que moi. Finalement, s'ils sont ici, c'est parce qu'ils le désirent, tandis que moi, j'y suis parce qu'on m'y a forcé.

Gene prêcha une quinzaine de minutes, puis il fit un appel à s'avancer vers l'autel. J'étais assis au dernier rang, à côté d'un homme grisonnant qui portait sur lui une forte odeur de transpiration. Ses habits étaient crasseux comme s'il venait de sortir d'une ferme, sans avoir eu le temps de se laver. Alors que Gene priait, le vieillard, à mon côté, se mit à pleurer.

— Jésus ! Jésus ! Jésus ! répétait-il sans cesse. Merci, Jésus ! Oh ! merci, Jésus !

Quelque chose s'émut au-dedans de moi. C'était comme si quelqu'un eût tourné un robinet, très lentement d'abord. Ensuite, je me sentis inondé.

— Merci, Jésus ! Le vieux fermier continuait à prier : Merci !

Je sanglotai :

— Oh ! Dieu ! Oh ! Jésus ! Jésus ! Jésus !

Je serrais les dents et essayais de me ressaisir mais le barrage avait éclaté et je partis en courant le long du couloir, trébuchant et chancelant, jusqu'à ce que je tombe devant l'autel mal équarri et pleurai sans retenue.

Je sentis la main de Gene sur ma tête.

— Nicky !

Je devinai, au milieu de mes sanglots, ce qu'il me disait :

— Nicky ! Dieu ne te laissera pas t'échapper ce soir ! Son Esprit m'a parlé, il y a une heure et Il m'a envoyé à ton dortoir pour t'amener à cette réunion. Je savais que tu te préparais à fuir. Il m'a envoyé pour que je te retienne !

Comment le savait-il ? Personne n'était au courant. Personne, sauf Dieu !

— Il m'a envoyé vers toi, Nicky. Tous les élèves

et tous les maîtres ont prié pour toi, à l'école. Nous sentons que Dieu a mis Sa main sur toi d'une manière extraordinaire et merveilleuse. Nous sentons qu'Il va te diriger dans un grand et important ministère pour Lui. Nous t'aimons ! Nous t'aimons ! Nous t'aimons !

Mes larmes coulaient comme des ruisseaux. J'aurais voulu parler mais je ne le pouvais pas. Je sentis que Gene passait par-dessus la barre sans peinture de l'autel, puis qu'il s'agenouillait à mon côté, entourant mes épaules de son bras.

— Puis-je prier pour toi ? Nicky ? Puis-je demander au Christ qu'Il te baptise de Son Saint-Esprit ?

J'essayai de répondre, mais je pleurais plus fort que jamais. Faisant signe de la tête, je laissai échapper quelques murmures bizarres qu'il prit pour une réponse affirmative.

Je ne m'aperçus pas qu'il priait. Soudain, j'ouvris la bouche et il en sortit les sons les plus beaux que j'eusse jamais entendus. Je sentis qu'une grande purification s'accomplissait au-dedans de moi, du bout de mes pieds au sommet de ma tête. Le langage dans lequel je louais Dieu n'était ni de l'anglais, ni de l'espagnol. C'était une langue inconnue. Je n'avais aucune idée de ce que je disais mais je savais que c'était une louange au Dieu Très-Haut, dans des paroles que je n'aurais pu formuler personnellement.

Le temps n'avait plus aucune mesure et la dureté des planches brutes sur lesquelles j'étais à genoux n'avait plus aucune importance. Je louais Dieu comme j'avais toujours désiré le faire et il me semblait que je ne m'arrêterais plus jamais.

Gene toucha mon épaule et me dit :

— Nicky, il est temps de partir ! Il nous faut rentrer à l'école.

— Non ! Ceci est merveilleux ! m'entendis-je dire. Laisse-moi ici pour toujours !

Il insista :

— Nicky ! Il faut que nous partions. Tu finiras quand nous serons là-bas, mais il faut absolument que nous rentrions !

Je regardai autour de moi. L'église était vide, nous étions seuls.

— Où sont-ils tous ?

— Mon ami, il est 23 heures. Il y a une heure qu'ils se sont retirés.

— Tu veux dire que j'ai prié durant deux heures ? Je ne pouvais pas le croire.

— Merci, Jésus ! Merci ! criai-je tandis que nous nous précipitions vers la voiture.

Gene me laissa devant le dortoir et s'en alla. Je courus à l'intérieur et fis de la lumière. Je chantais : « Saint, saint, saint est l'Eternel Tout-Puissant » de toute la force de ma voix.

— Hé ! Que se passe-t-il ? Qu'est-ce qui ne va pas ? me criaient mes compagnons. Eteins cette lumière ! Quel drôle de gaillard tu es ! Eteins !

— Taisez-vous ! leur répondis-je. Aujourd'hui, je célèbre l'événement ! Vous ne savez pas ce qui m'est arrivé, mais moi, je le sais et je chante... « Oh ! quel beau soleil dans mon âme ! »

Un barrage d'oreillers partit de tous les coins de la chambre à la fois :

— Eteins !

Mais je savais qu'une lumière s'était levée dans mon cœur et qu'elle ne disparaîtrait plus jamais ! Elle brillerait pour toujours !

* * *

Cette nuit-là, je rêvai à nouveau, pour la première fois depuis ma conversion. Dans ce rêve, j'étais debout sur le sommet de la colline, près de Las Piedras, à Porto Rico, là où je me trouvais si souvent auparavant dans mon cauchemar. Regardant vers le ciel, j'y distinguais la silhouette familière d'un oiseau. Je tremblais dans mon sommeil et essayais de me dresser.

— Oh Dieu, ne permets pas que cela recommence ! S'il te plaît ! Mais l'oiseau approchait lentement. Cette fois, pourtant, il ne s'agissait pas de celui qui n'avait pas de pattes et ce n'était pas un pigeon non plus. C'était une colombe qui se posa doucement sur ma tête. Le rêve s'effaça et je glissai dans un sommeil profond et bienfaisant.

CHAPITRE XII

Là où les anges craignent de porter leurs pas

Les jours qui suivirent furent remplis de joie et de victoire. Le premier changement que j'observai se produisit dans mon comportement. Je n'étais plus un agité. Je donnais mon attention à la prière en m'unissant à la requête de celui qui dirigeait. Au lieu de me faire remarquer, je commençai à manifester de la considération pour autrui et particulièrement envers la jeune fille aux merveilleux yeux sombres qui était assise devant moi.

J'appris qu'elle s'appelait Gloria. Le jour où je donnai mon témoignage devant la classe, elle s'approcha de moi, me serra la main à la manière d'une grande dame.

— Que Dieu vous bénisse, Nicky ! J'ai prié pour vous !

J'eus le sentiment qu'elle aurait probablement demandé à Dieu que je tombe raide mort. Mais elle paraissait sincèrement heureuse que Dieu m'ait touché par Sa grâce. Cela se voyait dans son merveilleux sourire et dans ses yeux noirs qui scintillaient comme les étoiles à minuit.

La semaine suivante, je rassemblai assez de courage pour l'inviter à m'accompagner à un culte de la mission que nous tenions dans une petite église, près de l'école. Elle sourit et ses fossettes apparurent quand elle me fit signe que « oui ».

Durant l'année, nous assistâmes ensemble à beaucoup de réunions. Nous étions toujours avec le groupe, ce qui n'empêcha pas que j'apprisse bien des choses la concernant. Elle était née dans l'Arizona. Son père était Italien, sa mère Mexicaine. Elle avait cinq ans lors de leur installation en Californie, à Oakland, où son père ouvrit un bar. Elle s'était convertie au cours de sa dernière année d'école supérieure et décida d'entrer à l'Ecole biblique. Son pasteur, le révérend Sixto Sanchez, lui suggéra d'écrire à l'Institut. Elle fut acceptée et y entra à l'automne.

Alors que l'année scolaire touchait à sa fin, je sentis que Gloria souffrait d'un intime et profond désarroi. La discipline de l'école lui pesait. A la fin du cours, elle me confia qu'elle ne pensait pas pouvoir faire une seconde année et que, sans doute, elle ne reviendrait pas. Bien que déçu, j'obtins cependant la promesse qu'elle m'écrirait.

Ce premier été, je restai à Los Angeles où des amis me reçurent et me donnèrent une chambre. Mais Gloria me manquait terriblement. De retour à l'école, en automne, je fus reconnaissant de trouver une lettre qui m'attendait. Elle avait été fidèle à sa promesse.

Elle me racontait, en partie, les raisons qui l'avaient amenée à quitter l'école. « Mes expériences étaient différentes des vôtres, Nicky » écrivait-elle. « Même si papa et maman s'occupaient d'un bar, j'avais été élevée dans une excellente atmosphère morale. Lorsque je me convertis, je poussai les choses à l'extrême. On m'avait enseigné que suivre la mode du monde, c'était un péché. J'abandonnai tout maquillage, refusai de porter un costume de bain et même d'exhiber un bijou quelconque. Tout en moi était négatif. Puis, à l'école, cela devint pire encore. Il me semblait que j'allais sombrer dans la dépression. Je désirais vous en parler, mais nous n'avons jamais eu un instant à nous. J'espère que vous comprenez et que vous continuerez à prier pour moi. Mais je ne retournerai pas à l'école... »

* * *

La deuxième année d'études passa rapidement. Mes résultats s'améliorèrent et les autres élèves commencèrent à m'accepter comme un des leurs. J'eus plusieurs occasions de prêcher dans des réunions tenues dans les rues et de donner mon témoignage dans quelques églises voisines.

En avril, je reçus une lettre de David Wilkerson. Il demeurait encore en Pennsylvanie, mais il désirait que je retourne à New York pendant l'été pour travailler parmi les gangs de Brooklyn. Il avait fait des plans pour louer une maison à l'avenue Clinton, entre Fulton et Gates, et avait obtenu l'assentiment de Thurman Faison et de Louis Delgado afin de collaborer avec moi, si j'acceptais d'y aller. Il y avait peu d'argent disponible, mais on nous fournirait un logement et on nous donnerait sept dollars par semaine.

Ce soir-là, après les cours, je me rendis dans le bureau du doyen et demandai la communication téléphonique avec David. La sonnerie se fit entendre longtemps ; finalement, une voix somnolente répondit à la téléphoniste qu'il payerait la communication.

— Allô ? David, c'est moi, Nicky ! Avez-vous fini de dîner ?

— Nicky ! Sais-tu l'heure qu'il est ?

— Bien sûr, Davie ! Il est 22 heures...

— Nicky... Il y avait une ombre d'exaspération dans sa voix : Il est peut-être 22 heures en Californie, mais ici il est une heure du matin. Gwen et moi, dormons depuis deux heures déjà. Et tu as aussi réveillé le bébé !

— Mais, Davie, je voulais seulement vous donner de bonnes nouvelles. J'entendais l'enfant hurler à l'arrière-plan...

— Qu'est-ce qui est si important qui ne puisse attendre jusqu'à demain, Nicky ?

— David, cela ne pouvait pas attendre, en effet. Je viendrai à New York, cet été, pour travailler avec vous. Dieu m'a dit qu'Il désire que j'y aille !

— C'est merveilleux, Nicky ! C'est vraiment splendide ! Je suis enthousiasmé, Gwen l'est aussi et le bébé également ! Je t'enverrai un billet d'avion. Bonne nuit !

Je restai éveillé toute la nuit faisant des plans pour mon retour à New York.

Le voyage me permit de constater à quel point j'avais changé. C'était comme si mon existence tout entière eût été tonifiée et éveillée à la vie. Alors que nous commencions à descendre vers l'aéroport d'Idlewild, à New York, mon cœur tressaillit de souvenirs et d'excitation. J'aperçus à l'horizon la silhouette familière du gratte-ciel, l'« Empire State Building », et peu après, le pont de Brooklyn. Je n'avais jamais réalisé combien la ville était immense, alors que je la voyais d'en haut s'étendre de tous côtés à des centaines de kilomètres à la ronde. Mon cœur débordait d'amour et de compassion pour les millions d'êtres humains qui se trouvaient au-dessous de nous et qui étaient prisonniers de la jungle de béton, du péché et du désespoir. Mes yeux se remplirent de larmes alors que nous survolions la cité. J'étais triste et pourtant heureux, effrayé et plein d'espérance. J'étais de retour à la maison !

David me rencontra à l'aéroport. Entourant mon épaule de son bras, il me conduisit à la voiture, tout vibrant d'excitation à propos de son nouveau rêve.

Je l'écoutai parler de ses plans pour l'avenir, de son dernier centre pour les victimes de la drogue. Mais il vit que quelque chose me troublait ; finalement, il ralentit et je pus l'interroger.

— Davie, que savez-vous d'Israël ? Où est-il ? Etait-il okay ?

David inclina la tête puis me regarda avec des yeux assombris.

— Non, Nicky ! Tout n'est pas okay ! Je ne t'en ai pas parlé dans mes lettres parce que j'avais peur que cela ne te décourage. Je pense que je dois pourtant te raconter ce qui s'est passé pour que tu puisses prier avec moi à ce sujet.

Nous étions assis dans la voiture surchauffée, dans le parking de l'aéroport, tandis que David me parlait d'Israël.

— Il est en prison, Nicky. Il a été compromis dans un meurtre, en décembre, peu après ton départ pour l'école. Il est enfermé depuis lors.

Mon pouls s'accéléra et je sentis une sueur froide dans la paume de mes mains. Je respirai profondément.

— Dites-moi tout ce que vous savez, Davie. Il faut que je l'entende !

— Je n'ai rien su avant que tout fût terminé et qu'il eût été envoyé à la prison d'Elmira. Je suis allé à New York voir sa mère. Elle pleura en me racontant les faits et me dit qu'un grand changement s'était opéré dans la vie d'Israël quand il accepta le Christ, mais après sa déception, il retourna au gang.

— Quelle déception ? demandai-je.

— Tu ne sais pas ?

— Vous voulez dire après que j'eus été blessé ? Il m'avait dit qu'il se chargerait du type qui avait fait le coup.

— Non ! Ce fut quelque chose de plus profond que cela. Sa mère me raconta que le jour où tu es sorti de l'hôpital, M. Delgado était allé chez lui pour lui demander de partir avec toi pour Elmira, le lendemain. Israël était tout excité à cette pensée et dit qu'il irait. Elle l'avait réveillé à 4 heures du matin, avait repassé ses habits et fait sa valise. Il alla jusqu'à l'avenue Flatbush et attendit de 6 heures à 9 heures. Il vous manqua. Il retourna chez lui, jeta sa valise par terre et dit à sa mère que tous les chrétiens étaient des menteurs. Ce soir-là, il retourna au gang.

Je sentis les larmes jaillir de mes yeux, je me tournai vers David :

— Mais nous l'avons cherché ! Nous l'avons cherché partout ! Je désirais rester pour le chercher encore, mais M. Delgado m'a dit que nous devions partir. Oh ! David ! Si seulement j'avais su ! Si seulement nous l'avions cherché encore un peu et mieux, peut-être qu'il serait à l'école avec moi maintenant.

David se moucha et poursuivit :

— Après qu'il fut retourné au gang, lui et quatre autres tirèrent sur un gosse de la rue des Anges du Sud, devant l'arcade Penny. L'enfant mourut sur le champ. Israël plaida coupable et fut condamné pour meurtre au deuxième degré à cinq ans d'emprisonnement dans le pénitencier de l'Etat. C'est là qu'il se trouve maintenant.

Il s'établit un long silence entre nous. Enfin, je demandai à David s'il avait vu Israël ou s'il avait reçu de ses nouvelles depuis son incarcération.

— Je lui ai écrit mais j'ai appris par la suite qu'il n'était pas autorisé à répondre. Il ne peut correspondre qu'avec sa famille. Même ses cours par correspondance lui parviennent par l'intermédiaire de l'aumônier. J'ai prié pour lui tout l'été qui suivit et, finalement, j'ai fait le voyage jusqu'à Elmira pour le voir. On se préparait à le transférer au camp de travail de Comstock et je n'ai pu lui parler que quelques minutes. Il allait bien et il semble que l'on est satisfait de lui, mais il en a encore pour plus de trois ans.

Nous restâmes longtemps silencieux. Finalement, je soupirai :

— Je crois que nous devrions prier pour Israël.

David se pencha sur le volant et commença à prier à haute voix. Je me retournai et m'agenouillai, les coudes sur le siège. Nous passâmes un quart d'heure à prier là, dans le parking. Puis David dit :

— Nous avons fait pour Israël tout ce qui est en notre pouvoir, Nicky, mais il y a ici une ville pleine de garçons comme lui que nous pouvons encore récupérer pour Jésus-Christ. Es-tu prêt à faire ce travail ?

— Allons-y ! lui dis-je, mais je savais bien que ma tâche ne serait pas terminée avant que je parvienne à libérer Israël.

David embraya et se lança dans l'intense trafic de New York. J'étais enflammé pour le Seigneur.

— Je désire voir les membres de mon ancienne bande demain. Je veux leur parler de Jésus.

David pencha la tête de côté, tout en quittant l'autoroute. Il s'arrêta à un feu rouge, me regarda et dit :

— Si j'étais toi, j'agirais prudemment, Nicky. Beaucoup de choses se sont passées depuis que tu es parti. Te souviens-tu de leur attitude le jour où tu devins un chrétien ? Ils t'ont presque tué ! Il faut être prudent. Il y a assez à faire sans se mêler aux Mau-Mau actuellement. Seuls les insensés foncent là où les anges craignent de porter leurs pas !

Les feux changèrent et nous partîmes, faisant un grand écart pour dépasser un bus.

— Je suis peut-être un insensé, David, mais cette fois-ci c'est pour l'amour de Jésus ! Il m'accompagnera et me protégera. Les anges peuvent avoir peur de pénétrer sur le terrain des Mau-Mau, mais j'y vais avec le Seigneur !

David sourit et hocha la tête en entrant dans l'avenue Clinton. En s'arrêtant devant une maison locative, il dit encore :

— Il est ton Guide, Nicky. Pas moi. Fais ce qu'Il te dit et tu auras la victoire. Viens, je vais te présenter à Thurman et à Louis.

* * *

Le lendemain fut un grand jour. J'avais passé presque toute la nuit en prière. J'enfilai mon costume et une cravate flamboyante ; ma nouvelle Bible en cuir sous le bras, je traversai la ville pour aller à Fort Greene. J'étais en route pour rendre visite aux Mau-Mau.

La cité n'avait guère changé ! Quelques-unes des plus vieilles bâtisses avaient été condamnées et entourées de planches ; à part cela, tout était encore comme au jour où j'étais parti, deux ans plus tôt. Moi, j'étais différent ! J'avais pris du poids et coupé mes cheveux, mais la grande transformation était intérieure. J'étais un nouveau Nicky.

Mon cœur commença à battre plus vite lorsque je traversai le parc Washington pour me mettre à la recherche des Mau-Mau ; pour la première fois, pourtant, j'étais anxieux en me demandant comment je les saluerais et ce qu'ils diraient en me voyant. Comment allais-je me présenter à eux ? Je n'avais pas peur, je désirais seulement la sagesse nécessaire pour affronter la situation à la gloire de Dieu.

A la sortie du parc, j'aperçus une bande de Mau-Mau appuyés sur le côté d'un bâtiment. Les paroles de David passèrent comme l'éclair dans mon esprit : « Seuls les insensés s'avancent là où les anges craignent de porter leurs pas. »

Mais je priai à haute voix le Saint-Esprit pour qu'Il m'accompagne et je rejoignis le gang qui flânait.

Ils étaient environ treize garçons. Je vis Willie Cortez de dos et lui donnai une tape sur l'épaule en disant :

— Hé ! Willie, mon pote !

Il se retourna et me regarda abasourdi :

— Ne me dis pas que tu es Nicky ?

— Bien sûr, je suis Nicky !

— Mon vieux, tu ressembles à un saint ou à quelqu'un comme ça !

— Tranquillise-toi ! J'arrive de Californie. Tout va

bien pour moi. Je suis chrétien et je vais à l'école.

Il me saisit aux épaules et me fit pirouetter plusieurs fois, examinant mes habits et mes traits.

— Nicky ! Je ne peux pas y croire ! Non ! Je ne le crois pas !

S'adressant aux autres garçons de la bande qui nous observaient avec curiosité, il leur dit :

— Hé ! vous autres, enlevez vos chapeaux ! Voici Nicky ! Il a été notre président. C'était un drôle ! Il a rendu les Mau-Mau célèbres. Il était le plus dur de tous !

Les gosses se découvrirent. Willie Cortez était le seul que je reconnaissais dans le groupe. La plupart des garçons étaient plus jeunes, beaucoup plus jeunes. Mais ils étaient impressionnés. Ils avaient entendu parler de moi et s'approchèrent en me tendant la main.

J'entourai de mon bras l'épaule de Willie et lui souris :

— Willie ! Allons faire un tour dans le parc. Je voudrais te parler.

Nous nous éloignâmes et pénétrâmes dans le parc Washington. Willie marchait lentement à mon côté, les mains dans les poches, traînant ses souliers sur le béton.

Rompant le silence, je lui dis :

— Willie, je désire te raconter ce que Christ a fait dans ma vie.

Willie ne releva pas la tête, mais continua à marcher pendant que je parlais. Je lui expliquai comment je m'étais senti intérieurement, alors que j'étais membre du gang, deux ans auparavant et comment j'avais donné mon cœur à Christ. Je lui racontai comment Dieu m'avait arraché à la solitude pour faire de moi une créature humaine.

Willie m'interrompit et je m'aperçus que sa voix tremblait.

— Nicky ! Arrête, veux-tu ? Tu me rends malade.

Pendant que tu parles, je ne sais ce qui se passe dans ma poitrine. Tu as changé. Tu n'es plus le même vieux Nicky ! Tu me fais peur !

— Tu as raison, Willie. Quelque chose m'a changé : le sang de Christ m'a changé et m'a purifié. Je suis un homme différent. Je n'ai plus peur. Je n'éprouve plus de haine. Maintenant, j'aime. Je t'aime, toi, Willie, et je désire te dire que Jésus t'aime, Lui aussi.

En passant près d'un banc, je lui fis signe de s'asseoir, ce qu'il fit en me regardant.

— Nicky ! Parle-moi encore de Dieu.

Pour la première fois de ma vie, je compris combien il était important que je parle du Christ à mes amis. Je voyais la solitude peinte sur son visage, l'ignorance aussi et la crainte. Il était exactement comme j'avais été, deux ans plus tôt. Mais maintenant, je désirais lui parler de délivrance.

Je m'assis près de lui et j'ouvris ma Bible aux passages que j'avais soulignés au crayon rouge. Lentement, je lus à son intention les paragraphes qui concernent le péché de l'homme. Lorsque je citai le verset : « Le salaire du péché, c'est la mort », Willie me regarda, le visage marqué par la peur.

— Que veux-tu dire, Nicky ? Si je suis un pécheur et que Dieu est prêt à me faire mourir à cause de mes iniquités, que puis-je faire alors ? Je veux dire, mon vieux, qu'il faut bien que je fasse quelque chose. Mais quoi ? Ses yeux étincelaient d'excitation quand il sauta sur ses pieds.

— Assieds-toi, Willie. Je n'ai pas fini. Laisse-moi t'expliquer le reste ! Dieu t'aime. Il ne veut pas que tu ailles en enfer. Il t'aime trop pour cela. Il t'aime tellement qu'Il a envoyé son Fils unique pour payer le prix de ton péché. Il a envoyé Jésus qui est mort pour toi afin que tu aies la vie éternelle. Et, Willie, si tu veux l'accepter, si tu veux le confesser, Il te sauvera.

Willie se laissa tomber sur le banc, une expression de désespoir apparut sur sa face. Je le regardai, les yeux remplis de larmes. Je les fermai et commençai à prier mais les pleurs jaillirent et coulèrent sur mes joues bien que mes paupières fussent closes. Quand je les ouvris, je vis que Willie pleurait lui aussi.

— Willie ! Sais-tu ce que cela veut dire « se convertir » ?

Il secoua la tête.

— Cela veut dire « changer ». Faire demi-tour. Willie, si cela ne t'ennuie pas, j'aimerais te demander quelque chose qui blessera peut-être ton orgueil. Mais je prierai pour toi. Veux-tu te mettre à genoux ?

Je ne savais pas du tout comment Willie réagirait. Des gens circulaient sur le chemin, devant le banc où nous étions assis, mais Willie fit un signe de la tête et sans hésitation se mit à genoux. Levant les yeux, il dit :

— Nicky, si Dieu a pu te changer, Il peut aussi le faire pour moi. Veux-tu prier pour moi maintenant ?

Je posai mes mains sur la tête de Willie et commençai à prier. Je sentais son corps trembler sous mes doigts et j'entendais qu'il sanglotait. Il se mit à prier. Tous deux, priions à haute voix, très fort. A travers mes larmes, je m'écriai :

— Mon Dieu ! Touche Willie ! Touche mon ami Willie ! Sauve-le ! Fais de lui un chef qui en conduira d'autres à Toi !

Willie priait d'une voix tourmentée et claire :

— Jésus !... Jésus !... Aide-moi ! Secours-moi !

Il cherchait sa respiration tout en pleurant et en s'écriant :

— Oh ! Jésus ! Viens à mon aide !

Nous passâmes le reste de l'après-midi dans le parc. A la nuit tombante, Willie s'en retourna chez lui promettant d'amener le reste du gang, le lendemain soir, là où je logeais. Je le regardai s'en aller dans le crépuscule estival. Même de dos, on pouvait remarquer la différence. Quelque chose avait passé à travers moi dans le cœur de Willie Cortez. Je ne pense pas que je sois retourné à Clinton Avenue en marchant ce soir-là, je flottais... louant Dieu à chaque respiration.

* * *

Je passai le reste de l'été avec le gang, prêchant dans les rues et établissant des contacts personnels. Je jeûnais religieusement, le mercredi, ne prenant aucune nourriture de 6 heures du matin au lendemain à la même heure. J'avais découvert que lorsque je jeûnais et passais du temps en prière des choses extraordinaires s'accomplissaient dans ma vie. J'avais aussi écrit à Gloria et, dernièrement ses lettres avaient un ton amical et chaleureux, comme si elle avait du plaisir à correspondre avec moi. Ses plans pour l'année suivante étaient encore incertains et je consacrais beaucoup de temps à prier pour elle.

Deux semaines avant la reprise des cours à l'école, un homme d'affaires chrétien, qui faisait partie du conseil d'administration de David, vint me voir et m'apporta un chèque. Il me dit que les administrateurs désiraient me donner un petit supplément pour le travail que j'avais accompli durant l'été. Il me suggéra de l'employer pour rendre visite à mes parents à Porto Rico avant mon retour à l'école. Ce fut l'aventure de ma vie !

J'arrivai à San Juan tard le lundi après-midi et pris le bus pour Las Piedras. Quand j'en descendis, il faisait presque nuit. Je traversai la ville me dirigeant vers le sentier familial qui serpentait dans la colline herbeuse, jusqu'à la maison blanche, au sommet de la butte. Cent mille souvenirs affluaient à mon cœur et à ma mémoire. Quelqu'un cria dans le crépuscule :

— Voilà Nicky ! Voilà Nicky Cruz ! et je vis un homme me dépasser en courant pour aller avertir mes parents de mon arrivée.

Quelques secondes plus tard, la porte s'ouvrit brusquement et quatre de mes plus jeunes frères descendirent la colline comme des flèches. Il y avait cinq ans que je ne les avais vus, mais je les reconnus sans hésitation : c'était bien mes frères ! Derrière eux, sa jupe flottant au vent, arrivait ma mère. Je lâchai ma valise et escaladai la pente à leur rencontre. Nous nous entrechoquâmes dans un émoi de cris joyeux, de larmes et d'étreintes. Les garçons se lancèrent sur moi, me jetant à terre dans un heureux match de lutte. Maman était à genoux, me tenant par le cou et me caressant.

Finalement, deux des enfants descendirent en courant pour chercher ma valise et la traînèrent le long du sentier jusqu'à la maison. Je regardai en haut et là, sur le seuil, j'aperçus, haute et droite, la silhouette solitaire de papa me regardant monter vers lui. Je m'approchai lentement. Il m'observait, sans broncher. Je me mis à courir et il franchit les marches de l'escalier pour me rejoindre dans la cour. Il me saisit dans ses grands bras pareils à ceux d'un ours, me souleva de terre et me pressa sur sa poitrine.

— Bienvenue à la maison, petit oiseau, bienvenue à la maison !

Frank avait écrit que ma vie avait été transformée et que j'étais à l'école en Californie. La nouvelle s'était répandue que j'étais devenu chrétien et de nombreux croyants de l'église de Las Piedras vinrent à la maison, pour me voir. Ils me dirent que d'autres auraient désiré venir aussi mais qu'ils craignaient de pénétrer dans la « maison du sorcier ». Ils croyaient que papa avait le pouvoir de contacter les morts et, superstitieux comme ils l'étaient, ils avaient peur de s'approcher de la maison. Pourtant, ils désiraient organiser un culte dans le foyer de l'un des croyants et me demandèrent de prêcher et de donner mon témoignage. Je leur dis que je voulais bien diriger un service mais que ce serait dans mon propre foyer. Ils se regardèrent les uns les autres et le chef du groupe finit par dire :

— Mais, Nicky, beaucoup de personnes ont peur des démons. Ils ont aussi peur de ton père.

Je leur répondis que j'arrangerais les choses et que le lendemain soir nous aurions une grande réunion chrétienne chez nous.

Tard, ce premier soir, papa apprit la chose et objecta violemment :

— Je n'en veux rien ! Il n'y aura pas de culte chrétien dans cette maison. Ces gens vont ruiner mon commerce, les autres ne reviendront jamais plus ici... Je serai ruiné en tant que spirite. Je ne le permettrai pas !

Ma mère argumenta :

— Ne vois-tu pas comme le Seigneur a transformé ton fils ? Quelque chose s'est passé. La dernière fois que tu l'as vu, il était comme un animal. Maintenant il est un prédicateur chrétien. Nous aurons le culte ici et tu y assisteras !

Maman discutait très rarement avec mon père, mais, quand cela arrivait, c'était toujours elle qui gagnait la partie. Ce fut encore ainsi cette fois-là. Le lendemain soir, la maison fut remplie de gens du village et plusieurs prédicateurs vinrent des alentours. Par une chaleur accablante, debout, devant l'auditoire, je donnai mon témoignage, racontant avec force détails comment Satan s'était emparé de moi et comment j'avais été délivré par la puissance de Christ. Les gens manifestèrent beaucoup pendant ma prédication, murmurant leur approbation, en criant de joie et en battant des mains à la description que je leur faisais de ma vie.

A la fin de la réunion, je leur demandai d'incliner la tête. Puis, invitant ceux qui désiraient accepter Christ, je fermai les yeux et priai en silence.

Il y eut du bruit et je sus que plusieurs s'avançaient. Ils pleuraient alors qu'ils s'agenouillaient près de moi. Je restai dans la même attitude, les yeux fermés et le front levé vers le ciel. J'étais mouillé de sueur, tellement j'avais parlé avec conviction et ardeur. Mais je savais que Dieu était à l'œuvre et je continuais à prier.

Une femme commença elle aussi à prier. Sa voix m'était familière et je regardai sans oser le croire. Là devant moi, la face enfouie dans sa jupe, se trouvait ma mère et, tout à côté, deux de mes plus jeunes frères. Je m'agenouillai devant elle et jetai mes bras autour de ses épaules secouées par les sanglots.

— Oh ! Nicky, mon fils, mon fils ! Je crois en Lui moi aussi. Je veux qu'il devienne le Maître de ma vie ! Je suis malade à en mourir de tous ces démons et de ces mauvais esprits et je désire que ce Jésus soit mon Sauveur !

Puis elle se mit à prier et j'écoutais la même voix qui autrefois m'avait si brusquement chassé loin d'elle, dans une fureur hystérique, en criant : « Je te hais ! ». Cette même voix, je l'entendais maintenant crier à Dieu pour obtenir le salut et de gros sanglots secouèrent mon propre corps lorsqu'elle demanda pardon.

— S'il te plaît, mon Dieu, pardonne-moi d'avoir manqué à l'égard de mon fils. Pardonne-moi de l'avoir chassé loin de la maison. Pardonne mes péchés, pardon de n'avoir pas cru en Toi ! Je crois ! Maintenant, je crois en Toi ! Sauve-moi, ô Dieu, sauve-moi !

J'ouvris mes bras pour serrer contre moi mes deux jeunes frères, l'un de quinze et l'autre de seize ans et nous restâmes prostrés ensemble sur le plancher, priant et louant Dieu.

Je me levai, enfin, et regardai l'auditoire. Beaucoup d'autres étaient venus et, agenouillés, ils priaient et pleuraient. J'allai de l'un à l'autre, posant mes mains sur leur tête et priant pour eux. Finalement, je m'arrêtai pour regarder au fond de la chambre. Là, appuyé à la paroi, se dressait la forme solitaire de mon père, droite et dominant de haut les fronts inclinés. Nos regards s'accrochèrent longuement et son menton trembla visiblement. Des larmes remplirent ses yeux, il se détourna et sortit rapidement de la pièce.

Papa ne fit jamais ouvertement profession de foi, mais, à partir de ce moment-là, sa vie changea remarquablement ; jamais plus de séance spirite n'eut lieu dans le foyer des Cruz. Je retournai à New York, deux jours plus tard, et la semaine suivante, l'un des pasteurs indigènes baptisa d'eau ma mère et mes deux frères.

* * *

Je restai encore quelques jours à New York avant mon départ pour la Californie, et ma dernière année d'école. La veille de mon voyage, il y eut un grand rassemblement de la jeunesse de l'Eglise de Dieu Jean 3 : 16. Nous fîmes un gros effort pour que les Mau-Mau y prennent part. Steve, le nouveau président, était devenu un ami et il m'assura que si j'étais présent, il ferait en sorte que le gang assiste au service.

Je me tenais debout dans le hall, avant que la réunion débute, examinant les trous des balles tirées à mon intention deux ans auparavant, quand les Mau-Mau commencèrent à arriver. Ils étaient plus de quatre-vingt-cinq. La petite église était bondée. Je leur criai :

— Hé ! les garçons, nous sommes sur le terrain de Dieu ! Enlevez vos chapeaux ! Ce qu'ils firent immédiatement.

Un jeune garçon, qui se trouvait dans le coin le plus éloigné du vestibule avec une adolescente, demanda :

— Nicky ! Est-ce que je peux rester ici avec ma fille ?

Je lui répondis :

— Bien sûr, mais sans l'embrasser ni te faire remarquer !

Le reste de la bande éclata de rire et pénétra dans la chapelle.

A la fin du culte, le pasteur me pria de donner mon témoignage. Je me tournai vers les garçons et les regardai. Je savais que je partais le lendemain pour la Californie et un frisson courut soudain le long de mon épine dorsale. A mon retour, quelques-uns de ces gosses seraient morts ou en prison. Je prêchai. Je prêchai comme un homme mourant à des mourants. J'oubliai toute restriction sentimentale et laissai parler mon cœur. Nous étions là depuis deux heures déjà et je parlai encore pendant quarante-cinq minutes. Personne ne bougeait. En terminant, les larmes ruisselaient sur mon visage et je demandai aux garçons qu'ils donnent leur vie à Dieu. Treize d'entre eux s'avancèrent et s'agenouillèrent auprès de l'autel. Si seulement Israël avait été parmi eux...

Un de ceux qui s'étaient approchés était un vieil ami : Ouragan Hector. Je me souvenais de l'époque où je l'avais initié, et du jour où nous nous étions livré un combat épique, selon les règles : il était parti en courant, au moment où j'allais l'abattre pour m'avoir volé mon réveil. Et voilà, Ouragan était à genoux lui aussi.

La réunion terminée, je retournai à Fort Greene avec lui. Parce que je l'avais influencé à se joindre aux Mau-Mau, dont il était le conseiller de guerre, je sentais tout le poids de ma responsabilité à son égard. Je lui demandai où il vivait.

— J'habite dans un appartement abandonné.

— Comment se fait-il, mon ami, que tu ne sois plus avec tes parents ?

— Ils m'ont chassé ! Ils ont honte de moi. Te souviens-tu ? J'étais un de ceux qui s'avancèrent avec toi et Israël dans l'amphithéâtre de Saint-Nicolas. Quelques semaines plus tard, je demandai à mes parents de m'accompagner à l'église. Ils se convertirent. Nous devînmes tous des membres actifs de cette congrégation. Je travaillais parmi les jeunes car j'avais abandonné le gang et tout le reste, exactement comme toi et Israël vous l'aviez fait. La communauté était très stricte. Je demandai qu'on organise des loisirs à l'intention de la jeunesse, mais les anciens ne croyaient pas en l'efficacité de rencontres de ce genre. Pour finir, je me décourageai et abandonnai.

C'était toujours la même et vieille histoire. Plus tard, il avait retrouvé les Mau-Mau qui l'enjoignirent de revenir au gang, comme ils avaient cherché à le faire avec moi. Ils lui dirent que les chrétiens étaient de drôles de gens, moches et idiots, et que seule la bande pouvait donner une réponse aux questions que pose la vie. Littéralement, ils « l'évangélisèrent » pour qu'il reprenne sa place parmi eux.

Une série d'arrestations se produisit. Ses parents essayèrent de lui parler, mais il était obstiné. Finalement, exaspérés, ils lui dirent que s'il ne voulait pas se soumettre aux règles familiales, il devrait partir. Il avait choisi cette solution et vivait dans une vieille bâtisse désaffectée.

— Parfois j'ai faim, me dit-il, mais je préfère mourir que de demander quoi que ce soit à mon vieux. Il est vraiment fou. Il ne désire qu'aller à l'église et lire sa Bible. J'ai été comme cela, moi aussi, mais maintenant je suis dans mon vrai milieu, chez les Mau-Mau.

Nous étions arrivés chez lui. Toutes les fenêtres étaient bardées de planches. Il me dit qu'il y avait un endroit derrière où il pouvait écarter le bois et s'enfiler à l'intérieur. Il dormait sur des chiffons à même le sol.

— Ouragan, comment se fait-il que tu sois venu, ce soir ? Je me référais au fait qu'il avait répondu à l'appel et s'était approché de l'autel.

— Je suis venu, Nicky, parce que je désire faire le

bien. Je désire suivre Dieu. Mais je ne trouve pas les vraies réponses. J'aimerais que tu reviennes au gang, Nicky. Il se pourrait alors que tu me ramènes à Christ si tu étais là !

Assis sur le trottoir, nous parlâmes jusqu'au petit matin. J'entendis l'horloge de la tour sonner quatre heures.

— Ouragan ! Je sens que l'Esprit de Dieu veut que je te dise ceci. L'horloge vient de sonner quatre heures. Il est tard. Mais si tu veux donner ton cœur à Jésus, Il t'acceptera. Il est tard, mais pas trop tard ! Tu te sens coupable, mais Dieu te pardonnera. Ne veux-tu pas venir à Lui maintenant ?

La tête entre ses mains, Hector se mit à pleurer. Mais il continua à dire :

— Je ne peux pas ! Je ne peux pas ! Je voudrais le faire, mais je sais que si je le fais, demain je retournerai au gang. Je ne peux pas ! Je ne peux vraiment pas !

Je lui dis :

— Hector, tu ne vivras pas une année de plus si tu ne viens pas à Christ maintenant. Dans un an, tu seras mort. Ils te tueront !

Mon cœur était plein de paroles qui ne venaient pas de moi tandis que je lui prophétisais son avenir.

Hector secoua la tête.

— Si ça doit arriver, ça arrivera, Nicky, je ne peux rien faire là contre !

Nous étions assis au bord du trottoir de l'avenue Lafayette. Je lui demandai encore si je pouvais prier avec lui. Il haussa les épaules :

— Cela ne servira à rien, Nicky ! Je t'assure !

J'étais debout dans le caniveau et posai mes mains sur sa tête en priant Dieu d'attendrir son cœur endurci pour qu'il puisse revenir à Christ, puis, je lui serrai la main.

— Ouragan, J'espère te retrouver à mon retour.

Mais j'ai le sentiment très vif qu'à moins que tu ne reviennes à Christ, je ne te reverrai jamais !

Le lendemain après-midi, je partis pour la Californie. Je ne savais pas, à ce moment-là, combien ma prémonition concernant Ouragan était exacte !

CHAPITRE XIII

Gloria

L'été passé à New York transforma ma vie, mes pensées, mes opinions. Je retournai en Californie déterminé à me consacrer à la prédication.

Pourtant, je ne découvris la plus grande bénédiction qu'à mon arrivée à l'école, à La Puente. Gloria y était revenue. En la revoyant, je réalisai combien elle m'avait manqué.

Cependant, la situation à l'école était toujours difficile. Tout semblait fait pour nous maintenir séparés. Les règlements étaient exactement les mêmes que deux ans plus tôt. La conversation à table se limitait à dire :

— Passez-moi le sel, s'il vous plaît !

Et les yeux de lynx des professeurs observaient tous nos mouvements à travers les pelouses. Tout en haïssant les corvées, je commençai à me porter volontaire simplement pour me retrouver avec Gloria. La cuisine bruyante ne se prêtait guère à l'intimité, mais je découvris que nous pouvions mener un entretien semi-privé quand nous nous penchions ensemble sur l'évier, moi, les bras enfoncés jusqu'au coude dans l'eau bouillante et savonneuse et Gloria occupée au rinçage et à l'égouttage.

* * *

Plus les mois s'envolaient, plus je devenais amoureux d'elle. Mes notes s'amélioraient sans cesse ainsi que mon appétit, ce que j'attribuais à mes nombreux exercices près du bassin où je lavais les assiettes et les plats ! Mais je m'impatientais parce que je ne pouvais pas donner expression à mon amour. Chaque fois que nous réussissions à passer quelques minutes ensemble, quelqu'un venait nous interrompre. Je me rendais pourtant avant l'heure dans la salle de cours, mais invariablement l'un ou l'autre des étudiants y entrait au moment où j'essayais de me déclarer sérieusement à Gloria. Ces refoulements continuels me rendaient fou. Et, malgré mes origines espagnoles, il m'était presque impossible de me laisser aller au romantisme devant un évier plein d'assiettes grasses, dans une cuisine où retentissaient les cantiques assourdissants d'une bande d'étudiants.

Un jeudi soir, je fus autorisé à aller en ville. Je m'arrêtai à la première cabine téléphonique et appelai le numéro du dortoir de Gloria. Lorsque la surveillante répondit, je plaçai mon mouchoir sur le récepteur et demandai à voix basse Mademoiselle Steffani. Il y eut un instant d'attente, puis j'entendis la surveillante dire tout bas à Gloria :

— Il me semble que c'est votre père !

Gloria se mit à rire doucement quand elle m'entendit bégayer à l'autre bout du fil. J'étais déçu. J'étais désespéré. Je murmurai :

— J'ai besoin d'être avec vous !

— Nicky, qu'est-ce que vous essayez de me dire ?

Gloria susurrait en se souvenant qu'elle était censée parler avec son père.

Je balbutiais et bégayais, mais les mots ne sortaient pas. Toutes mes rencontres avec des filles s'étaient produites au niveau du gang et, vraiment, je ne savais pas comment m'adresser à une personne aussi pure et douce que Gloria.

Je lui dis encore :

— Il me semble que si je voyais votre visage, je pourrais vous parler plus facilement. Peut-être est-il préférable que je regagne ma chambre et cesse de vous ennuyer !

— Nickyyyy ..!

J'entendis son cri.

— N'essayez surtout pas de couper la conversation !

Je percevais le rire des autres jeunes filles. Gloria, elle, était résolue à me faire parler.

— Chut... elles vont savoir que c'est moi ! lui dis-je.

— Je ne m'en soucie guère ! Maintenant, parlez-moi de ce que vous essayez de me dire.

Je cherchai mes mots et, finalement, m'expliquai :

— Je pense que ce serait formidable si vous vouliez aller avec moi dans les environs pendant cette année d'école !

J'avais lâché la phrase ! Elle était enfin sortie ! Le souffle coupé, j'attendais de connaître sa réaction.

— Aller dans les environs avec vous ? Qu'est-ce que cela veut dire « aller dans les environs avec vous » ?

Gloria parlait fort et j'entendais les éclats de rire de ses compagnes.

— C'est ça ! répondis-je très embarrassé. Je sentais le rouge monter à mes joues, bien que me trouvant dans la cabine téléphonique à 700 mètres d'elle. J'ai pensé tout simplement que vous pourriez venir avec moi dans les environs ! Gloria... murmurai-je à nouveau.

— Vous voulez dire que vous désirez que nous soyons amis ?

— Oui ! C'est ce que je pense ! dis-je, de plus en plus confus et essayant de me dissimuler dans la cabine.

Elle murmurait, la bouche tout près du récepteur :

— Oh ! Oui, Nicky ! Ce serait merveilleux ! J'ai senti que Dieu nous rapprochait l'un de l'autre pour un but particulier. Je vais vous écrire une longue lettre et je vous la donnerai demain au déjeuner...

Après avoir raccroché, je restai longtemps encore devant le récepteur. La nuit était chaude, j'étais couvert de sueur froide et mes mains tremblaient comme les feuilles d'un saule.

J'appris plus tard que lorsque Gloria eut posé l'appareil, la surveillante la regarda en fronçant le sourcil et lui dit d'une voix grave :

— Gloria, comment se fait-il que votre père vous appelle à cette heure tardive et vous demande de sortir avec lui ?

Au milieu des rires, une jeune fille réussit à dire :

— Pour la bonne raison que le père de Gloria se nomme Nicky !

Malgré son teint basané, Gloria rougit alors que ses compagnes riaient à gorge déployée. Ce n'est pas fréquent qu'une jeune fille reçoive une invitation de l'homme de ses rêves « à aller dans les environs » avec lui, en présence de quarante filles à l'écoute ! La surveillante indignée leur donna trois minutes pour se mettre au lit. Gloria, elle, passa la moitié de la nuit à écrire sa première lettre d'amour, à la lumière incertaine d'un réverbère. Elle était totalement illisible, mais ce fut la lettre la plus précieuse que j'aie jamais reçue.

* * *

Plusieurs semaines plus tard, un des maîtres, Etienne Castillo, me demanda de le seconder dans l'organisation d'un travail missionnaire, à Saint-Gabriel près de l'école. Il m'informa qu'il avait embrigadé sept autres étudiants pour les week-ends. Il avait découvert une petite église qui avait été fermée et désaffectée. Les élèves devaient se rendre le samedi à Saint-Gabriel et aller de porte en porte, dans le voisinage, inviter les gens aux réunions de la mission. Ils étaient également préposés au nettoyage du petit édifice et responsables de l'école du dimanche. Le professeur Castillo devait être le pasteur et le prédicateur de cette nouvelle église.

Je fus honoré par son invitation et particulièrement excité quand, en clignant de l'œil, il me dit qu'il avait demandé à Gloria de faire partie du comité avec moi.

Je lui souris en retour :

— Vous êtes un maître plein de sagesse, Monsieur Etienne ! Je pense que nous pourrons accomplir un très grand travail pour le Seigneur avec l'excellent comité que vous avez choisi !

— Peut-être qu'une fois l'œuvre de Dieu terminée, vous aurez un peu de temps pour d'autres choses importantes ! dit-il en souriant malicieusement.

Je compris que la rumeur courait déjà que Gloria était d'accord « de sortir dans les environs avec moi » !.. je veux dire, d'être mon amie. Je fus profondément reconnaissant pour ce maître plein de bon sens et de compréhension qui s'ingénia à trouver le moyen de développer et de faire fleurir notre amour, de la manière la plus naturelle et selon l'intention évidente de Dieu à notre égard.

Durant le mois qui suivit, chaque samedi nous travaillâmes dans le petit bâtiment de la mission et invitâmes, de porte en porte, les habitants de l'endroit aux cultes du dimanche.

Enfin, l'occasion se présenta pour Gloria et moi de passer une journée ensemble. Nous nous étions vus constamment, mais toujours en présence de nos compagnons. Ce jour-là, pour la première fois, nous allions passer trois merveilleuses heures, seul à seule, sans interruption. Gloria avait préparé un pique-nique et après une matinée consacrée à inviter les gens au culte, nous allâmes dans un petit parc pour déjeuner et converser.

Nous commençâmes à parler les deux à la fois et, embarrassés, nous éclatâmes de rire. Gloria dit :

— A vous le premier, Nicky ! Laissez-moi écouter !

Les heures passaient comme des minutes alors que nous causions. J'avais été si désireux de lui faire part de ma vie dans ses moindres détails, que je racontais tout et, assise dans l'herbe, le dos appuyé au tronc d'un grand arbre, elle écoutait, ravie, avec une profonde attention. Soudain, je réalisai qu'il n'y avait que moi qui parlais et qu'elle n'avait fait qu'écouter jusqu'alors.

— Je regrette, Gloria, mais j'ai tant de choses dans le cœur et je voudrais que vous sachiez tout... tout le le mauvais comme tout le bon. Je désire partager chaque instant de mon passé avec vous. Pardonnez-moi d'en avoir tant dit ! Maintenant, c'est votre tour. Dites-moi ce que vous avez sur le cœur !

Elle commença lentement, puis les mots vinrent plus aisément sur ses lèvres et elle ouvrit son cœur, elle aussi. Tout à coup, elle devint silencieuse.

— Qu'y a-t-il, Gloria ? Continuez !

— Je suis un peu déçue de moi, Nicky. Je m'en suis rendu compte en revenant à l'école ; le changement qui s'était opéré en vous m'a frappée. Vous êtes différent ! Vous n'êtes plus bizarre ni instable comme avant. Vous avez grandi, mûri et vous êtes profondément spirituel. Je vois bien que vous avez donné votre vie au Seigneur ! Et Nicky... — ses yeux se remplirent de larmes — c'est cela que je veux pour moi aussi. Je désire la paix, la certitude, la confiance que vous possédez vous-même. Je suis desséchée spirituellement, même si Dieu m'a guérie et m'a ramenée à l'école. J'essaie de prier, mais rien ne se produit. Je suis vide, morte. Je veux obtenir ce que je vois en vous !

Elle inclina sa tête dans ses mains. Je m'approchai et l'entourai maladroitement de mon bras, tandis que nous étions assis sous l'arbre qui étendait ses branches au-dessus de nous. Elle se tourna vers moi et appuya sa tête contre ma poitrine. Alors qu'elle sanglotait, je la pris dans mes bras et caressai ses cheveux. Gloria leva son visage ruisselant de larmes vers le mien et nos lèvres s'unirent en un tendre baiser.

— Je t'aime, Nicky ! Les mots glissèrent de sa bouche humide à mon oreille. Je t'aime de tout mon cœur !

Nous restâmes longtemps assis, mais étroitement enlacés comme deux branches de vigne qui s'étreignent en montant ensemble vers le ciel.

— Gloria, je désire t'épouser. Il y a longtemps que j'y pense. Je désire vivre avec toi le reste de mon existence. Je n'ai rien à t'offrir. J'ai terriblement péché, mais Dieu m'a pardonné. Si toi aussi tu peux me pardonner, je te demande d'être ma compagne pour toujours.

Je sentis ses bras resserrer leur étreinte autour de ma taille, tandis qu'elle cachait son front plus profondément encore sous mon épaule.

— Oh ! oui ! Mon bien-aimé ! Oh ! oui ! Si Dieu le permet, je serai tienne pour toujours !

Elle releva la tête et nos lèvres s'unirent pour un autre baiser. Je m'étendis et l'attirai près de moi. Nous étions couchés sur l'herbe, dans les bras l'un de l'autre.

Soudain, j'éprouvai un picotement brûlant et douloureux le long de mes jambes. Dieu était tout proche mais le passé était encore en moi. La pensée me vint comme un éclair que j'étais en présence d'une des plus belles créatures de Dieu. Allais-je la contaminer par des désirs coupables ? La sensation de brûlure montait le long de mes jambes. Elle devenait intolérable.

Tout à coup, je me dressai en poussant Gloria de côté, ce qui la fit rouler dans l'herbe.

Elle s'écria :

— Nicky ! Qu'est-ce qui ne va pas ?

— Des fourmis ! hurlai-je. Des millions de fourmis ! J'en suis couvert !

Je me mis à courir, à secouer mes jambes furieusement et à lancer mes souliers au loin d'un coup de pied. Il n'y avait rien à faire ! Mes chaussettes étaient pleines de milliers de petits démons rouges et rampants. Ils montaient jusqu'à mes genoux et plus haut encore. Toute l'énergie mise à les frapper n'arrêta pas leur attaque impitoyable. Gloria, abasourdie et incrédule, me regardait courir en cercles, tandis que je me battais et me grattais.

Je lui criai :

— Retourne-toi ! Retourne-toi ! Regarde de l'autre côté, vite !

Elle me tourna le dos et regarda vers le parc. Comme un forcené, je maniais maladroitement ma boucle de ceinture pour la détacher.

— Nicky !.. elle commençait à se retourner.

— Ne regarde pas ! Tourne-toi ! hurlai-je.

Elle comprit ce que j'étais en train de faire et, obéissante, elle me tourna le dos.

Il me fallut beaucoup de temps pour me débarrasser de tant d'ennemis ! Quelques-uns avaient tenté de pénétrer sous ma peau. Je dus secouer mes pantalons contre un tronc pour les faire tomber. A la fin, je dis à Gloria qu'elle pouvait se retourner.

Nous marchâmes jusqu'à l'école ; à dire vrai, elle marchait et moi je clopinais. J'avais du mal à ne pas me fâcher en l'entendant pouffer de rire à tout instant. Je ne voyais absolument rien de drôle dans cette affaire.

Je la quittai devant le dortoir des filles et me dirigeai tout droit vers le mien et vers la douche. Debout sous le jet d'eau froide, et savonnant les sillons rouges qui couvraient mes jambes, je remerciais Dieu de m'avoir donné Gloria et de m'avoir protégé.

— Mon Dieu, dis-je sous la cascade d'eau fraîche, je sais qu'elle est pour moi ! Ces fourmis en sont la preuve. Je Te loue de me l'avoir montré et prie pour que Tu n'aies jamais plus à intervenir !

Le lendemain soir, dimanche, j'étais engagé pour la prédication à la mission Saint-Gabriel. Je sentais l'Esprit de Dieu sur moi, alors que je témoignais devant le petit groupe de personnes qui étaient venues à la réunion. A la fin du culte, je fis un appel à s'approcher de Dieu. Je vis Gloria se lever au fond de la petite salle, et s'avancer vers le pupitre. Nos regards se croisèrent quand elle s'agenouilla devant l'autel et inclina la tête. Je me mis à genoux à côté d'elle et Monsieur Castillo posa ses mains sur nos têtes et pria pour nous. La main de Gloria saisit mon coude au moment où l'Esprit de Dieu remplit son cœur. La bénédiction du Seigneur reposait certainement sur nous.

A Noël, je partis avec elle pour Oakland. Elle avait écrit à des amis pour qu'ils me reçoivent car ses parents n'approuvaient toujours pas son séjour à l'Institut. Son pasteur, le Révérend Sánchez, annonça un culte dans la petite église espagnole qui s'appelait « Mission Béthanie ». Je passais les journées avec Gloria et prêchais le soir. Rien n'aurait pu me rendre plus heureux.

Au printemps de ma dernière année d'études, je reçus une lettre de David. Il était en train d'acquérir une grande et vieille maison à l'avenue Clinton en vue d'ouvrir un nouveau centre consacré aux adolescents et aux drogués. Il m'invitait à retourner à New York, après l'obtention de mon diplôme, pour y travailler.

J'en parlai à Gloria. Il semblait que les plans du Seigneur s'imposaient à nous. Nous avions pensé attendre une année avant de nous marier pour que Gloria puisse terminer son dernier terme d'école. Mais une porte s'ouvrait devant nous et il semblait que Dieu préparait mon retour à New York. Pourtant, je savais que je ne pourrais pas y aller sans elle.

J'écrivis à David que je prierais au sujet de sa proposition. En même temps, je lui disais que Gloria et moi désirions nous marier. Wilkerson me répondit qu'il attendrait ma réponse et que Gloria serait, certes, la bienvenue.

Nous décidâmes que le mariage aurait lieu en novembre. Un mois plus tard, nous arrivions pour donner suite à l'offre de Wilkerson et pour commencer notre travail au centre.

* * *

La grande et vieille demeure de trois étages, sise au 416 de l'avenue Clinton, se trouvait à quelques centaines de mètres de l'ensemble de Fort Greene. Des étudiants du collège étaient venus pour nettoyer l'immeuble et commencer leur ministère. David s'était assuré les services d'un jeune couple comme surveillants et ces derniers vivaient dans la grande maison. Ils avaient préparé, pour Gloria et moi, un petit appartement sur le garage, derrière le bâtiment principal.

C'était très étroit et humide. La douche était installée dans la maison voisine et le seul lit disponible était un divan, mais pour nous c'était le ciel. Nous ne possédions rien et n'avions besoin de rien. Nous nous appartenions et nous éprouvions un ardent désir de servir Dieu à n'importe quel prix. Quand David s'excusa du peu de commodités disponibles, je lui rappelai que ce n'était pas un sacrifice de servir Jésus, mais un honneur insigne.

* * *

Peu avant Noël, je rendis visite aux Mau-Mau. Sur mon cœur pesait le souvenir d'Ouragan. Je désirais le retrouver et lui venir en aide personnellement puisque j'étais de retour à Brooklyn pour y rester. Je trouvai un groupe de Mau-Mau à la confiserie et leur demandai :

— Où est Ouragan ?

Les garçons se regardèrent et l'un d'eux répondit :

— Demandez à Steve, notre président, il vous dira ce qui s'est passé.

J'avais peur de connaître la vérité, mais j'allai chez Steve. Avant même d'échanger des salutations, je lui demandai à brûle-pourpoint :

— Qu'est-il arrivé à Hector ?

Steve hocha la tête et regarda fixement le mur.

— Descendons et je vous raconterai. Je ne désire pas que ma mère entende.

Nous descendîmes et restâmes derrière la porte pour nous protéger du vent glacial. Et là, Steve me raconta l'histoire :

— Après avoir parlé avec vous, la veille de votre départ pour la Californie, il devint très agité. Il était impatient. Je ne l'avais jamais vu comme cela auparavant. Nous eûmes une grande bagarre avec les Apaches et, comme un sauvage, il cherchait à tuer quiconque se trouvait sur son chemin, même les Mau-Mau. Et puis, trois mois plus tard, il fut assassiné.

— Comment ? demandai-je. L'indignation bouillonnait dans mon cœur et dans mes poumons, perturbant ma respiration. Qui l'a fait ?

— Ouragan, Gilbert, deux autres et moi, nous avions décidé de tuer un Apache. Il habitait au cinquième étage d'une maison locative. Nous découvrîmes plus tard que ce n'était pas le type que nous cherchions. Mais Ouragan était déterminé à tuer ce garçon et nous l'accompagnâmes pour l'aider. Ouragan portait un revolver. Nous frappâmes à la porte. Il faisait sombre. Mais il était courageux, ce type-là. En ouvrant la porte, il vit qu'Ouragan avait une arme. Il sortit dans le couloir, une baïonnette de soixante-dix centimètres à la main, avec laquelle il brisa l'ampoule électrique qui pendait au plafond. Nous ne pouvions plus rien voir dans l'obscurité. Il était comme fou, brandissant sa baïonnette et frappant à gauche et à droite. Ouragan tira trois coups de revolver et nous entendîmes un cri effrayant :

— Il m'a tué ! Il m'a tué !

Nous ne savions pas qui hurlait ainsi et nous pensâmes qu'Ouragan avait abattu l'Apache. Nous descendîmes en courant les cinq étages et nous nous précipitâmes dans la rue.

Steve se retourna et regarda dans la cage d'escalier si quelqu'un nous écoutait. Dans la rue, nous nous aperçûmes qu'Ouragan n'était pas avec nous. Gilbert remonta les étages en courant et le trouva debout, contre le mur, la baïonnette à travers le corps. Il nous dit que l'arme lui sortait dans le dos. L'Apache était rentré chez lui et avait verrouillé sa porte. Ouragan était effrayé et pleurait. Il était appuyé contre la paroi, la longue lame traversant ses intestins et suppliant Gilbert de tout faire pour le sauver. Il mentionna quelque chose à propos « d'une horloge sonnant l'heure », puis il tomba dans le corridor sur la baïonnette et expira.

Ma gorge était sèche et ma langue comme couverte d'ouate adhérente. Je bégayai :

— Pourquoi l'avez-vous laissé là ?

— Parce que nous étions tous terrorisés ! Nous fûmes saisis de panique. Jamais nous n'avions vu une mort semblable. Les garçons se dispersèrent et partirent en courant. Les agents de police arrivèrent, mais comme il n'y avait pas de preuves, ils relâchèrent l'Apache. Nous étions tous fortement secoués.

Je me retournai pour partir quand Steve m'interrogea :

— Nicky ! Que pensez-vous qu'il voulait dire en parlant « d'une horloge sonnant l'heure » ?

Je hochai la tête bouleversé :

— Qui sait ? Je te verrai plus tard et nous en reparlerons.

Je retournai à Clinton comme fou. A chaque pas, je percevais le carillon de l'horloge de Flatbush et je m'entendais dire à Ouragan :

— Il est tard, Hector, mais il n'est pas trop tard !

Si tu ne donnes pas ton cœur à Christ, je crains bien de ne jamais te revoir !

— Mon Dieu, priai-je, s'il Te plaît, ne me laisse jamais m'éloigner d'un de mes amis sans avoir fait tous mes efforts pour Te l'amener !

* * *

Au début, mon salaire était de dix dollars par semaine, plus le logement et la pension. Comme le petit appartement à côté du garage n'avait pas de cuisine, nous prenions tous nos repas dans la grande maison. Gloria et moi aimions la nourriture espagnole chaude. Mais, au centre, on mangeait toujours les mêmes mets. Aussi dépensions-nous la plus grande partie de nos dix dollars hebdomadaires pour nous nourrir à l'espagnole. C'était notre petit plaisir dans la vie !

Nous commençâmes notre travail dans les rues. Wilkerson avait écrit une brochure que nous appelions le « traité des poltrons ». C'était un message pour les adolescents les incitant à accepter le Christ plutôt que de se comporter en poules mouillées et en peureux. Nous distribuâmes ces feuillets par milliers dans les quartiers de Brooklyn et de Harlem. Nos principales activités devaient concerner les harponnés de la drogue. Beaucoup de membres de gangs qui se contentaient autrefois de fumer de la marijuana et de boire du vin, avaient passé à l'héroïne. Notre méthode d'action était directe. Nous nous approchions des groupes de gosses qui se tenaient au coin des rues et nous entamions la conversation :

— Hé ! Gamin ! Veux-tu te débarrasser de ton habitude ?

Presque invariablement ils répondaient :

— Bien sûr, mon vieux, mais comment ?

— Viens au centre des jeunes à Clinton ! Nous prierons pour toi. Nous croyons à la réponse de Dieu à nos prières. Tu peux te débarrasser de ton vice par la puissance de Dieu.

Et nous leur donnions un exemplaire du traité.

— Si c'est comme ça que ça se passe, alors il se peut que j'aille chez vous un jour !

Au début, le travail s'accomplissait lentement. Je passais le plus clair de mon temps au coin des rues parlant avec eux. Les drogués ne travaillent pas. Ils cambriolent les appartements, emportant les meubles pour les vendre. Ils volent à la tire. Ils s'emparent de vêtements qui sèchent sur une corde, de bouteilles de lait sur le seuil des portes et de tout ce qui peut leur rapporter un peu d'argent pour entretenir leur passion. Dans tout le quartier de Williamsburg, on peut observer de petits groupes de huit à dix personnes, debout sur les trottoirs, faisant des plans pour dévaliser et piller le prochain ou décidant de la meilleure manière de se débarrasser de leur butin.

Peu avant Noël, je gagnai mon premier converti. C'était un Mau-Mau, nommé Pedro, un grand et robuste garçon de couleur qui avait vécu avec une femme mariée. Un jour, le mari l'affronta dans un bar et Pedro le frappa avec son poignard. L'homme était un membre du gang des Scorpions, qui opérait de l'autre côté de la ville et Pedro apprit que la bande le recherchait pour lui régler son compte. Je le rencontrai, un soir, et j'écoutai son histoire. Il accepta de se réfugier au centre, et trois jours après, il se donna au Seigneur.

Pendant les trois mois qui suivirent, nous vécûmes, respirâmes et mangeâmes avec Pedro. Gloria et moi, passâmes notre premier Noël comme jeunes mariés dans notre petit appartement de deux pièces, avec Pedro pour invité. Il partageait chaque repas avec nous. Il nous accompagnait partout où nous allions. Le dimanche, nous prenions le métro, pour visiter différentes églises ; Pedro était toujours des nôtres.

Un soir de mars, je rentrai très tard, comme d'habitude, Gloria s'était déjà installée sur notre divan, dans la chambre principale. Je crus qu'elle dormait et me déshabillai sans bruit pour ne pas la réveiller. Me glissant près d'elle, j'entourai gentiment ses épaules de mon bras et m'aperçus qu'elle pleurait. Les sanglots la secouaient tout entière.

— Mon petit ! Qu'est-ce qui se passe ?

Je n'eus pas à en dire davantage pour que les larmes se transforment en ruisseaux. Je la caressai et la consolai, jusqu'à ce qu'elle retrouve assez de calme pour parler.

— Qu'y a-t-il, Gloria ? Tu ne te sens pas bien ?

— Ce n'est pas ça, Nicky ! Tu ne comprends pas et tu ne comprendras jamais !

— Qu'est-ce que je ne comprends pas ?

J'étais bouleversé par son attitude hostile.

— Cette sangsue ! Gloria cracha le mot. Cette sangsue de Pedro ! Ne peut-il pas se rendre compte que je désire passer quelques instants seule avec toi ? Voilà quatre mois que nous sommes mariés et il nous a accompagnés partout où nous sommes allés. Il se serait baigné avec nous probablement, s'il y avait de la place pour plus d'une personne dans notre minuscule salle d'eau !

— Allons ! Calme-toi ! Cela ne ressemble pas à ma Gloria ce que tu dis là ! Tu devrais te sentir fière ! Il est notre premier converti ! Tu devrais louer le Seigneur !

— Mais, Nicky ! Je ne désire pas te partager tout le temps avec quelqu'un ! Je t'ai épousé, tu es mon mari et je devrais, au moins, pouvoir passer quelques instants avec toi sans ce Pedro tout sourires, traînant dans les parages et s'écriant constamment : « Loué soit le Seigneur ! ».

— Tu ne parles pas sérieusement, Gloria ?

— Je n'ai jamais été aussi sérieuse de ma vie ! L'un de nous deux doit partir. Ou bien tu es marié avec moi ou bien tu vas dormir avec Pedro. C'est exactement ce que je pense. Mais tu ne peux pas nous avoir les deux à la fois !

— Hum ! Ecoute, chérie. Si nous le renvoyons dans la rue, il retournera directement au gang ou bien les Scorpions le tueront. Nous devons le garder ici !

— Oui, mais s'il retourne au gang, il y a quelque chose qui ne va pas avec ton Dieu. A quelle sorte de Dieu Pedro s'est-il donné, après tout ? Un Dieu qui le lâchera à la première difficulté ? Je ne le crois pas ! Je pense que si un homme a fait l'expérience du salut, Dieu est assez puissant pour le garder pour toujours. Et si nous avons à jouer le rôle de bonne d'enfants auprès de chacun des jeunes que tu amènes ici, alors je m'en vais.

La voix de Gloria avait atteint le paroxysme de l'indignation.

— Mais, Gloria, c'est mon premier converti !

— C'est peut-être justement là que vous faites erreur, toi et lui. Il est *ton* converti. S'il était le converti du Seigneur, tu n'aurais pas à te faire tant de souci pour lui ni à avoir peur qu'il retourne au gang !

— Tu as peut-être raison ! Mais en attendant, il faut que nous lui trouvions un endroit où il puisse vivre. Souviens-toi, Gloria, que Dieu m'a appelé à ce travail et que tu as été d'accord de l'accomplir avec moi.

— Mais, Nicky, je ne veux pas te partager sans cesse avec quelqu'un d'autre.

Je la serrai tendrement dans mes bras.

— En tout cas, pour l'instant, tu n'as nul besoin de me partager ! Demain je parlerai à Pedro et je verrai s'il peut trouver un emploi au lieu de traîner ici, d'accord ?

Elle murmura « d'accord » en posant sa tête sur mon épaule et en se rapprochant de moi.

* * *

Sonny arriva au centre le dernier jour d'avril, en même temps que le pronostic d'une chute de neige pour le début de mai. Il fut le premier «harponné » auquel j'eus affaire.

J'entrai dans la chapelle, ce soir-là, et j'aperçus un garçon terriblement pâle, assis dans le coin le plus reculé. D'instinct je sus qu'il se droguait et j'allai m'asseoir près de lui. Posant la main sur son épaule, je me mis à lui parler franchement. Il inclinait la tête et fixait des yeux le plancher pendant que je cherchais à attirer son attention.

— Je sais que tu te drogues, tu es un « harponné ». Cela dure depuis des années, n'est-ce pas ? Et tu ne peux pas rompre avec cette habitude ? Tu penses que personne ne se soucie de toi. Tu penses aussi que personne ne peut te venir en aide. Laisse-moi te dire que Dieu le peut. Il peut te secourir.

Le garçon leva la tête et me jeta un regard vide d'expression. Finalement, il me dit qu'il s'appelait Sonny. Je découvris plus tard qu'il avait été élevé dans un foyer chrétien, mais qu'il s'était enfui et avait été en prison, un nombre incalculable de fois, à cause de son penchant pour les narcotiques et ses vols. Il avait dû se passer de drogue et faire l'expérience du « poulet froid » * à plusieurs reprises en prison, mais il était incurablement harponné.

Sonny s'adonnait aux stupéfiants par contrainte. Il ne pouvait plus s'en passer, tout simplement. Il employait un moyen particulier pour entretenir sa passion. Son complice courait dans la rue, arrachant le sac de la main d'une femme qui se mettait à crier. Sonny s'approchait en hâte pour lui dire :

— Ne criez pas, Madame. Je connais ce voleur. Attendez ici, je serai de retour dans quelques minutes. La femme cessait d'appeler la police et attendait patiemment Sonny qui partait comme une flèche rejoindre son associé pour partager le butin avec lui.

* L'expression « poulet froid » se rapporte à l'aspect particulier de la peau d'un drogué habituel, aspect semblable à celui d'une volaille déplumée (ou chair de poule) qui accompagne — avec d'autres effets douloureux — le manque d'héroïne ou la brusque interruption des injections.

A genoux, près de lui, dans la chapelle, je lui dis :

— Je vais prier pour toi. Tu as besoin de Jésus dans ta vie.

Je sentis une vague de compassion déferler dans mon cœur et je me mis à pleurer tout en priant.

— Mon Dieu, aide ce garçon ! Il est en train de se détruire. Tu es le seul qui puisse lui venir en aide. Il a besoin d'espoir et d'amour. S'il Te plaît, secours-le !

Quand j'eus terminé, Sonny me dit :

— Je veux rentrer à la maison !

— Je t'accompagnerai.

— Non ! dit-il, une expression de terreur répandue sur son visage. Vous ne pouvez pas faire ça !

Je savais qu'il cherchait à partir pour obtenir une dose d'héroïne.

— Dans ce cas, je vais te garder ici.

— Non ! dit-il encore. Je dois aller au tribunal demain matin. Ils vont me mettre en prison. Je ne sais pas même comment il se fait que je me trouve ici.

— Tu es ici parce que Dieu t'y a conduit. Il se sert de moi pour t'aider. Reste avec nous ce soir au centre. Demain, je t'accompagnerai au tribunal.

Il insista pour rentrer chez lui et je lui promis d'aller le chercher à 8 heures, le lendemain.

De bonne heure, je me rendis avec lui à l'audience. En montant les escaliers, je lui dis :

— Sonny, je vais prier Dieu pour que le juge renvoie ton cas de deux mois. Tu auras ainsi le temps de rompre avec la drogue et de trouver Christ ! Après cela, tu seras peut-être définitivement libéré par la Cour de justice.

Sonny ricana :

— Il y a peu de chances ! Ce juge impitoyable ne renvoie jamais rien ! Il m'aura mis en cellule avant midi ! Attendez et vous verrez !

Je m'arrêtai dans l'escalier du tribunal et me mis à prier à haute voix :

— Mon Dieu, je Te demande, au nom de Jésus, de toucher ce juge par Ton Esprit pour qu'il renvoie le cas de Sonny afin qu'il puisse, entre-temps, devenir chrétien. Je te remercie pour ta réponse à ma prière. Amen !

Sonny me regarda comme si j'étais devenu fou. Je pris son bras :

— Allons-y ! Nous entendrons le juge dire qu'il renvoie ton cas !

Nous entrâmes dans la salle du tribunal et Sonny s'annonça à l'huissier, puis prit place parmi les accusés ; je m'assis au fond de la salle.

Le juge s'occupa de trois cas et condamna les garçons à une longue période de détention. Le troisième se mit à hurler quand il entendit la sentence du juge. Il essaya de l'approcher et de se jeter sur lui en disant qu'il allait le tuer. Tout le monde, dans la salle, se leva tandis que les gendarmes saisissaient l'adolescent et lui mettaient les menottes. Alors qu'on le traînait dehors, le juge s'essuya le front et dit :

— Au suivant !

Sonny se tint debout, nerveux, pendant que le juge feuilletait son dossier. Le regardant par-dessus ses lunettes, celui-ci déclara :

— Je ne sais pour quelle raison l'enquête vous concernant n'est pas terminée. Je vous demande de vous présenter à nouveau dans soixante jours !

Sonny se retourna et me regarda incrédule. Je lui souris et lui fis signe de me rejoindre. Nous avions tous deux une tâche difficile à accomplir et il fallait l'entreprendre sans tarder.

Sortir de l'emprise de l'héroïne par le « poulet froid » est l'une des expériences les plus atroces que l'on puisse imaginer. Je préparai une chambre pour Sonny au troisième étage du centre. Le traitement exigeait une surveillance constante et j'avertis Gloria que je passerais les trois prochains jours avec Sonny. Je préparai aussi un électrophone avec des disques religieux et m'assis à côté de son lit, résolu à y rester jusqu'à ce qu'il soit délivré.

Le premier jour, il était agité, il arpentait la chambre, parlait beaucoup et vite. Le soir, il commença à trembler. Je restai à son chevet toute la nuit : il était secoué par d'horribles frissons, claquait des dents et ses tremblements faisaient vibrer la chambre tout entière.

Par moments, il se levait et courait vers la porte, mais je l'avais verrouillée et il ne pouvait pas s'échapper. A l'aube du deuxième jour, les secousses cessèrent et je pus le faire descendre au réfectoire pour un léger déjeuner. Je lui suggérai de faire une petite promenade autour du pâté de maisons, mais à peine étions-nous dehors, qu'il commença à vomir. Il se pencha sur le caniveau, se tenant l'estomac et souffrant de terribles nausées. Je réussis à le maintenir debout, mais il m'échappa et avança en chancelant dans la rue où il s'effondra. Je le traînai sur le bord du trottoir où je m'assis, et tins sa tête sur mes genoux jusqu'à ce que cessent les spasmes douloureux et qu'il retrouve des forces. Puis nous retournâmes à notre chambre, au troisième étage, pour attendre et prier.

A la tombée de la nuit, il s'écria :

— Nicky ! Je n'y arriverai pas ! Je suis allé trop loin ! Il me faut une dose !

— Non ! Sonny ! Nous nous en sortirons, toi et moi, ensemble. Dieu te donnera la force d'aller jusqu'au bout.

— Je ne désire pas la force pour aller jusqu'au bout ! Je veux une piqûre ! Il faut que j'en aie une ! Je t'en prie ! Je t'en supplie ! Nicky ! Ne me garde pas ici ! Pour l'amour de Dieu, laisse-moi partir ! Laisse-moi partir !

— Non ! Sonny ! Pour l'amour de Dieu, je ne te laisserai pas partir ! Tu Lui es précieux ! Il désire se servir de toi, mais Il ne peut pas le faire tant que le démon de la drogue te possède. Pour l'amour de Dieu, je te garderai ici jusqu'à ce que tu sois tout à fait bien.

J'étais assis près de lui, tout au long de l'interminable nuit pendant que les sueurs froides couvraient son corps et qu'il faisait des efforts épuisants pour vomir, à tel point que je crus que son estomac y passerait. J'épongeai son front avec des linges humides. Je fis marcher le tourne-disques et chantai pour lui en compagnie de Ben Shea et du quatuor des Statesmen.

Le jour suivant, je ne pouvais plus me tenir debout. J'essayai de lui faire manger quelque chose, qu'il ne garda pas. Je restai là, près de son lit, jusqu'au coucher du soleil. Il succomba, enfin, à un sommeil agité ; il gémissait et se contractait. Par deux fois, il essaya de se lever et d'atteindre la porte. Finalement, je dus le saisir à bras le corps et le traîner jusqu'à son lit.

Vers minuit, assis sur la chaise près de lui, je sentis le noir nuage du sommeil descendre sur moi. J'essayai de l'écarter, mais il y avait quarante-deux heures que je n'avais pas dormi. Je savais que si je m'assoupissais en cet instant, il en profiterait pour se glisser dehors et ne reviendrait jamais plus. La victoire était proche, mais je ne pouvais pas soutenir le combat plus longtemps, mon menton touchait ma poitrine si je fermais les yeux un seul instant.

Je m'éveillai en sursaut. Le mystérieux éclat des lumières de la rue se reflétait dans la grande chambre nue du troisième étage. Je ne pensais pas avoir dormi plus de quelques secondes, mais au-dedans de moi quelque chose m'avertit que mon sommeil avait duré bien plus longtemps. Je jetai un coup d'œil au lit de Sonny. Il était vide ! Les couvertures en désordre avaient été repoussées. Il était parti !

Mon cœur bondit et ma gorge se serra. Je sautai sur mes pieds et me dirigeais vers la porte quand je l'aperçus, agenouillé sur le plancher, devant la fenêtre. Une vague de soulagement m'inonda tandis que je m'approchais et me mettais à genoux près de lui sur le bois dur. Une légère neige de printemps tombait dans la rue et scintillait sous la clarté des réverbères. La chaussée et le trottoir étaient couverts d'un tapis immaculé et, sur les branches des arbres, devant la fenêtre, les bourgeons qui venaient à peine de s'ouvrir étincelaient sous leur mœlleuse parure blanche, me rappelant le paysage familier des cartes postales de Noël.

Sonny dit :

— C'est splendide ! C'est indescriptible ! Je n'ai jamais rien vu de si beau, et toi ?

Je l'observai : ses yeux étaient clairs, sa voix ferme et assurée. Son visage rayonnait. Sa langue n'était plus épaisse ni ses phrases mal articulées.

Il me sourit.

— Dieu est bon, Nicky ! Il est merveilleux ! Cette nuit, Il m'a délivré d'un sort plus horrible que l'enfer même. Il m'a libéré de l'esclavage !

Je regardai à travers la fenêtre le tableau délicat qui s'offrait à nos yeux et murmurai :

— Merci, Seigneur, merci !

J'entendis Sonny répéter :

— Merci !

Pour la première fois depuis trois jours, je le laissai seul et allai chez moi, foulant le tapis pur et blanc. Le givre tombait sur ma tête nue et se collait à mes cheveux. La neige qui couvrait déjà les marches extérieures de l'escalier assourdissait mes pas. Je frappai doucement à la porte que Gloria vint ouvrir.

— Quelle heure est-il ? demanda-t-elle, somnolente.

— Trois heures du matin environ !

Nous étions sur le seuil et je la tenais serrée contre moi pendant que nous regardions ensemble la neige descendre silencieusement sur la terre pour en couvrir la noirceur et la laideur d'un magnifique manteau d'innocence.

Je lui dis :

— Sonny s'est donné à Christ. Une nouvelle vie vient de naître pour le Royaume de Dieu.

— Merci Jésus !

Après ces mots de Gloria, il y eut un long silence. Nous regardions, du pas de la porte, le paysage de beauté qui s'étendait devant nous. Puis, je sentis que le bras de Gloria se resserrait autour de moi.

— Sonny n'est pas le seul qui vient de naître. Je n'ai pas eu le temps de te le dire, — tu as été si occupé ces trois derniers jours, — il y a, au-dedans de moi, une nouvelle vie aussi, Nicky. Nous allons avoir un bébé !

Je la saisis et la pressai contre ma poitrine avec amour et joie.

— Oh ! Gloria ! Je t'aime ! Je t'aime tant !

Très doucement, je me penchai et passai mes bras sous ses genoux et la soulevai lentement. Je donnai un coup de pied à la porte qui se ferma, plongeant la chambre dans l'obscurité complète. Je portai Gloria jusqu'au divan où je la déposai doucement. M'asseyant près d'elle, je posai délicatement ma tête sur son corps pour me blottir, avec tendresse, aussi près que possible de la nouvelle vie qui s'ébauchait là. De ses deux mains, elle me caressa. Epuisé, je m'endormis d'un profond et paisible sommeil.

* * *

Après sa conversion, Sonny nous introduisit dans les bas-fonds ténébreux de la grande cité et nous dévoila le monde de la drogue, de la prostitution et du crime.

Gloria et moi, passâmes de nombreuses heures dans les rues, distribuant des traités. Le nombre de nos pensionnaires augmentait régulièrement. Pourtant, nous n'avions que peu d'adolescents, la plupart étaient des adultes. Nous installâmes le troisième étage pour y recevoir des femmes. Gloria s'occupait d'elles et je travaillais parmi les hommes ; tout en étant directeur, j'avais la responsabilité des deux sections.

David Wilkerson avait déménagé à Staten Island et, quand il était en ville, il passait chaque jour au centre pour s'informer de l'œuvre qui s'y accomplissait.

Nous nous étions procuré un petit bus de 9 places. Gloria et l'un des garçons sortaient deux fois par semaine pour chercher des membres de gangs et les amener aux réunions qui se tenaient chez nous.

Pedro nous avait quittés pour s'installer à New Jersey, mais Sonny resta avec nous jusqu'en septembre, moment de son départ pour l'École biblique de La Puente. Le deuxième étage du centre resta vacant et nous déménageâmes, Gloria et moi, au 416 de l'avenue Clinton. Le dortoir des hommes se trouvait au fond de cet étage. En bas, nous avions le bureau, la cuisine, la salle à manger et une grande pièce dont nous nous servions comme chapelle. J'espérais qu'avec notre nouvel aménagement dans la grande maison la tension dans laquelle Gloria devait vivre diminuerait. Pourtant, le fait de nous trouver au milieu de quarante toxicomanes ne nous apportait guère de calme et peu de commodités.

La tension continua. Gloria et moi ne passions que très rarement quelques instants ensemble, puisque la plupart des heures de la journée étaient consacrées aux victimes de la drogue. En automne de 1962, je dus me rendre précipitamment à Porto Rico. Maman avait envoyé un télégramme à Frank lui annonçant le décès de Papa. Frank, Gene et moi, emmenâmes nos épouses en avion à Porto Rico où je dirigeai le service funèbre de mon père. Je rentrais à la maison en tant que pasteur et bien que Papa n'eût jamais ouvertement accepté le Christ comme étant le Fils de Dieu, je l'enterrai avec l'assurance qu'un changement s'était produit dans sa vie et que Dieu, dans sa miséricorde, le jugerait selon les sentiments de son cœur. Le « Grand homme » était mort, mais le souvenir d'un père que j'avais appris à aimer resta vivace au-dedans de moi.

* * *

Alicia Ann naquit en janvier 1963. Elle vint remplir un vide dans l'existence de Gloria, puisque celle-ci eut dès lors quelqu'un à qui prodiguer son amour, durant ses longues journées d'isolement. Je languissais de passer un peu de temps auprès d'elles, mais mon obsédant désir de secourir les drogués me maintenait loin de Gloria de l'aube jusqu'au milieu de la nuit. Je lui avais recommandé de ne permettre à personne de prendre l'enfant dans ses bras, car malgré l'affection que je ressentais pour nos malheureux pensionnaires, je savais que des êtres dont l'esprit est terriblement détérioré par les stupéfiants sont capables de tout.

Mais je ne sus jamais combien de nuits Gloria passa à pleurer dans la solitude de notre foyer. Elle était certainement celle que Dieu avait choisie pour partager ma vie. Aucune autre femme n'aurait été capable de supporter une telle existence.

CHAPITRE XIV

Voyage en enfer

J'avais été absent quelques jours et, quand je revins, Gloria me parla de Maria. Elle était arrivée au centre à vingt-huit ans, à moitié gelée, souffrant des symptômes aigus d'un retrait d'héroïne et à l'article de la mort. Gloria me demanda de penser particulièrement à elle ce soir-là, quand je prêcherais dans la petite chapelle.

Après le culte, elle amena Maria dans mon bureau ; celle-ci bégayait en parlant, souffrant encore du manque de narcotique.

— Ce soir, dit-elle, j'ai éprouvé le désir d'en finir avec la vie inutile que je mène. Pendant que vous parliez, je réalisais que je voulais vraiment mourir à cette existence misérable qu'est la mienne, et, en même temps, pour la toute première fois, j'ai désiré vivre. Je n'y comprends rien.

Je lui expliquai qu'elle faisait l'expérience de ce que la Bible appelle « la repentance ».

— Maria, vous ne pouvez pas recevoir l'amour de Dieu à moins d'être prête à mourir à vous-même. Dites-moi, désirez-vous vraiment mourir à votre ancienne manière de vivre ? Voulez-vous que l'existence dominée par la drogue et la prostitution soit mise à mort, enterrée et oubliée pour toujours ?

— Oh ! Oui ! Oui ! Oui ! sanglota-t-elle. Je suis prête à faire n'importe quoi pour y échapper !

— Etes-vous prête à mourir à vous-même ? insistai-je.

— Oui ! dit-elle encore, ravalant ses larmes. Même ça !

— Alors, laissez-moi vous parler d'un amour si beau, si merveilleux, si magnifique qu'il peut rendre propre et pur n'importe qui, même vous. Laissez-moi vous parler de Jésus !

Pendant les dix minutes qui suivirent, je lui racontai comment l'amour parfait de Dieu nous a été témoigné en Jésus-Christ. Elle enfouit sa tête dans ses mains et sanglota. Je m'approchai d'elle et touchai son épaule :

— Maria ! Agenouillons-nous et prions, voulez-vous ?

Avant que j'achève ma phrase, Maria était à genoux sur le plancher. Je sentis le barrage céder. Maria était née à la vie nouvelle en Jésus-Christ !

Un mois plus tard, elle revint dans mon bureau. Le besoin invincible de drogue la déchirait à nouveau et elle désirait quitter le centre. Son ami, Johnny, avait déjà répondu, lui, à l'appel pressant de l'héroïne et nous avait quittés quelques jours auparavant au milieu de la nuit.

Je me levai et fermai la porte derrière elle.

— Maria, lui dis-je. Rien, dans ma vie, n'est plus important en cet instant que votre avenir. Parlons ensemble de votre passé, voulez-vous ?

Elle était prête à le faire. Elle remonta au temps où elle avait dix-neuf ans, lorsqu'elle avait obtenu son diplôme de l'Ecole supérieure. Je la laissai parler.

— Ce fut Johnny qui me montra comment on fume le haschisch. Mes camarades d'études m'avaient parlé de leurs expériences dans ce domaine. Elles me dirent que c'était parfait, pour autant qu'on ne recherchât pas quelque chose de plus fort par la suite. Johnny avait toujours sur lui une provision de cigarettes et je pensais que c'était très amusant, vraiment.

Maria s'arrêta, comme si elle revivait ces premiers jours où s'ébauchait sa descente vers l'enfer, et je pensai qu'elle était semblable à ces douzaines de victimes qui fréquentaient le centre. Quatre-vingt-dix pour cent de celles-ci avaient commencé avec une cigarette de marijuana et étaient passées ensuite à l'héroïne. Je connaissais d'ores et déjà la suite de son histoire, mais je pensai qu'elle avait besoin d'en parler elle-même.

— Dites-moi, Maria, quel effet cela produisit-il sur vous ?

Elle se détendit, les yeux mi-clos, puis elle continua son récit :

— J'eus l'impression que mes difficultés se dissipaient. Une fois, je me sentis emportée à des kilomètres au-dessus de la terre. Il me semblait que je me désintégrais. Mes doigts se séparaient de mes mains et flottaient dans l'air. Mes mains, à leur tour, lâchaient mes poignets. Mes bras, mes jambes se détachaient de mon corps. Je n'étais plus qu'un million de morceaux épars et m'en allais, emportée par une douce brise.

Elle s'arrêta un instant, se souvenant.

— Mais, la marijuana ne me suffisait déjà plus. Elle ne faisait qu'aiguiser mon désir pour quelque chose de plus excitant. Mentalement, j'étais déjà harponnée. Johnny me donna ma première dose. Il en parlait depuis plusieurs semaines, mais un après-midi, il arriva avec l'aiguille et la cuillère. Je devinai ce qu'il allait faire, mais il paraissait tellement certain du résultat bienfaisant que je ne m'y opposai pas. Je n'avais pas entendu parler jusque-là de l'esclavage de la drogue.

Il serra étroitement sa ceinture autour de mon bras, au-dessus du coude, jusqu'à ce que la veine apparût comme un gros bourrelet sous ma peau. Il vida dans une cuillère le contenu d'une petite enveloppe semblable à du sucre blanc, y ajouta de l'eau avec un compte-gouttes ; il frotta une allumette qu'il maintint sous la cuillère jusqu'à ébullition du liquide. Une fois encore, il se servit du compte-gouttes pour recueillir l'héroïne ainsi liquéfiée. Puis, avec le savoir-faire d'un expert, il enfonça l'aiguille dans ma veine. Ensuite, avec soin, il versa le puissant liquide dans la seringue. Laissant de côté le compte-gouttes, il fit pénétrer le liquide directement dans mon sang. Je ne sentis rien quand il retira l'aiguille. Je ne savais pas, à ce moment-là, que j'étais devenue d'un coup une « mainliner » *.

— Johnny, je me sens mal ! lui dis-je.

— Mais non, tu es tout à fait bien, Baby. Calme-toi et bientôt tu flotteras dans l'air. Johnny te le promet et ne revient jamais sur ce qui est promis.

Mais je ne l'entendais pas. Je commençai à avoir des haut -le-cœur et avant que je puisse faire un geste, j'avais vomi sur le plancher. Je me laissai tomber à travers le lit et commençai à trembler et à transpirer. Johnny était assis près de moi et tenait ma main. Bientôt je me détendis et une sensation fluide et chaude se répandit à travers mon corps. Il me semblait que je m'élevais vers le plafond et au-dessous de moi, j'apercevais le visage souriant de Johnny. Il se pencha vers moi et murmura :

— Comment ça va, Baby ?

— Formidable ! murmurai-je, vraiment bien !

J'avais commencé mon voyage vers l'enfer.

Je ne pris pas d'autre dose pendant une semaine environ. Cette fois, quand Johnny m'en fit la suggestion, j'étais prête. La suivante se produisit trois jours plus tard. Après cela, Johnny n'eut pas à me suggérer quoi que ce soit, c'est moi qui réclamais la

* Personne qui, des piqûres sous-cutanées, a passé aux injections intraveineuses pour activer l'effet du stupéfiant par son introduction directe dans le sang.

dose. Je ne le savais pas à l'époque, mais j'étais déjà une droguée.

Une semaine plus tard, je tremblais par besoin d'héroïne lorsque Johnny arriva à la maison ; je demandai une piqûre :

— Ecoute Baby, je t'aime, mais cette drogue coûte cher, tu sais !

— Je sais, Johnny, mais j'ai vraiment besoin d'une dose.

Johnny sourit :

— Je ne peux pas te la donner, Baby. Tu commences vraiment à me coûter cher !

— S'il te plaît, Johnny !

Je plaidai ma cause.

— Ne me taquine pas ! Ne vois-tu pas que j'ai besoin d'une piqûre maintenant ?

Johnny s'en alla vers la porte :

— Pas aujourd'hui ! tu n'as qu'à transpirer et ça passera ! Je n'ai ni le temps ni l'argent !

— Johnny ! criai-je. Ne me laisse pas ! Pour l'amour du ciel, ne t'en va pas !

Mais il partit et j'entendis qu'il tournait la clé dans la serrure.

J'essayai de me ressaisir, mais ne pouvais rien faire. J'allai jusqu'à la fenêtre et vis Johnny, au bout de la rue, parlant avec deux filles. Je les connaissais. Elles travaillaient pour Johnny. Il en parlait comme faisant partie de son « écurie ». C'étaient des prostituées qui lui achetaient de la drogue avec l'argent de leur commerce. Johnny leur en fournissait constamment et elles la revendaient à leurs clients en prenant leur bénéfice, naturellement.

J'étais là, à la fenêtre, et l'observais ; il mit la main dans sa poche de veston et glissa une petite enveloppe blanche dans la paume tendue de l'une des filles. Je regardais Johnny lui donnant la précieuse héroïne et ne pouvais le supporter. Pourquoi la lui donnait-il à elle et m'en privait-il ? Mon Dieu ! Comme j'en avais besoin !

Tout à coup, je m'entendis crier :

— Johnny ! Johnny !

Je hurlai devant la fenêtre ouverte. Il se tourna, regarda vers moi et revint sur ses pas. Quand il entra chez nous, j'étais étendue sur le lit, sanglotant et tremblant. J'avais perdu tout contrôle sur moi-même !

Il ferma la porte derrière lui. Je m'assis, essayant de parler, mais avant que je ne puisse dire quoi que ce soit, il s'approcha et je sentis le dos de sa main me frappant cruellement sur la bouche.

— Qu'essaies-tu de faire ? cria-t-il. Tu veux qu'on m'arrête ?

— Johnny ! S'il te plaît ! Aide-moi ! J'ai besoin d'une dose ! J'ai vu que tu as donné de la drogue à ces filles. Pourquoi ne me la donnes-tu pas à moi ?

J'étais dans un état d'absolu désespoir. Je trépignais et sanglotais en même temps. Le sang coulait de mes lèvres mais peu m'importait. Tout ce que je désirais, c'était une piqûre d'héroïne.

Johnny sourit.

— Maintenant écoute, Baby, toi, tu es différente de ces souillons, là-bas, sur la rue. Tu as de la classe. Mais cette drogue n'est pas gratuite. Elle coûte cher, elle coûte beaucoup ! Ces filles travaillent pour s'en procurer. Que fais-tu, toi, pour en avoir ? Hein ?

— Je travaillerai, Johnny. Je ferai n'importe quoi. Donne-moi maintenant la seringue !

— Je ne sais pas ! dit Johnny. Tu as vraiment trop de classe pour travailler dans la rue !

— Johnny ! Je ferai n'importe quoi ! Tu n'as qu'à me dire.

Le plancher semblait monter vers moi tandis que je me jetais à ses pieds et entourais ses genoux et ses jambes de mes bras pour ne pas tomber.

— Tu veux dire que tu es prête à travailler pour moi sur la rue ?

Il s'arrêta et poursuivit avec enthousiasme :

— Tu peux le faire, Baby. Je sais que tu peux le faire si tu le veux ! Mon petit, tu peux dépasser ces autres filles à dix pour un. Les types s'assembleront autour de toi et, entre les deux, nous serons capables de provoquer un vrai massacre. Qu'en penses-tu ? Je ferai de l'argent et t'achèterai autant de « H » que tu en désires ! Tu n'auras jamais plus à arriver au point où tu en es maintenant ! Qu'en dis-tu ? Est-ce que c'est bien ça que tu veux ?

— Oui ! Johnny ! Oui ! Oui ! Oui ! Pique-moi, veux-tu ?

Johnny alla vers la cuisinière et tourna le bouton. Il sortit la cuillère de sa poche et en saupoudra le fond d'un peu de poudre blanche, tint le tout sur la flamme. Remplissant la seringue, il vint près de moi, sur le plancher où je m'étais accroupie.

— Baby, voilà le commencement du ciel pour nous deux ! Avec toi à mon côté, nous pouvons atteindre la lune !

Je sentais l'aiguille pénétrer dans la veine. Le tremblement s'arrêta presque immédiatement. Johnny m'aida à me relever et à regagner mon lit où je sombrai dans un profond sommeil. Mais Johnny se trompait. Ce n'était pas le commencement du ciel. C'était, au contraire, le début d'un long et terrible cauchemar qui devait durer huit effroyables années. Pas le ciel, non, mais l'enfer !

L'enfer est un gouffre infini dans lequel on tombe, où l'on descend sans jamais toucher le fond. Dans la chute que provoque le goût pour la drogue, il n'y a pas d'arrêt possible ni de pause. Il n'y a aucun moyen de suspendre la descente. J'étais en route vers le bas.

Johnny n'aurait jamais pu se servir de moi si je ne m'étais pas adonnée aux stupéfiants. Mais en devenant esclave de la drogue, je devins en même temps son esclave. Je devais faire ce qu'il m'ordonnait et il voulait que je me livre à la prostitution pour lui apporter de l'argent. Il me fournissait la drogue, bien sûr, mais je m'aperçus bien vite que les choses étaient loin d'être le paradis, comme il me l'avait laissé croire.

D'abord, j'avais appris que Johnny avait une autre femme. Je savais bien qu'il ne m'épouserait jamais, mais j'ignorais qu'il entretenait une autre personne à mon insu. Je le découvris d'une façon brutale.

Les affaires avaient été plutôt modestes, le soir précédent, et j'étais partie, l'après-midi, pour faire quelques achats. J'aimais sortir de temps en temps pour oublier qui j'étais et pour essayer de me convaincre qu'il n'y avait pas une grande différence entre les autres et moi. Je me trouvais à l'intersection des rues Hicks et Atlantic, attendant le changement des feux, quand une main de femme s'abattit sur mon épaule et me fit faire demi-tour.

— Vous êtes Maria, n'est-ce pas ?

Ses yeux lançaient des flammes. Avant que je puisse répondre, elle poursuivit :

— Oui ! C'est bien vous ! Je vous ai déjà vue. Vous êtes celle qui s'accroche à mon ami. Je vais vous apprendre à vivre, garce !

J'essayai de m'éloigner d'elle, mais elle me frappa au visage. Le feu vert apparut et les gens se pressèrent autour de nous. Je n'allais pas me laisser faire, pas de cette façon ; saisissant la femme par les cheveux, je la poussai en arrière.

Elle cria comme une sauvage.

— Sale garce ! Vous m'avez pris mon homme ! Je vous tuerai !

Elle était comme folle, me frappant avec son sac. Je me baissai pour éviter les coups. J'appuyai mon corps contre elle, et elle tomba en arrière sur la barrière qui entoure l'entrée du métro. Je l'entendis qui cherchait sa respiration quand son dos heurta la barre de fer. Je pris sa tête entre mes mains et essayai d'enfoncer mes ongles dans ses yeux, cherchant à lui faire du mal. Soudain, elle attrapa le côté de ma main avec ses dents. Je sentis la chair se déchirer et hurlai de douleur.

Comme je reculais, quelqu'un me saisit par derrière, me fit tournoyer et me projeta sur la chaussée où je trébuchai et tombai. La foule entourait encore l'autre femme lorsque je me relevai et partis en courant le long du trottoir.

Je ne me retournai pas une seule fois et rentrai chez moi. Je lavai ma main et demandai à ma voisine de la bander. Ce même soir, j'étais de nouveau dans la rue, mais je ne revis jamais la femme en question.

A partir de ce jour-là, je n'eus plus aucune obligation à l'égard de Johnny. Je savais qu'une douzaine de types étaient prêts à me donner toute la drogue que je désirais. Chacun d'eux eût été content si j'avais voulu travailler pour lui. Ainsi commença le long cauchemar. Je vécus avec un homme, puis avec d'autres. Ils étaient tous des drogués. Je vendais mon corps et eux sortaient pour commettre des vols.

J'appris à vivre en compagnie d'autres filles. Nous louions une chambre pour la nuit, puis nous allions dans la rue et attendions. Quelques hommes étaient des clients réguliers, d'autres des étrangers absolument inconnus. Des Noirs, des Italiens, des Asiatiques, des Portoricains, des Blancs... mais leur argent avait la même couleur.

Certains soirs aucun client n'apparaissait. D'autres fois, j'en avais neuf ou dix durant la nuit. C'était là une bonne affaire. Mais, à l'époque, j'avais besoin déjà de quarante dollars par jour pour me procurer la drogue indispensable, ce qui signifiait qu'il me fallait au moins cinq clients, chaque soir, uniquement pour entretenir mon penchant.

C'était infernal ! Quand je pouvais dormir la journée, des rêves terrifiants m'éveillaient en sursaut. Je poussais de grands cris. J'étais prisonnière de mon propre corps et en même temps mon propre geôlier. Les ivrognes me terrifiaient. Les uns étaient pervers, les autres sadiques. Plusieurs filles avaient terriblement souffert d'actes contre nature. L'une d'elles eut affaire, un soir, à un homme qui la battit sans pitié avec sa ceinture. Il était à moitié ivre et, quand il se trouva dans la chambre, fou d'excitation, il la fit se dévêtir et attacha ses mains à la poignée de la porte avec son soutien-gorge. Il la frappa à la poitrine et à l'estomac avec sa ceinture jusqu'à ce qu'elle s'évanouît d'épuisement tant elle avait crié.

Je préférais me servir de la chambre que je louais. Parfois le client désirait m'emmener chez lui ou à l'hôtel. Plusieurs étaient des hommes d'affaires, venus en ville à l'occasion d'un voyage ou d'une assemblée. Mais j'avais peur de me rendre chez un individu. Des choses terribles s'y produisaient et parfois on ne revoyait jamais certaines filles. D'autres, par contre, craignaient de venir chez moi, et préféraient me prendre avec eux dans leur voiture. Après quelques mauvaises expériences, je renonçai à cette solution.

Un homme me laissa rentrer seule, alors que nous nous trouvions à l'autre bout de la ville. Il me fallut toute la nuit pour revenir à la maison avec le métro. Un autre me conduisit le long d'une route solitaire. Il était ivre et me réclamait l'argent qu'il m'avait donné. Lorsque je refusai, il approcha son revolver de ma tête et tira sur la gâchette. L'arme ne fonctionna pas et je partis en courant, mais ce fut la dernière fois que je montai dans la voiture d'un inconnu.

Ce n'était pas seulement avec les types de la rue que j'avais des ennuis. Constamment j'avais la police à mes trousses. Onze fois je fus mise en prison au cours des huit ans où je m'adonnais à la drogue. La plus longue condamnation fut de six mois. J'étais arrêtée pour différents motifs : vol à la tire dans les magasins, trafic de stupéfiants, larcins, vagabondage et, naturellement, prostitution.

J'avais horreur de la prison. La première fois que je m'y trouvai, je pleurai sans arrêt. Je m'étais promis de ne plus jamais rien faire qui pourrait m'y ramener. Mais quatre mois plus tard, j'y étais à nouveau et y retournai dix fois.

La police aussi me poursuivait toujours. Un agent revenait tous les deux jours me harceler pendant que j'étais sur la rue, essayant de me convaincre de l'accompagner. Mais je savais qu'il ne me donnerait pas un sou et jamais je n'ai accepté ses propositions.

L'héroïne me minait. Lors de ma première dose excessive, je travaillais encore ; j'avais laissé Johnny et étais retournée auprès de ma mère. Cette dernière était occupée dans une fabrique et moi dans un bureau. Je lui dis qu'il me fallait quelques vêtements neufs pour me rendre à mon travail et la priai de faire un emprunt à la banque.

Je rentrai de bonne heure, un après-midi et pris l'argent du tiroir où il avait été déposé. Je me rendis à Harlem, où demeurait le distributeur d'héroïne, lui achetai de la marchandise et la cachai dans mon soutien-gorge. Puis je marchai quelques centaines de mètres jusqu'à un sous-sol où je savais que des harponnés se réunissaient. Désespérée, je tremblais, remplis la seringue et m'injectai la drogue dans la veine. Immédiatement, je compris que quelque chose n'allait pas. J'avais des vertiges et m'évanouis. Un des hommes s'amusa de mon état et essaya de me tenir debout. Je pense qu'ils eurent peur quand ils virent que je ne réagissais pas. Un autre arracha mon soutien-gorge pour y prendre ce qu'il restait de « H » et ils me traînèrent hors du local, sur le trottoir, où je m'effondrai.

Quand je m'éveillai, j'étais à Bellevue. La police m'avait trouvée et emmenée à l'hôpital. On m'avait dépouillée de tout mon argent. Trois agents de police entouraient mon lit, me posant des questions tous à la fois. Je leur expliquai que j'avais bu et que l'on avait mis quelque chose dans mon verre de liqueur. Mais ils connaissaient la vérité. Ils avaient vu le signe « OD » sur mon dossier : « overdose » ou « dose excessive ». Ce fut la première des trois.

La troisième me fut presque fatale.

Je m'étais endormie sur mon lit et ma cigarette tomba dans mes cheveux. Je me souviens du sentiment bizarre que j'éprouvais, rêvant que la main de Dieu me saisissait et ne cessait de me secouer. Je me souviens d'avoir dit :

— Ça suffit, mon Dieu ! Laisse-moi tranquille ! Cesse de me secouer !

Mais les tremblements ne cédèrent point et je me réveillai. Je savais pertinemment que quelque chose n'allait pas, mais n'éprouvais aucune sensation. Une odeur putride, celle de la chair brûlée, s'exhalait dans la pièce. J'essayai de me lever, mais tombai à terre. Me traînant devant la glace, je me redressai pour me regarder. Ce visage n'était pas le mien. J'étais chauve. Toute ma chevelure avait disparu. Ma face n'était qu'une masse d'ampoules et de chair carbonisée. Mes deux oreilles étaient presque complètement consumées. De la fumée, semblable à celle de toasts rôtis à l'excès, s'élevait en spirales de chacune d'elles. Mes deux mains, dont je m'étais inconsciemment servie pour éteindre le feu, étaient aussi couvertes de cloques.

Je me mis à pousser des cris perçants. Un homme, de l'autre côté du corridor, entendit mes hurlements hystériques et, sachant que je me droguais, vint et frappa à la porte. En chancelant, j'allai jusque-là et saisis la poignée. Mais la chair de mes paumes resta collée au métal et se détacha de mes mains ; je ne pus absolument pas faire fonctionner la serrure.

L'homme finit par ouvrir la porte de l'extérieur.

Il voulut me transporter à l'hôpital, mais je refusai. Je retombai sur mon lit et lui demandai de me conduire chez mon amie Inès. Ce qu'il fit. C'est là que je passai la nuit. Mais les brûlures au deuxième et troisième degrés me causèrent des souffrances intolérables. La perspective de l'hôpital m'effrayait. Je m'y étais déjà trouvée et n'ignorais pas que je devrais renoncer à mon habitude de toxicomane invétérée et passer à nouveau par l'expérience du « poulet froid ». Je ne croyais pas pouvoir le supporter. Je mourrais. Et j'avais peur de la mort.

Mais le jour suivant, Inès m'obligea à y aller. Elle n'eut pas à insister beaucoup. Je savais que si je refusais j'étais perdue. J'y restai un mois et demi attendant que les plaies guérissent.

A ma sortie, je retournai sur la rue. J'eus ma première piqûre quarante-cinq minutes après avoir franchi le portail de l'hôpital et, le soir même, je retournai à mon gagne-pain. Mais, à cause des cicatrices, personne ne voulait de moi. Mes vêtements étaient couverts de taches de café et brûlés par les cigarettes. Mon corps était sale et sentait mauvais. Parfois, je parcourais la rue en ricanant. Mon besoin de drogue me rendait folle.

Un garçon espagnol, qui s'appelait René, me parlait souvent quand il me rencontrait. Il avait été distributeur d'héroïne et était entré en contact avec le centre. Devenu un chrétien et débarrassé de son vice, pendant plusieurs mois il avait insisté pour que je vienne ici et que je sois délivrée moi aussi.

Par une nuit froide de mars, je désirais désespérément une dose. Je marchai en chancelant jusqu'au 416 de l'Avenue Clinton. Je tombai sur les escaliers, près du bureau, à l'entrée. Mario était de service ce soir-là. Il appela Gloria. Elle me releva gentiment et je m'appuyai sur elle pour franchir la porte et entrer dans la chapelle.

— Agenouillez-vous, Maria ! me dit-elle. Agenouillez-vous et priez !

J'étais saisie de stupeur et je crus que j'allais mourir. Mais s'il fallait passer par là pour continuer à vivre, je devais le faire. Je me mis à genoux, sur le parquet, derrière un des bancs. Mais avant de baisser la tête, je me mis à vomir, sur ma blouse et sur le plancher. Je pleurais, tremblais et m'affaissai sur le sol, les deux mains devant moi, dans ce que j'avais rendu.

Je regardai autour de moi. D'autres personnes s'étaient approchées et m'entouraient. J'en reconnus plusieurs que j'avais vues en prison, mais elles n'étaient plus les mêmes. Elles ressemblaient à des anges, flottant à travers tables et chaises, venant vers moi lentement. Elles souriaient et leurs visages rayonnaient. Leurs yeux brillaient, non plus sous l'effet de la marijuana ou de l'héroïne, mais d'une lumière intérieure qui se reflétait sur moi. J'étais éblouie et il me semblait que ma tête tournait, tournait sans arrêt.

Gloria près de moi, s'était mise à genoux là où j'avais vomi. Je tournai la tête pour pleurer, mais je continuais à avoir des haut -le-cœur. Les jeunes filles s'étaient rassemblées autour de moi et priaient. Gloria se leva et posa ses mains sur ma tête. Une puissance spirituelle et dynamique se répandit dans mon corps brûlant, me soulevant presque du sol : elle semblait s'échapper des mains délicates de la jeune femme pour passer à travers mon être.

J'entendis de la musique. Quelques jeunes filles chantaient. Je frissonnais et continuais à me sentir malade et murmurai :

— S'il vous plaît ! Puis-je aller au lit ?

Je sentis de solides bras me soulever et me porter le long de l'escalier. On fit couler un bain et je me laissai déshabiller, trop mal pour m'en soucier. Je pensai qu'elles allaient me noyer. Je crus un instant qu'elles étaient folles et qu'elles se préparaient à me tuer. Peu m'importait !

Elles me placèrent gentiment sous la douche et me lavèrent. C'était la première fois depuis des mois que cela m'arrivait. Elles m'aidèrent à m'essuyer et me mirent du linge frais, puis elles me conduisirent jusqu'à un lit dans un grand dortoir.

— Puis-je fumer ? demandai-je à l'une des jeunes filles.

Gloria répondit :

— Je regrette, Maria, nous ne fumons pas ici. Mais voici des bonbons. Goûtez-les ! Je crois qu'ils vous soulageront.

Je tombai sur la couche et commençai à trembler de nouveau. A tour de rôle, elles me massèrent le dos. Chaque fois que je demandais une cigarette, Gloria mettait un autre bonbon dans ma bouche. Elles veillèrent près de moi deux jours et deux nuits. Lorsque je m'éveillais avec des tremblements, je voyais Gloria assise à mon chevet, lisant la Bible ou priant à haute voix. On ne me laissa jamais seule.

Ce fut au cours de la troisième nuit que Gloria me dit :

— Maria, j'aimerais que vous descendiez avec moi au culte dans la chapelle.

J'étais faible, si faible ! Mais j'y allai et m'assis au fond de la salle. Vous parliez.

Ce même soir, je suis entrée ici, dans ce bureau, je me suis agenouillée, et en pleurant, j'ai répandu mon cœur devant le Seigneur.

Maria s'arrêta, la tête penchée en avant et les yeux fixés sur la Bible qui était posée sur la table.

— Maria ! murmurai-je doucement. Le Seigneur n'a-t-il pas répondu à votre cri ?

Elle leva son regard vers moi :

— Oh ! Oui ! Nicky. Je n'ai jamais douté de cela !

Mais quand le désir d'obtenir de la drogue devient si fort, je suis tentée de tout abandonner !

Une larme glissa le long de sa joue. Elle ajouta :

— Continuez à prier pour moi ! Avec l'aide de Dieu, je crois que j'y arriverai !

CHAPITRE XV

Avec Christ à Harlem

David était constamment en route, recrutant des moniteurs pour l'été et de l'argent pour le centre. Plus le temps passait, moins il avait de contact personnel avec les drogués eux-mêmes ; il remplissait le rôle d'administrateur, rôle, je le sentais bien, qu'il ne désirait pas assumer mais qui lui était imposé par les circonstances.

La plus grande partie de notre travail se faisait au dehors, dans les réunions et par des rencontres individuelles dans la rue. Presque chaque après-midi, nous dressions notre estrade et notre haut-parleur dans quelque quartier du ghetto de la cité.

Un jour, Mario et moi, emmenâmes un petit groupe de jeunes dans notre bus pour aller jusqu'au cœur de Harlem. Nous avions distribué nos brochures et essayé de rassembler du monde pour un service en plein air, sans grand succès d'ailleurs.

Mario me dit :

— Je vais réunir un auditoire !

— Pas cet après-midi ! Personne ne se soucie de nous. Nous ferions mieux de plier bagage et de rentrer.

— Non ! dit Mario. Nous aurons du monde ! Avec l'équipe, vous pouvez commencer à installer les micros. En moins d'une heure, nous aurons la plus grande réunion que nous ayons jamais tenue ici.

— Comment penses-tu que nous puissions avoir une réunion sans auditeurs ? Aujourd'hui les gens manquent d'intérêt, voilà tout !

— Peu importe ! Laisse-moi faire ! dit Mario.

Un sourire timide sur les lèvres, il se hâta le long de la rue et disparut au tournant. Nous installâmes nos appareils. Il s'agissait strictement d'un acte de foi. Je me sentais comme Noé construisant son Arche au sommet d'une montagne desséchée, mais nous travaillâmes avec ardeur, laissant à Dieu le soin de nous amener des auditeurs.

C'est ce qu'Il fit ! Un quart d'heure plus tard, tout était prêt ; je distribuais des traités au coin d'une ruelle quand soudain une foule de garçons arriva vers moi en courant. Ils agitaient des bâtons, des battes de base-ball et criaient de toutes leurs forces. Je me retournai pour aller vers l'estrade, et aperçus, venant de la direction opposée, un autre contingent vociférant et brandissant aussi des bâtons.

— Il faut que je m'écarte, pensai-je, ces gosses vont se battre. Mais il était trop tard. J'étais entouré de gars bruyants et gesticulants. J'attendis qu'ils se calment un peu.

Tout à coup, Mario, descendant une impasse, annonça :

— Hé ! Ecoutez tous ! Le chef du terrible gang des Mau-Mau de Brooklyn parlera dans un quart d'heure. Venez l'entendre ! Venez écouter le grand Nicky Cruz, l'homme le plus dangereux de Brooklyn ! C'est un tueur et il est encore dangereux !

Les gosses arrivaient des maisons voisines, dégringolaient le long des échelles de secours, et s'assemblaient autour de moi.

— Où est Nicky ? Je veux le voir ! Où est le chef des Mau-Mau ?

Mario arriva à son tour, souriant d'une oreille à l'autre.

— Tu vois, je t'avais dit que nous aurions la foule !

Il y avait vraiment du monde autour de nous. Il devait bien y avoir trois cents gamins fourmillant dans les alentours.

Je hochai la tête :

— J'espère seulement que nous n'allons pas nous faire tuer, mon ami ! Ces gosses peuvent être terribles !

Mario continuait à sourire, tout essoufflé d'avoir couru.

— En avant, prédicateur ! Ton auditoire attend ton sermon !

La sueur coulant sur son visage, il s'approcha du micro et leva les bras pour obtenir le silence. Les garçons l'écoutèrent tandis qu'il leur parlait à la manière d'un aboyeur de foire, accrochant les passants pour le prochain spectacle.

— Mesdames et Messieurs ! Voici le grand jour ! Le chef des redoutables Mau-Mau va vous parler ! L'homme le plus dangereux dans tout New-York. Les jeunes comme les vieux ont peur de lui ! Seulement, il n'est plus le chef ! Il est l'ex-chef ! Il va vous dire pourquoi il ne fait plus partie du gang et pourquoi il marche avec Jésus. Je donne maintenant la parole à l'unique, à l'extraordinaire Nicky Cruz, l'ex-chef des Mau-Mau !

Il applaudit au moment de terminer et je sautai à mon tour sur l'estrade, derrière le micro. Les gosses se mirent aussi à frapper des mains et à crier. Je restai debout, souriant et agitant ma main pour les saluer tandis qu'ils applaudissaient toujours. Beaucoup parmi eux me reconnaissaient ou avaient lu dans les journaux quelque entrefilet me concernant. Deux cents adultes environ s'étaient assemblés derrière la foule des gamins. Deux cars de police vinrent encadrer l'attroupement.

Je levai les bras, et cris, sifflets et applaudissements cessèrent. Un instant plus tard le silence régnait. Je me sentis puissamment inspiré par le Saint-Esprit quand je commençai à parler. Les mots venaient à mes lèvres librement et sans effort.

— J'ai été le chef des Mau-Mau. Je crois que vous me connaissez de réputation.

Une fois de plus la foule applaudit spontanément. Je levai les bras et elle redevint silencieuse.

Cet après-midi, je désire vous dire pourquoi je suis l'*ex*-chef des Mau-Mau. Un jour, dans une réunion comme celle-ci, dans la rue, j'ai écouté un prédicateur qui me parla de quelqu'un qui pouvait changer ma vie. Il me dit que Jésus m'aimait. Je ne savais même pas qui était Jésus, mais je savais que personne ne m'aimait. David Wilkerson, lui, m'a dit que Jésus m'aimait. Et ma vie est changée maintenant. Je me suis livré à Dieu et Lui m'a donné une vie nouvelle. J'étais exactement comme vous. Je courais de-ci, delà, dans les rues. Je dormais sur les toits. On m'avait chassé de l'école parce que je me battais. La police me surveillait et j'ai été arrêté bien des fois et mis en prison. J'avais peur ! Mais Jésus a changé tout ça ! Il a donné un but à mon existence. Il m'a donné l'espoir ! Il m'a donné une nouvelle raison de vivre ! Je ne fume plus la marijuana, je ne me bats plus et je ne tue plus. La nuit, je ne reste plus éveillé par la crainte qui me tenaillait. Je n'ai plus de cauchemars. Maintenant, les gens s'arrêtent pour me parler quand ils me rencontrent. La police me respecte. Je suis marié et j'ai un petit enfant. Mais, par-dessus tout, je suis heureux et je ne cours plus à l'aventure.

La foule se taisait, attentive. Je terminai mon message et fis un appel au salut. Vingt-deux personnes répondirent à l'invitation et s'agenouillèrent devant l'estrade tandis que je priais.

Quand j'eus fini, je regardai autour de moi. Les agents de police étaient descendus de leurs cars, ils étaient là, leur casque dans les mains et la tête inclinée. Je levai mon visage vers le ciel. Le soleil brillait sur Harlem.

* * *

Le Harlem espagnol devint pour nous l'endroit favori des réunions en plein air. Il semblait que nous pouvions y réunir de plus nombreux auditoires et que le besoin de l'Evangile y était plus apparent qu'en tout autre lieu où nous l'annoncions. Je rappelais toujours à notre équipe que « là où le péché abonde, la grâce surabonde ».

Gloria eut plus de peine à accepter le Harlem espagnol. Elle ne s'habituait pas à l'odeur de l'évent. Elle s'efforçait de ne pas être prétentieuse, mais les marchés ouverts étaient plus nauséabonds qu'elle n'en pouvait supporter. J'avais également du mal à m'habituer aux innombrables mouches qui couvraient la viande, les fruits et les légumes.

De plus, il y avait l'odeur particulière des drogués. Ils dégagent une puanteur désagréable et, lorsqu'ils sont en groupe, particulièrement dans la chaleur de l'été, leur relent est presque insoutenable.

Nous apprîmes beaucoup de choses au cours des premiers mois de nos réunions dans la rue. Ceux d'entre nous qui avaient le plus de succès étaient justement ceux qui, sortis des bas-fonds, donnaient un témoignage vécu de la puissance transformatrice de Jésus-Christ. Je ne réussissais pas aussi bien en m'adressant aux drogués que certains anciens harponnés. Nous découvrîmes qu'ils étaient, dans ce domaine, nos meilleurs prédicateurs. Leurs attestations, honnêtes, sincères et percutantes, bouleversaient les victimes des stupéfiants. Nous les emmenions de plus en plus fréquemment avec nous dans les rues. Cela provoquait, pourtant, certains problèmes.

Souvent, dans nos réunions, des drogués s'approchaient de nos jeunes pour les taquiner et essayer de les tenter. Ils allumaient une cigarette de marijuana devant eux et leur en soufflaient la fumée au visage. J'ai vu un homme sortir de sa poche une seringue et un paquet d'héroïne et les agiter devant les yeux d'un de nos ex-drogués en lui disant :

— Hé ! mon petit ! Ça ne te manque pas ? Ça c'est la vraie vie ! Prends-en une fois encore !

La tentation était presque insurmontable, mais nos jeunes étaient protégés par le bouclier de la puissance de Dieu.

Je vis que Maria, en particulier, n'avait pas honte d'affronter la foule de ses anciens associés — des prostituées et des harponnés — ni de témoigner devant eux de la grâce de Dieu. Son simple témoignage émouvait souvent jusqu'aux larmes l'auditoire, quand elle leur parlait d'un Dieu qui est un ami intime et personnel, Lui qui, sous la forme de Son Fils Jésus-Christ, parcourt les rues pavées de la cité, posant Sa main sur les gens malades du péché et les guérissant. Jamais auparavant on ne leur avait présenté un Dieu semblable. Celui dont ils avaient entendu parler — si jamais ils en avaient entendu parler — était un Dieu de jugement qui maudit le péché et flagelle en vrac tous les transgresseurs, comme les agents de police. Ou peut-être identifiaient-ils Dieu aux églises froides, formalistes et souvent idolâtres qu'ils connaissaient.

Un jour, un ancien membre de gang, un adolescent de couleur, autrefois victime de l'héroïne, témoignait et parlait de son enfance. Il raconta, qu'à l'âge de treize ans, il dut quitter son foyer parce qu'ils étaient trop nombreux en famille et comment plusieurs hommes avaient vécu avec sa mère. Pendant des années, il avait dormi sur le toit des maisons ou dans les stations de métros, se procurant de la nourriture, en mendiant ou en volant. Il vivait comme une bête sauvage dans la rue.

Alors qu'il parlait, une vieille femme, derrière la

foule, se mit à pleurer. Elle sanglotait, comme dans une crise d'hystérie. Je fis le tour de l'attroupement pour lui porter quelque secours. Quand elle s'apaisa, elle m'expliqua que ce garçon qui parlait aurait pu être le sien; elle en eut cinq qui, comme lui, durent quitter la maison pour vivre ainsi dans la rue. Elle ne pouvait pas supporter le poids de sa culpabilité. Nous nous rassemblâmes autour d'elle et priâmes. Elle cria à Dieu pour obtenir de lui le pardon et la protection pour ses fils, là où ils se trouvaient. Ce qu'ils étaient devenus, elle l'ignorait. Cet après-midi-là, elle se réconcilia avec Dieu, mais le mal fait à ses enfants était irréparable. Pour des milliers, les dommages se multipliaient encore. Nous avions l'impression d'essayer de vider l'océan avec une cuillère à thé en la plongeant dans cette vase immonde. Cependant, nous savions que le Seigneur n'attend pas de nous que nous Lui gagnions le monde, mais simplement que nous témoignions et lui soyons fidèles. C'était là notre but.

* * *

Un jeudi soir tard, nous commencions notre réunion en plein air, au coin d'une cour d'école, dans le Harlem espagnol. C'était une soirée étouffante d'été et une grande foule s'était assemblée pour écouter les refrains entraînants qui jaillissaient de nos haut-parleurs.

La foule était agitée et nerveuse. Quelques garçons et filles prirent place devant le micro et commencèrent à chanter, à frapper dans leurs mains en cadence. Je remarquai que, d'un côté, du désordre se produisait. Un groupe de « petits » * dansaient au rythme de la musique. Ils étaient cinq ou six qui se trémoussaient, tortillaient leurs hanches et tapaient

* Les « petits » désignent, dans le ghetto, les enfants de 8 à 10 ans, souvent abandonnés dans la journée, qui font dans la rue leur apprentissage du mal sous toutes ses formes.

des pieds. Une partie de l'auditoire s'était laissé distraire et excitait les enfants à poursuivre leurs jeux, en riant et en frappant des mains avec eux. Je quittai ma place pour les rejoindre.

— Hé ! les enfants. Comment se fait-il que vous veniez danser ici ? C'est le terrain de Jésus !

L'un des « petits » expliqua :

— Cet homme, là-bas, nous a payés pour danser. Voyez ce qu'il nous a donné : de l'argent !

Ils montrèrent un jeune homme mince, d'environ 28 ans, qui se tenait un peu en dehors du rassemblement. J'allai lui parler. Il me vit venir et se mit lui-même à tournoyer au son du disque.

J'essayai d'engager une discussion, mais il continua à danser, frappant des pieds et s'écriant :

— Ça c'est de la musique, cha-cha-cha !

Il tournait comme une toupie dans la rue et se frappait les cuisses. Tortillant les hanches et rejetant sa tête en arrière comme un homme en transes, il chantonnait :

— Be-bop ! Cha-cha-cha ... dum-dum-dum ... Balance-toi, bonhomme, balance-toi !

Finalement, je l'interrompis :

— Hé ! Mon ami ! Je désire vous poser une question...

Il continua à danser au rythme de la musique.

— Oui ? Qu'est-ce que tu veux ?.. Qu'est-ce que tu veux ? Be-bop, dum-dum-dum ... Qu'est-ce que tu veux ?

Je lui dis :

— Avez-vous donné de l'argent à ces gosses pour qu'ils dansent et dérangent notre réunion ?

Ma patience était un peu à bout.

Tout en tournoyant, il dit :

— C'est exact ! C'est bien moi ! Je suis ton homme ! Dada-da ... Il mordait ses lèvres et jetait ses pieds très haut devant son visage tout en tourbillonnant.

Je crus qu'il était fou.

— Pourquoi ? lui criai-je. Qu'est-ce qui ne va pas ?

— Nous ne vous aimons pas ! Nous n'aimons pas les chrétiens ! Non ! Non et non ! Nous n'aimons pas les chrétiens ! Da-da-dum-dum-dum...

J'étais exaspéré. Serrant les poings, je m'avançai vers lui.

— Bien ! Nous allons terminer cette réunion et vous, vous allez vous taire ou bien je vous cloue contre cette maison et je vous fais taire pour de bon !

Il comprit que je parlais sérieusement, mais ne mit pas un terme à ses agissements aussi vite que je le souhaitais. Il se donna un coup sur la bouche avec le dos de sa main qu'il regarda ensuite avec une terreur feinte. Mais, il arrêta de danser et se tut.

Je retournai au micro et parlai, ce soir-là, des expériences de mon adolescence à New-York. Je témoignai de la saleté, de la pauvreté, de la honte et du péché qui avaient rempli ma vie. Puis je dénonçai l'iniquité des parents qui laissent leurs enfants grandir dans un tel état de péché. Je les suppliai de donner un bon exemple à leurs fils et à leurs filles. Les gens enlevaient leurs chapeaux tandis que je m'adressais à eux. C'est bien un des meilleurs signes de révérence et de respect. Les larmes coulaient des yeux de nombreux auditeurs. Je sentis que la puissance de Christ agissait d'une manière très spéciale mais je ne pouvais prévoir ce que cela allait provoquer au cours des instants qui suivraient.

Tout en parlant, je remarquai un vieillard, un ivrogne sans doute, debout au milieu de ces gens qui pleuraient. Une jeune fille près de l'estrade cacha sa tête dans ses mains et s'agenouilla sur les pavés durs et sales. Une de nos assistantes quitta le groupe, se mit à genoux et pria avec elle. Je continuai à parler.

Il était clair que l'Esprit de Dieu agissait dans cette réunion. Je terminai mon message pour faire un appel à s'approcher de Lui. Je vis alors qu'un drogué, au bord du cercle, était dans une profonde détresse. Il sortit de la poche de sa chemise quelques sachets et les jeta à ses pieds. Il se mit à hurler tout en piétinant les petites enveloppes blanches.

— Je te maudis, toi, infâme drogue. Tu as chassé ma femme loin de moi. Tu as tué mes enfants ! Tu as conduit mon âme sur le chemin de l'enfer. Je te maudis ! Je te maudis !

Il s'effondra à terre, en pleurant, la face dans ses mains. Un de nos adjoints se hâta d'aller vers lui. Deux autres anciens drogués l'entourèrent, l'un posa sa main sur la tête du malheureux et l'autre se mit à genoux, tous priant à haute voix tandis qu'il implorait le pardon divin.

Huit ou neuf toxicomanes s'avancèrent comme lui autour du micro. J'allai de l'un à l'autre, posant mes mains sur eux et priant pour eux, absolument inconscient du bruyant trafic tout proche et des regards curieux des spectateurs.

Après le service, nous parlâmes du centre à ceux qui s'étaient approchés. Nous les invitâmes à venir vivre avec nous pendant leur désintoxication. Quelques-uns étaient disposés à nous accompagner sur-le-champ. D'autres hésitaient et refusaient. Plusieurs se présenteraient une semaine plus tard et demanderaient leur admission.

Pendant que la foule s'écoulait, nous rangeâmes nos appareils et chargeâmes le bus. L'un des petits qui avaient dansé pendant la réunion me tira par la manche de mon veston, et me dit que « le danseur » désirait me parler.

— Où est-il ? dis-je.

Il me montra de l'autre côté de la chaussée une allée très sombre. Il faisait déjà nuit et je ne jugeai pas prudent de m'engager dans l'obscurité où l'homme se tenait caché. J'envoyai l'enfant lui dire que je serais heureux de m'entretenir avec lui où je me trouvais, sous le réverbère. L'enfant partit. Quand il revint, quelques minutes plus tard, nous avions à peu près terminé le démontage de nos appareils. Il secoua la tête et dit que l'homme avait besoin de me voir, mais qu'il se gênait de venir sous la lumière.

J'allais dire non au petit, quand tout à coup je me souvins de David Wilkerson entrant dans le sous-sol où j'étais allé me cacher après sa première réunion en plein air. Je me rappelai comment il s'était approché de moi, sans peur, et m'avait dit :

— Nicky, Jésus t'aime !

Son intrépidité et sa compassion m'avaient amené à accepter Christ comme Sauveur. Ainsi, regardant dans la profondeur du ciel noir, je dis au Seigneur que s'Il désirait que je parle à ce danseur sauvage, j'étais prêt à y aller, mais que j'irais dans Son Esprit et non pas avec ma propre force et ma propre puissance. J'attendais de Lui qu'Il marche devant moi, surtout dans cette ténébreuse impasse.

Je traversai la rue et m'arrêtai à l'entrée de l'allée. Elle était semblable à l'accès d'un tombeau. Je murmurai une prière :

— Seigneur, j'espère de tout mon cœur que tu entres ici le premier ! et je m'avançai.

Je cherchai le chemin en suivant à tâtons, dans la nuit, les murs de maçonnerie. J'entendis le bruit assourdi d'un homme qui sanglotait. Avançant encore dans l'obscurité, je le vis accroupi au milieu de poubelles malodorantes. La tête entre les jambes, il était secoué par des sanglots convulsifs. Je m'approchai et m'agenouillai près de lui. Le relent des ordures était insupportable. Mais là se trouvait une profonde détresse humaine et le désir de la secourir était plus puissant en moi que la puanteur de l'allée.

Il suppliait :

— Aidez-moi ! S'il vous plaît, aidez-moi ! J'ai lu votre histoire dans les journaux. J'ai su que vous

vous étiez converti et que vous étiez allé à l'Ecole biblique. S'il vous plaît, aidez-moi !

Je ne pouvais croire qu'il s'agissait de l'homme qui, quelques instants auparavant, avait dansé et chanté dans la rue, essayant d'interrompre notre réunion.

— Dieu peut-il me pardonner ? Dites-moi, suis-je descendu trop bas ? Me pardonnera-t-Il ? S'il vous plaît, aidez-moi !

Je lui dis que Dieu lui pardonnerait. Je le savais. Ne m'avait-Il pas pardonné à moi aussi ? Je lui demandai quelques renseignements sur sa vie. Il me raconta son histoire tandis que je l'écoutais à genoux, près de lui, au milieu des immondices de l'impasse.

Il avait senti un jour que Dieu l'appelait à être un ministre de l'Evangile. Abandonnant sa profession, il avait suivi les cours d'une école biblique pour devenir prédicateur. De retour à New York, il fit la connaissance d'une femme qui le séduisit et pour laquelle il abandonna son épouse. Ses deux enfants et sa compagne le supplièrent de ne point les quitter. Ils lui rappelèrent les vœux qu'il avait faits à Dieu et ses promesses de mariage. Mais il était comme possédé par un démon et laissa sa femme pour aller vivre avec cette personne. Deux mois plus tard, cette dernière le quittait parce que fatiguée de lui et ne lui trouvant plus aucun attrait, disait-elle. Il avait perdu tous ses moyens, fumait de la marijuana et prenait des comprimés. Je lui demandai quelle sorte de pastilles et il me cita des noms de barbituriques. Il lui semblait qu'il était en train de devenir fou.

Il se mit à gémir :

— J'essayais de vous chasser d'ici, c'est pourquoi j'ai agi comme je l'ai fait. J'ai peur de Dieu, peur de Le rencontrer face à face. Je désire retourner à Lui, retrouver ma femme et mes enfants. Mais je ne sais comment m'y prendre. Voulez-vous prier pour moi ?

Il releva la tête et je vis ses yeux pathétiques, pleins de culpabilité, plaidant pour obtenir du secours. Je l'aidai à se relever. Nous sortîmes de la ruelle et rejoignîmes le bus. Six d'entre nous y prirent place. Il s'assit au milieu sur un siège, sa tête penchée sur le dossier devant lui. Nous nous mîmes à prier, chacun de nous à haute voix. Il pria également. Soudain, il se mit à citer les Ecritures. Du fond de sa mémoire, grâce à sa préparation biblique, jaillissaient les paroles du psaume 51, le psaume de David, composé après qu'il eut commis l'adultère avec Bathsheba et envoyé le mari de celle-ci à la bataille pour y être tué. Jamais je n'avais senti la puissance de Dieu aussi proche que lorsque cet ex-pasteur, devenu un serviteur de Satan, reçut à nouveau l'Esprit de Christ et répandit son âme dans la prière selon les termes mêmes de l'Ecriture sainte :

« O Dieu ! Aie pitié de moi dans Ta bonté ;
Selon Ta miséricorde, efface mes transgressions ;
Lave-moi complètement de mon iniquité,
Et purifie-moi de mon péché.
Car je reconnais mes transgressions,
Et mon péché est constamment devant moi.
J'ai péché contre toi seul,
Et j'ai fait ce qui est mal à tes yeux,
En sorte que tu seras juste dans Ta sentence,
Sans reproche dans ton jugement.
Voici, je suis né dans l'iniquité,
Et ma mère m'a conçu dans le péché.
Mais tu veux que la vérité soit au fond du cœur ;
Fais donc pénétrer la sagesse au-dedans de moi !
Purifie-moi avec l'hysope, et je serai pur ;
Lave-moi, et je serai plus blanc que la neige.
Annonce-moi l'allégresse et la joie,
Et les os que tu as brisés se réjouiront.
Détourne ton regard de mes péchés,
Efface toutes mes iniquités.

O Dieu ! Crée en moi un cœur pur,
Renouvelle en moi un esprit bien disposé,
Ne me rejette pas loin de ta face,
Ne me retire pas ton esprit saint.
Rends-moi la joie de ton salut,
Et qu'un esprit de bonne volonté me soutienne !
J'enseignerai tes voies à ceux qui les transgressent,
Et les pécheurs reviendront à toi.
O Dieu, Dieu de mon salut !
Délivre-moi du sang versé,
Et ma langue célébrera ta miséricorde ! »

Il acheva de prier. Le bus était silencieux. Alors Gloria, d'une voix douce et magnifique, termina le psaume :

« Les sacrifices qui sont agréables à Dieu,
C'est un esprit brisé.
O Dieu, Tu ne dédaignes pas un cœur brisé et contrit. »

Nous nous relevâmes. Il essuya son visage et se moucha. Nous fîmes de même.

Il se tourna vers moi :

— J'ai donné ma dernière pièce de monnaie pour faire danser les enfants dans la rue. Pouvez-vous me prêter quelques sous ? Je voudrais téléphoner à ma femme et prendre le métro. Je retourne à la maison.

J'avais pour principe de ne jamais donner de l'argent aux drogués et aux ivrognes. Je savais que, sauf de très rares exceptions, cet argent servirait à acheter des stupéfiants ou de la boisson. Mais, ce soir-là, c'était justement l'extraordinaire exception. Je cherchai dans ma poche et en sortis mon dernier billet d'un dollar. Il le prit et m'étreignit, son visage encore humide de larmes. Puis il serra tous les autres fraternellement dans ses bras.

— Vous entendrez bientôt parler de moi ! dit-il. Je reviendrai !

Il revint. Deux jours plus tard, il amena sa femme et ses enfants au centre pour nous les présenter. Son visage rayonnait d'un éclat que ni la drogue ni les barbituriques ne produiront jamais. C'était le reflet extérieur de la lumière de Dieu au-dedans de lui.

CHAPITRE XVI

A travers la vallée ténébreuse

Il est presque impossible de réunir sous le même toit quarante harponnés de la drogue sans avoir des problèmes, surtout s'ils se trouvent sous la surveillance de moniteurs inexpérimentés. La seule force qui empêchait l'organisation du centre d'exploser était celle du Saint-Esprit. Nous étions assis sur un baril de poudre et n'importe lequel d'entre nous pouvait allumer une étincelle dans le cerveau d'un psychopathe et nous faire disparaître tous.

Il était difficile de discerner ceux qui nous trompaient, car la plupart de ces hommes et de ces femmes étaient des dissimulateurs professionnels. Ils vivaient de leurs mensonges. Mais nous leur faisions confiance dans la mesure du possible.

J'étais très strict en matière de discipline ; mais la majorité de nos hôtes, cependant, ne le prenait pas en mauvaise part si nous étions justes et raisonnables. En fait, ils l'appréciaient parce qu'elle leur donnait une base ferme de coopération, un sens solide d'appartenance. Cependant, je n'ignorais pas qu'un certain nombre d'entre eux n'étaient pas de cette opinion.

David approuvait mon système. Mais la désagréable responsabilité d'avoir à réprimander constamment les contrevenants commençait à me peser lourdement. Bien souvent, je devais sortir du lit au milieu de la nuit pour apaiser une discorde et renvoyer quelqu'un pour infraction aux règles de la maison. Je devais prendre moi-même la plupart des décisions importantes ; les nouveaux membres du personnel en général, arrivaient directement de l'Ecole biblique. Mon manque de préparation et ma propre faiblesse m'accablaient. Je connaissais peu de choses ou rien de la procédure administrative et encore moins de l'aspect psychologique des contacts personnels nécessaires au maintien de bons rapports avec mes compagnons d'œuvre. Je voyais la jalousie s'implanter parmi quelques-uns de ceux qui travaillaient sous mes ordres et je me rendais compte de la détérioration graduelle de nos relations.

Quand David s'arrêtait au centre, j'essayais de lui expliquer que j'avais des questions à résoudre qui dépassaient de loin ma compétence, mais il finissait toujours par me dire :

— Tu peux y faire face, Nicky ! J'ai entière confiance en ton savoir-faire.

Pourtant les problèmes continuaient à s'amasser comme de noirs nuages à l'horizon avant que n'éclate l'orage.

* * *

En automne, j'allai avec David à Pittsburgh où je devais prendre la parole au cours de la croisade organisée par Kathryn Kuhlmann dans cette ville. Mademoiselle Kuhlmann exerce un des plus extraordinaires ministères au monde. Son œuvre, par le moyen des « Institutions Kathryn Kuhlmann », s'est répandue sur toutes les parties du globe. Elle avait rendu visite à notre centre et s'était intéressée personnellement à mes activités. Je lui avais montré la cité et l'avais conduite au ghetto.

Elle m'avait dit :

— Je remercie Dieu de vous avoir arraché à ces bas-fonds. Si jamais vous avez un trop grand problème à résoudre, appelez-moi !

Je pensais que je devais peut-être essayer de lui parler à Pittsburgh, car le fardeau de mon cœur s'alourdissait de plus en plus. Mais je fus pris par l'amplitude de son programme. Un soir, parlant par l'intermédiaire de mon ami Jeff Morales, qui était venu pour me traduire, je fis part de mes expériences aux milliers de personnes qui avaient pris place dans l'immense amphithéâtre. Après la réunion, nous partageâmes un repas dans un petit restaurant où je n'eus pas l'occasion de converser en privé avec Mademoiselle Kuhlmann. Je quittai donc Pittsburgh plus déçu que jamais.

En janvier 1964, nous avions trop de monde pour loger les jeunes femmes au troisième étage du 416 de l'avenue Clinton. Nous fîmes des démarches pour obtenir une maison, de l'autre côté de la rue, afin d'y installer un foyer féminin. J'étais au courant d'une conspiration menée derrière mon dos, organisée par quelques toxicomanes auxquels j'avais dû imposer la discipline. De plus, nous avions accepté plusieurs femmes de mœurs spéciales qui nous causaient de grandes difficultés. Je craignais constamment qu'elles ne cherchent à séduire des jeunes filles inexpérimentées qui avaient été engagées comme aides.

S'occuper de drogués, c'est comme si on essayait d'éteindre un feu de forêt avec un linge mouillé. Dès que j'avais réussi à contrôler une situation difficile, une autre éclatait immédiatement ailleurs. Je souffrais de cet état de choses et chaque fois qu'un harponné retournait dans son milieu, je m'accusais personnellement. Gloria m'avertit de ne pas essayer de porter seul tous les fardeaux, mais la responsabilité pesait terriblement sur mes épaules.

Puis Quetta arriva au centre. C'était une homosexuelle de type masculin qui avait vécu un certain temps avec une autre fille. Elle portait des vêtements d'homme : pantalons, veston et même des sous-vêtements et des souliers masculins. Elle avait un peu plus de trente ans, la peau claire et des cheveux d'ébène coupés courts. C'était une jeune fille élancée, mince et attrayante.

Quetta était l'une des plus importantes distributrices de stupéfiants de la cité. Pendant des années, elle avait fait de son logement un lieu de rendez-vous. Hommes et femmes n'y allaient pas seulement pour acheter de l'héroïne, mais pour participer à des excès d'immoralité sexuelle. Elle fournissait tout ce qui était nécessaire : des aiguilles, des ustensiles, de l'héroïne, des pilules et, pour ceux dont les appétits étaient contre nature, des hommes et des femmes, selon le cas. C'était une situation sordide.

Un jour, la police fit une descente dans l'appartement de Quetta, elle y cueillit douze personnes, dont des prostituées professionnelles, et découvrit du matériel de drogués (cuillères, aiguilles et compte-gouttes). Les agents de l'ordre démolirent pratiquement le logis, ouvrirent les murs, arrachèrent le plancher et découvrirent la cachette de stupéfiants de Quetta, d'une valeur de plusieurs milliers de dollars.

Après avoir été en prison, elle vint au centre pendant sa liberté surveillée. Je lui expliquai les règles et lui dis que dorénavant elle devrait porter des vêtements de femme et laisser pousser ses cheveux. De plus, elle n'était pas autorisée à rester seule avec une autre droguée à moins qu'une surveillante ne fût présente. Elle était trop malade pour discuter et parut reconnaissante d'être sortie de prison. En moins d'une semaine, elle fit une profession de foi et donna toutes les preuves extérieures d'une conversion authentique.

J'appris très vite, cependant, que même des conversions peuvent être contrefaites. Bien que nous eussions demandé maintes fois à Quetta de témoigner dans les réunions sur la rue, je sentais qu'il émanait d'elle quelque chose de faux, d'artificiel. Un matin, une de nos surveillantes vint me voir de bonne heure. Elle était pâle et tremblait comme une feuille.

— Qu'est-ce qui ne va pas, Diane ? Entrez et asseyez-vous.

Diane était la dernière arrivée de notre personnel. C'était une fille de la campagne du Nebraska, récemment diplômée du collège biblique.

— Je ne sais pas comment vous expliquer, Nicky. C'est au sujet de Quetta et de Lilly.

Lilly était une harponnée qui était arrivée au centre, il y avait exactement une semaine. Elle avait assisté aux cultes mais ne s'était pas donnée au Seigneur.

Ma bouche se dessécha.

— Qu'est-ce qui se passe ? dis-je.

Diane rougit et baissa la tête.

— Elles étaient dans la cuisine ensemble, aux environs de minuit. J'entrai et les trouvai là, Nicky... elles étaient... Elle n'acheva pas sa phrase, tant elle était confuse et embarrassée. Je n'ai pas pu dormir de la nuit. Que devons-nous faire ?

Je quittai ma chaise et me mis à marcher de long en large dans le bureau.

— Allez leur dire que je désire leur parler tout de suite.

J'étouffais :

— Cette maison est consacrée au Seigneur. Nous ne pouvons pas y tolérer des choses pareilles !

Diane s'en alla et je m'assis, la tête dans les mains, priant désespérément pour obtenir la sagesse. En quoi avais-je manqué ? Nous avions laissé Quetta témoigner pour le centre. Les journaux avaient raconté son histoire et lui avaient fait beaucoup de publicité. Elle avait même parlé de son changement de vie dans des églises.

J'attendis plus d'une heure et je sortis voir ce qui les retenait. Je rencontrai Diane dans l'escalier.

— Elles sont parties ensemble. Elles ont eu peur. Nous n'avons pas pu les retenir !

Je retournai lentement dans mon bureau. Je m'accusais personnellement de cette défaite. Pendant trois jours, Gloria pria avec moi alors que j'étais exaspéré par mon évidente incapacité d'atteindre ces âmes par un message adéquat.

Elle me disait :

— Nicky, Jésus lui-même a subi des échecs avec ses disciples. Souviens-toi de tous ceux qui ont été fidèles et qui ont réussi : Sonny est à l'Ecole biblique maintenant pour devenir un prédicateur. Pense à Maria et à sa merveilleuse transformation. Rappelle-toi ce que Dieu a fait pour toi. As-tu oublié ta propre expérience du salut ? Comment peux-tu douter et te décourager pour ces quelques revers ?

Gloria avait raison, mais j'étais impuissant à me sortir de mon désespoir. A mesure que l'été s'écoulait, le fardeau de ma culpabilité grandissait. Il me semblait que j'avais fait totalement faillite. Mes relations avec la plupart des membres du personnel étaient coupées. David croyait encore en moi, mais je ressentais avec acuité et douleur mes constants insuccès. La tension s'accrut. Gloria essayait de m'arracher à mon attitude pessimiste, mais j'étais absolument négatif dans tout ce que je faisais.

Le seul point lumineux, dans cette obscurité, fut l'arrivée de Jimmy Baez. Pendant huit ans, Jimmy avait été un harponné de la drogue. Il entra au centre pour demander des remèdes pensant qu'il s'agissait d'un hôpital.

Je lui dis :

— La seule médecine que nous avons ici, c'est Jésus.

Il pensa que je déraisonnais :

— J'ai cru que c'était une clinique. Vous êtes une bande de fous!

Il regarda sauvagement autour de lui, essayant de sortir de mon bureau.

— Asseyez-vous, Jimmy. Je désire parler avec vous. Christ peut vous changer.

Jimmy murmura :

— Personne ne peut me changer. J'ai essayé mais je ne peux laisser tout cela de côté.

Je me levai et m'approchai de lui. Plaçant mes mains sur sa tête, je priai pour lui. Il tremblait et tomba à genoux, appelant Dieu à son aide. A partir de ce soir-là, il ne désira plus jamais une dose d'héroïne.

Quand je parlai à Gloria de la conversion de Jimmy, elle me dit :

— Tu vois, Dieu te montre qu'Il veut encore se servir de toi. Comment peux-tu continuer à douter de Lui ? Pourquoi n'es-tu pas plus positif ? Il y a plusieurs mois que tu n'es pas allé à la réunion du soir dans la rue. Va travailler pour Dieu et tu sentiras de nouveau la direction de l'Esprit-Saint comme auparavant !

Je suivis son conseil. Le premier soir, nous dressâmes l'estrade à Brooklyn et je me mis à parler. La chaleur était suffocante, mais la foule était nombreuse et attentive. Je prêchai de tout mon cœur et j'étais heureux du message apporté. A la fin de ma prédication, je fis un appel. Tout à coup, regardant vers le dernier rang de l'auditoire, je le vis. Je ne pouvais me tromper en regardant son visage. C'était Israël ! Toutes ces années... ! J'avais prié pour lui, je l'avais cherché, j'avais enquêté à son sujet... et, soudain, il était là, au milieu de la foule !

Mon cœur bondit. Peut-être était-ce Dieu qui le faisait revenir ! Le feu du passé enflamma à nouveau mon cœur quand je fis l'invitation à s'approcher. Il paraissait écouter attentivement, tendant le cou pour saisir les paroles. Puis l'harmonium portatif accompagna le trio de jeunes filles qui chantaient. Je vis

Israël se tourner pour partir. Je me frayai précipitamment un chemin, à travers la cohue, essayant de l'intercepter avant qu'il ne disparût au milieu des gens.

— Israël ! Israël ! criai-je. Attends ! Attends !

Il s'arrêta et fit demi-tour. Il y avait six ans que je ne l'avais pas vu. Il était plus fort et plus mûr. Mais son beau visage paraissait ciselé dans du marbre et son regard était profond et triste.

Je le pris dans mes bras et essayai de le ramener vers la foule. Il résista et se tint fermement debout.

— Israël ! criai-je encore bouillonnant de joie. Est-ce vraiment toi ?

Je reculai et tins ses épaules à longueur de bras, le regardant fixement, et lui demandai :

— Où étais-tu ? Où demeures-tu ? Dis-moi tout ! Pourquoi ne m'as-tu pas téléphoné ? Je t'ai cherché partout à New York. C'est bien le plus grand jour de ma vie !

Son regard était distant et froid, ses manières étranges et réservées.

— Il faut que je parte, Nicky ! Ça m'a fait du bien de te voir !

— Tu dois partir ? Il y a six ans que je ne t'ai pas vu ! Viens à la maison avec moi !

Je le pris par le bras, mais il secoua la tête et se libéra de mon étreinte.

— Un de ces jours, Nicky ! Pas maintenant !

Il haussa les épaules et se retourna pour s'éloigner.

— Hé ! Attends une minute ! Qu'as-tu ? Tu es mon meilleur ami, tu ne peux pas partir comme ça !

Il se tourna et me glaça du regard de ses yeux gris d'acier.

— Plus tard, Nicky ! lança-t-il vivement en faisant demi-tour pour s'esquiver dans l'obscurité.

Je restai là où j'étais, l'appelant avec désespoir, mais il ne se retourna plus. Il s'enfonça dans les ténèbres d'où il était venu.

Je rentrai au centre, brisé.

Déprimé, je montai au troisième étage et fermai derrière moi la porte d'une des mansardes.

— Mon Dieu ! criai-je, qu'ai-je fait ? Israël est perdu et c'est ma faute ! Pardonne-moi !

Je me laissai tomber à terre et vécus un long moment de chagrin et de larmes incontrôlables. Je frappai les murs de mes poings dans un désespoir infini. Mais je ne reçus pas de réponse. Pendant deux heures, je restai dans l'étouffante mansarde, m'épuisant physiquement, psychiquement et spirituellement. Je compris que j'allais quitter le centre. Mon ministère touchait à sa fin. J'avais été un raté dans tout ce que j'avais essayé d'entreprendre. Tout ce que je touchais, je le détruisais : Quetta, Lilly ; maintenant, Israël. Il était inutile pour moi de rester là et de livrer des batailles qui se multipliaient et que je ne pouvais plus remporter. Il était également inutile de poursuivre mon ministère. J'étais au bout du rouleau. Découragé ! Battu ! Je me relevai et regardai le ciel sombre de la petite lucarne de la mansarde.

— Mon Dieu ! Je suis vaincu ! J'ai eu tort ! J'ai eu confiance en moi plutôt qu'en Toi ! Si c'est là la raison pour laquelle Tu as permis que tout cela arrive, je suis prêt à confesser mon terrible péché. Humilie-moi ! Anéantis-moi, s'il faut que Tu le fasses ! Mais, mon Dieu, ne me rejette pas !

Les sanglots recommencèrent et tout mon corps tremblait. Sur le seuil de la porte, je regardai en arrière : la chambre était silencieuse. Je ne savais pas s'Il m'avait entendu ou non. Mais au point où j'en étais, cela ne faisait guère de différence. J'avais dit tout ce que je croyais devoir dire !

Je descendis l'escalier pour rentrer chez moi. Gloria avait mis le bébé au lit et débarrassait les restes de son repas tardif. Je fermai la porte et allai vers une chaise. Mais avant que je puisse m'y asseoir, Gloria vint se placer devant moi. Elle entoura ma taille de ses bras et m'attira près d'elle. Elle ne savait rien de ce qui s'était passé dans la rue ou dans la mansarde, mais parce que nous n'étions qu'un, elle sentait que j'étais blessé, meurtri. Elle se tenait près de moi pour soutenir mon esprit défaillant et me donner des forces, en ce temps de détresse. Je la pressai contre moi et j'enfouis ma tête sur son épaule alors que les pleurs recommençaient de couler.

Longtemps, nous restâmes debout, étroitement serrés l'un contre l'autre, mon corps secoué par les sanglots. Je m'apaisai enfin. Je levai son visage vers le mien et la regardai intensément dans les yeux. Ils étaient pleins de larmes, comme des sources secrètes sourdant d'une terre féconde. Mais Gloria ne pleurait pas. Elle souriait faiblement. L'amour qui inondait son cœur déborda soudain en pleurs qui commencèrent à couler, comme de petits ruisseaux, le long de ses joues bronzées.

Je tins fermement son visage entre mes mains. Elle était belle. Plus belle que jamais ! Elle sourit et ses lèvres s'ouvrirent quand elle se haussa vers moi pour me donner un tendre baiser. Je pouvais y goûter le sel de mes propres larmes et l'humide chaleur de sa bouche contre la mienne.

— C'est fini, Gloria. Je vais partir d'ici. Peut-être suis-je devenu trop orgueilleux. J'ai peut-être péché. Je ne sais pas, mais ce que je sais, c'est que l'Esprit s'est éloigné de moi. Je suis comme Samson s'avançant contre les Philistins sans la puissance de Dieu. J'ai échoué ! Je flétris tout ce que je touche !

— Mais, qu'y a-t-il, Nicky ? Sa voix était douce et calme. Qu'est-il arrivé ?

— Ce soir, j'ai vu Israël ! Pour la première fois, après six ans de séparation, j'ai revu mon meilleur ami. Il m'a tourné le dos. S'il est devenu ce qu'il est, j'en suis responsable. Si je ne l'avais pas abandonné dans la cité, il y a six ans, il travaillerait à mes côtés aujourd'hui. Au lieu de cela, il a passé cinq ans en prison et, ce soir, il est perdu. Dieu ne se soucie plus de moi !

— Nicky ! Mais c'est presque un blasphème ce que tu dis là ! Sa voix était toujours douce. Tu ne peux pas te blâmer de ce qui est arrivé à Israël ! Le matin où tu as quitté la cité, tu n'étais qu'un gosse effrayé. Tu n'es pas responsable d'avoir manqué ton rendez-vous avec lui. C'est faux de t'accuser ainsi ! Et comment oses-tu dire que Dieu ne se soucie plus de rien ? Il prend soin de nous ! Il s'est préoccupé de toi au point de te sauver !

Hochant la tête, je lui dis :

— Tu ne peux pas comprendre ! Depuis que David m'a révélé qu'Israël était retourné au gang, je me suis senti responsable. J'ai porté sur mon cœur ce poids de culpabilité. Aujourd'hui je l'ai rencontré et il m'a tourné le dos. Il m'a à peine parlé. Si tu avais vu la dureté de son regard !

— Mais, Nicky, tu ne peux pas abandonner maintenant, au moment où Dieu commence à agir !

Je l'interrompis :

— Demain, je donnerai ma démission. Ma place n'est plus ici. Je ne puis plus continuer à exercer mon ministère, je ne suis pas assez bon. Si je reste, tout le centre s'effondrera. Je suis comme Jonas. Peut-être suis-je en train de fuir encore loin de Dieu, je n'en sais rien. Il faut qu'on me jette par-dessus bord pour qu'un poisson puisse m'avaler. Si on ne se débarrasse pas de moi, le bateau tout entier, corps et biens, sombrera !

— Nicky ! Ce sont des paroles en l'air. C'est Satan qui t'inspire ! dit Gloria au bord des larmes.

Je reculai :

— Satan est en moi déjà... De toute manière, je vais démissionner.

— Nicky, le moins que tu puisses faire c'est d'en parler d'abord à David.

— J'ai essayé des centaines de fois ! Mais il est

toujours trop occupé. Il pense que je peux très bien mener cette affaire. Je ne peux plus en supporter davantage. Je suis un incapable. Le moment est venu que je l'admette moi-même... un raté ! J'ai fait fausse route !

Quand nous fûmes couchés, Gloria passa son bras sous ma tête et me caressa le cou :

— Nicky ! Avant de démissionner, promets-moi une chose ! Veux-tu téléphoner à Kathryn Kuhlmann et lui parler ?

Je fis un signe d'assentiment. Mon oreiller était mouillé de larmes et j'entendis Gloria murmurer :

— Nicky ! Dieu prendra soin de nous !

J'enfonçai ma tête plus profondément dans l'oreiller, demandant à Dieu qu'Il ne permette pas que le soleil se lève, le lendemain, sur un autre jour de ma triste existence !

* * *

Dans ces heures d'obscurité et d'indécision, une seule étoile parut dans mon ciel, sous la forme d'une dame pleine de dignité qui semblait inondée de la présence même de l'Esprit-Saint. Le fait d'avoir pu parler à Mademoiselle Kuhlmann par téléphone, le lendemain matin, m'avait vraisemblablement aidé. Elle insista pour que je me rende à Pittsburgh à ses frais, avant de prendre ma décision finale.

Le lendemain après-midi, je partis en avion. Je fus surpris qu'elle n'essayât pas de me retenir au centre. Au contraire, elle me dit :

— Peut-être que Dieu a un autre ministère en vue pour vous, Nicky. Il vous conduit apparemment à travers la vallée ténébreuse pour vous amener sous les rayons du soleil, à l'autre extrémité du parcours. Gardez vos yeux fixés sur Jésus. Ne devenez pas amer et ne vous découragez pas ! Dieu a placé Sa main sur vous. Il ne vous abandonnera pas. Souvenez-vous, Nicky, que lorsque nous traversons la vallée, Il y marche avec nous.

Nous priâmes ensemble et elle demanda à Dieu que si sa volonté était que je quitte le centre, Il maintienne autour de moi le nuage de découragement et que, s'Il désirait que j'y reste, Il balaie le nuage pour que je me sente libre de rester à New York.

Je rentrai le lendemain matin, reconnaissant pour l'amitié et la confiance que m'avait témoignées cette sympathique et dynamique chrétienne.

Le même soir, le bébé étant au lit, je m'assis à la table de la cuisine pour parler avec Gloria. Je désirais surtout partir. Nous recommencerions à zéro, peut-être en Californie. Gloria me promit de me suivre où que j'aille. Son grand amour et sa confiance m'impartirent une force nouvelle. Avant de me coucher, je pris un papier et un crayon pour rédiger ma démission.

Ce fut un week-end misérable. Le lundi matin, quand David arriva au centre, je lui remis ma décision écrite et attendis qu'il en eût pris connaissance. Il baissa la tête.

— Est-ce moi qui ai failli à ton égard, Nicky ? me demanda-t-il doucement. Ai-je été toujours si pressé que je n'aie pu être disponible quand tu avais besoin de moi ? Viens au bureau et parlons ensemble.

Je le suivis silencieusement à travers le hall. Il ferma la porte derrière nous et me regarda ; son visage était profondément attristé.

— Nicky, je ne sais pas ce qu'il y a derrière tout ceci. Mais je sais que je porte le blâme pour une grande partie de cette affaire. J'étais constamment en route pour trouver de l'argent pour le centre. Je n'ai pas pu donner beaucoup de temps non plus à ma famille. Le fardeau pesait lourdement sur mes épaules. Aussi, avant que nous parlions, je veux te demander pardon pour avoir manqué envers toi. Veux-tu me pardonner, Nicky ?

Je baissai la tête et fis silencieusement un signe

affirmatif. David soupira profondément et s'affaissa sur une chaise.

— Parle-moi, Nicky.

— Il est trop tard pour parler, David. J'ai essayé tant de fois de le faire ! Je crois que ma décision est la bonne.

— Mais pourquoi, Nicky ? Pourquoi ? Qu'est-ce qui a provoqué cette soudaine démission ?

— Elle n'est pas soudaine, Davie. Elle se préparait depuis longtemps.

Et je vidai mon cœur.

— Nicky, dit David, ses yeux perçants plongeant dans les miens, nous passons tous par des moments de découragement. J'ai laissé tomber des gens et des gens m'ont laissé tomber. Souvent j'ai désiré jeter le manche après la cognée. Je me suis souvent trouvé seul, sous le genévrier, comme Elie criant : « C'est assez, Seigneur ! Prends ma vie ! » Mais toi, Nicky, toi, « tu as marché là où les anges craignent de porter leurs pas » ! Je ne comprends pas que tu puisses fuir devant de si petites défaites !

— Elles ne sont pas petites pour moi, Davie. Je regrette, mais ma décision est prise.

Le lendemain, j'accompagnai Gloria et Alicia à l'avion pour Oakland et deux jours plus tard je volais vers Houston pour y tenir mon dernier engagement. Nous étions en août 1964. J'avais travaillé au centre pendant deux ans et neuf mois.

A Houston, j'eus honte de dire aux auditeurs que j'avais démissionné du centre. Ma prédication fut froide et sans effet. J'étais avant tout désireux de partir pour la Californie retrouver Gloria. En survolant le pays, je me dis que je ne bénéficierais plus de frais de voyages payés. Nous avions économisé très peu d'argent et les billets ainsi que le déménagement nous laisseraient sans rien. J'avais peur ! J'étais inquiet !

Je me souvins du temps où les gens essayaient de

me glisser de l'argent dans la main quand je parlais dans des congrès ou des conférences. Je les en remerciais et leur disais de faire un chèque pour le centre. Je ne voulais rien pour moi-même. Ma vie tout entière était absorbée par cette œuvre. Mais, je ne pouvais continuer à inviter les auditeurs à remplir des chèques pour cette institution, alors que je savais pertinemment que j'avais à peine assez d'argent pour faire face aux dépenses des tout prochains jours.

Gloria m'attendait à l'aéroport. Elle avait loué un petit appartement. Nous n'avions plus aucune ressource et nous étions déprimés. J'avais donné à Dieu six ans de ma vie et je sentais qu'Il m'avait comme tourné le dos et délaissé. J'abandonnais mon ministère pour tout recommencer dans un autre domaine d'activité. Le soleil disparaissait dans l'océan Pacifique et mon monde à moi plongeait dans la nuit.

* * *

Je ne savais de quel côté me tourner. J'esquivais tout, et ne désirais même pas aller à l'église avec Gloria, préférant rester assis à la maison, fixant les murs d'un regard indifférent. Gloria essaya de prier avec moi, mais j'étais désespéré et haussais les épaules en lui disant qu'elle pouvait prier, certes, mais que j'étais vide, absolument vide.

Quelques semaines plus tard, la nouvelle se répandit que je me trouvais en Californie. Les invitations à parler dans les communautés commencèrent à affluer. Je finis par en avoir assez de les écarter, et de toujours chercher quelque excuse plausible à mes refus. Je priai Gloria de ne plus répondre aux appels téléphoniques de longue distance ni au courrier quotidien. Mais, finalement, nous étions au désespoir. Nous avions dépensé nos économies et Gloria n'avait pas trouvé d'occupation.

En dernier ressort, j'avais accepté de parler à une croisade de jeunes. J'étais froid spirituellement. Pour la première fois de ma vie, je montai sur l'estrade sans avoir prié. Assis là, j'étais bouleversé de constater combien j'étais endurci et indifférent. J'étais choqué par mon attitude de mercenaire. Et pourtant, j'avais la mort dans l'âme. Si Dieu m'avait laissé tomber, alors je n'avais plus l'obligation de rechercher Sa bénédiction pour prêcher. Si on m'avait rétribué, j'aurais accepté l'argent. C'était aussi simple que cela.

Mais avec Dieu ce n'était pas tout à fait aussi facile. Il avait, sans aucun doute, des plans beaucoup plus importants pour moi que celui de toucher un chèque en paiement de mes prédications. C'est une affaire sacrée de parler en Son Nom et Il en a fait la promesse : « Ma parole ne retournera pas à moi sans effet ».

Quand je fis l'invitation à s'avancer, quelque chose se produisit. Premièrement, un adolescent se détacha de l'auditoire et vint s'agenouiller devant l'estrade. Puis un autre, du fond de la salle, s'approcha également. D'autres encore répondirent et les côtés se remplirent de jeunes qui venaient à l'autel apporter leurs vies à Jésus-Christ. La foule qui remplissait le devant de l'église était si compacte que beaucoup attendaient debout leur tour de prier. En arrière, des gens se mirent à genoux, parlant à Dieu à haute voix. Il en venait encore. Je n'avais jamais pris part à un culte où l'Esprit de Dieu avait bouleversé une assemblée avec une telle puissance.

Dieu essayait de me dire quelque chose, non par des murmures, mais par des roulements de tonnerre. Il me rappelait qu'Il était encore sur Son trône. Il m'avertissait que si je l'abandonnais, Lui ne me lâcherait pas. Il me prévenait, en des termes à ne pas s'y méprendre, qu'Il allait encore intervenir dans ma vie... qu'Il se servirait encore de moi, même si je n'étais pas disposé à ce qu'Il le fasse.

Je tombai à genoux, tout tremblant et m'agrippant

au pupitre. Soudain, mes yeux se remplirent de larmes quand, moi, le prédicateur, je chancelai en me jetant à genoux derrière l'estrade. Là, le cœur débordant de repentir, je répandis mon âme devant Dieu en me reconsacrant à Lui.

Après le culte, Gloria et moi étions assis dans la voiture, dans le parking de l'église. Nous avions projeté de sortir pour aller prendre un léger repas quelque part et faire une promenade. Au lieu de cela, nous décidâmes de rentrer chez nous.

Après avoir franchi le seuil et fermé la porte, je me mis à genoux. Gloria à mon côté, nous pleurâmes ensemble et parlâmes à Dieu. Et je compris ! Je compris que ce n'était pas fini ! Qu'il y avait plus que je ne le pensais dans tout cela ! Je sus que « toutes choses concourent ensemble au bien de ceux qui aiment Dieu ». Je relevai la tête et, à travers mes larmes, eus l'impression qu'Il était près de moi. Je sentais Sa présence. Je pouvais presque L'entendre me dire :

— Oui ! « Si tu marches dans la vallée de l'ombre de la mort, tu ne crains aucun mal, car je suis avec toi ! Mon bâton et ma houlette te rassurent... » !

Nous avions passé par la vallée ténébreuse. Mais Sa grâce nous en avait sortis. Le soleil de demain, qui éclairait de ses derniers rayons les sommets lointains, nous annonçait l'aube d'un jour nouveau.

CHAPITRE XVII

Sur les pas de Jésus

Le grand changement se produisit peu avant Noël, grâce à une invitation d'un groupe laïque connu sous le nom d'« Association internationale des hommes d'affaires pour un Evangile intégral ». Ce fut par l'intermédiaire de ce groupe d'hommes consacrés que de nombreuses offres de parler dans des écoles supérieures et des collèges me furent adressées. Pendant l'année 1965, je visitai la plupart des villes importantes du pays. Les réunions de ma croisade — dont les frais étaient souvent pris en charge par les diverses églises et dénominations — ont eu un merveilleux succès et j'eus parfois l'occasion de parler à des foules de dix mille personnes.

Je remerciais Dieu chaque jour pour Sa bonté envers moi. Mais j'étais encore préoccupé et j'avais le désir ardent de faire quelque chose d'effectif. Je n'arrivais pas à concrétiser le problème et j'en devenais de plus en plus inquiet.

Puis, je rencontrai Dan Malachuk, un homme d'affaires de New York, de haute taille, très exubérant, qui, sans le savoir, perça à jour mon problème. Il me dit, en passant un soir, qu'il comprenait fort bien mon aspiration initiale de travailler en faveur des « petits ». Je ne donnai pas suite à l'idée, mais je ne pus l'oublier. Je me souvenais de ma propre enfance. Si seulement quelqu'un s'était donné la peine de me conduire à Christ quand j'étais un petit garçon ! Alors... peut-être... !

J'en parlai à Gloria. Dieu se servait de mon témoignage dans de grandes croisades, mais chaque fois que je lisais un article dans un journal concernant l'arrestation d'enfants qui respiraient une certaine colle ou fumaient de la marijuana, mon cœur souffrait intensément. Nous continuions à prier pour que Dieu nous permette d'une manière ou d'une autre de les atteindre.

Quelques mois plus tard, Dan collabora à l'organisation d'une campagne d'évangélisation de quatre jours à Seattle. Jusqu'alors, j'avais toujours parlé par le truchement de mon interprète, Jeff Morales. Jeff était venu en Californie pour voyager avec moi et me traduire dans ces grandes réunions, dont les auditoires me comprenaient mal à cause de mon accent. Mais une demi-heure avant mon départ pour l'aéroport, Jeff me téléphona :

— Nicky ! Je suis au lit avec une pneumonie. Le docteur ne veut pas me laisser partir. Il faudra que tu te débrouilles tout seul !

Debout sur l'estrade, entouré d'une batterie de micros et de caméras de télévision, j'observais l'immense auditoire. Pourrait-il me comprendre, malgré mon accent portoricain ? Rirait-il de mes pauvres connaissances grammaticales ? Nerveusement, je m'éclaircis la gorge et ouvris la bouche pour parler. Pas un mot ! Seuls quelques sons confus en sortirent ! J'essayai encore une fois d'affermir ma voix et quelque chose s'en échappa qui ressemblait à « uuugghhhllkfg ».

La foule s'agita un peu, mais poliment. C'était désespérant ! J'étais bien trop habitué à avoir Jeff à mon côté ! J'inclinai la tête et demandai à Dieu son secours.

— Mon Dieu, si Tu peux me donner une langue

inconnue pour glorifier Ton nom, je peux certainement m'attendre à Toi pour que Tu me donnes un langage connu et intelligible pour parler de Toi !

Je relevai la tête et commençai. Les mots étaient parfaits et affluaient à mes lèvres avec une puissance surnaturelle. Jésus Lui-même avait remplacé Jeff et, à partir de ce moment-là, je sus que, pour autant que je parle de Lui, je n'aurais plus jamais besoin d'un traducteur.

Après la dernière réunion, Dan vint me voir dans ma chambre d'hôtel.

— Nicky ! Dieu nous bénit d'une manière extraordinaire ! « L'offrande » se monte à 3000 dollars que vous pourrez employer pour votre ministère.

— Dan, je ne puis accepter cet argent !

— Nicky !

Se mettant à l'aise en se débarrassant de ses chaussures d'un coup de pied, Dan s'étendit sur le divan et me dit :

— Nicky, cet argent n'est pas pour vous ! Il est destiné à l'œuvre de Dieu à travers vous.

Je l'interrogeai :

— Vous voulez dire que je puis l'employer comme Dieu me le montrera ?

— Exactement !

— Alors je vais m'en servir pour les « petits » ! Je désire ouvrir un centre pour m'occuper d'eux !

Dan se redressa et s'exclama :

— Merveilleux ! Appelez-le « la main tendue aux « petits » !

C'était effectivement cela ! Je retournai en Californie, résolu à ouvrir un foyer où je pourrais recevoir des « petits » arrachés à la rue et les gagner pour Christ.

Notre centre fut installé à Fresno, 221 North Broadway. Nous demandâmes à être reconnus officiellement, ce qui nous fut accordé et je plaçai une enseigne sur le porche : *La main tendue aux petits,* Nicky Cruz, directeur.

Sans délai, je me mis à faire une battue dans le quartier. Le premier jour, je découvris un garçon de onze ans, assis sur un pas de porte. Je pris place près de lui et lui demandai son nom.

Il me regarda du coin de l'œil et me dit finalement :

— Ruben... Pourquoi voulez-vous le savoir ?

— Tu paraissais un peu solitaire et j'ai désiré te parler.

Il me raconta librement que son père se droguait, que lui-même, la veille, avait reniflé de la colle, qu'il était en sixième à l'école, dans une classe de retardés. Je l'écoutai et lui dis que j'ouvrais une maison pour des enfants comme lui et lui demandai s'il aimerait venir vivre avec moi.

— Vous voulez dire que vous aimeriez que je vienne ?

— Bien sûr ! Mais il faudra que nous en parlions d'abord à ton père !

— Diable ! répondit ce gosse de onze ans. Mon vieux sera bien trop content de se débarrasser de moi ! Celui avec qui il faudra arranger la chose, c'est mon tuteur.

Le tuteur fut enchanté de la solution et le même soir Ruben s'installait chez nous.

Durant les semaines qui suivirent, nous recueillîmes deux autres enfants. Nous les inscrivîmes à l'école et chaque jour, au centre, il y avait une classe biblique. Ruben nous créa beaucoup de difficultés au début, mais à la fin de la deuxième semaine, il se donna à Christ. Le lendemain après-midi, en rentrant de l'école, il alla directement dans sa chambre pour faire ses devoirs.

Gloria esquissa un petit signe du coin de l'œil et me dit :

— Quelle autre preuve veux-tu de la sincérité de sa conversion ?

Je n'avais nul besoin d'autre chose. Je me sentais bien au fond de moi-même. L'inquiétude se dissipait.

A mesure que les jours passaient, nous avions la visite de mères éperdues qui nous expliquaient que leurs enfants étaient impossibles à diriger ; elles nous demandaient de les prendre au centre. En l'espace de quelques semaines, toutes les places furent occupées et nous recevions encore des appels. Gloria et moi, passions beaucoup de temps en prière, demandant à Dieu Sa direction.

De très bonne heure, un matin, après deux ou trois heures de sommeil seulement, le téléphone sonna. Je tâtonnai pour prendre le récepteur. C'était Dan Smith, de Fresno, un membre actif du « Comité des hommes d'affaires chrétiens pour l'Evangile intégral ».

— Nicky ! Dieu nous dirige d'une manière mystérieuse. Plusieurs d'entre nous ont prié pour le travail que vous accomplissez. Dieu m'a mis à cœur de vous aider à instituer un Conseil d'administration. J'ai parlé avec Earl Draper, un comptable, avec le Révérend Paul Evans et avec H.J. Keener, le directeur de la chaîne locale de télévision. Nous sommes prêts à collaborer avec vous, si vous le désirez.

Le fait que ce petit groupe d'hommes d'affaires et de professionnels veuillent s'unir, en marge du centre, pour nous aider à le diriger était encore un exaucement de prières.

Plus tard, ce même mois, Dave Carter se joignit à notre personnel pour travailler parmi les garçons. J'avais connu Dave, un homme de couleur, paisible, de haute taille, quand il était un chef de gang à New York. Après sa conversion, il avait suivi les cours de l'Ecole biblique et, n'ayant aucune charge de famille, il pouvait consacrer maintes heures aux garçons affamés d'affection afin de les conseiller individuellement. Nous avions également deux jeunes Mexicaines, Frances Ramirez et Augie Sedillos, qui ajoutèrent une note féminine à notre groupe et assumèrent le travail du secrétariat.

J'étais très attaché au dernier arrivé de nos moniteurs, Jimmy Baez. Il avait épousé une jeune fille tranquille, à la voix douce, et travaillait en qualité de surveillant, mais il était infiniment plus que cela pour moi. Il était la preuve vivante de la puissance transformatrice de Jésus-Christ. On imaginait difficilement que ce jeune homme, à l'aspect d'un intellectuel, au beau visage basané et aux lunettes sombres, avait été le garçon frêle et émacié qui était entré, un soir, par erreur, au centre des drogués, tremblant et souffrant du manque d'héroïne, pour en réclamer une dose à grands cris.

Le cœur plein de foi en Dieu et les mains débordantes d'activité en faveur des « petits », nous allions de l'avant. La bénédiction de Dieu reposait sur nous et je ne pensais pas que je pouvais m'attendre à plus d'interventions de sa part ! Mais, pour ceux qui aiment le Seigneur, il n'y a pas de limites aux surprises que réserve l'avenir !

* * *

Cet automne-là, Dan Malachuk organisa pour moi une série de réunions à New York. Il vint me chercher à l'aéroport et, pendant des kilomètres, nous passâmes devant des immeubles locatifs, dans le quartier des bas-fonds. J'étais assis, enfoncé dans le siège avant, à côté de Dan qui conduisait et regardais le ghetto défilant sous mes yeux ; mais quelque chose ne cessait de me tirailler le cœur : je ne faisais plus partie du ghetto, mais il était encore une partie de moi-même. Je me mis à penser aux vieux amis et aux membres du gang, en particulier à Israël. Je priai :

— Jésus, donne-moi encore, je t'en prie, une occasion de lui parler !

Après la réunion, ce soir-là, Dan m'accompagna à l'hôtel. Le téléphone sonnait alors que nous entrions dans ma chambre.

Je répondis et il y eut un long silence à l'autre bout du fil jusqu'à ce que j'entende une voix familière me dire faiblement :

— Nicky ! C'est moi, Israël !

— Israël ! criai-je. Loué soit Dieu ! Ma prière est exaucée ! Où es-tu ?

— Je suis chez moi, Nicky, au Bronx. Je viens de lire dans le journal que tu es en ville et j'ai appelé ton frère Frank. Il m'a dit que je pouvais t'atteindre à l'hôtel.

Je commençais à parler quand il m'interrompit :

— Nicky, je me demande si je peux te voir pendant ton séjour ici ? Pour parler un peu du passé !

Je n'en croyais pas mes oreilles. Je me tournai vers Dan :

— C'est Israël ! Il désire me voir !

— Dites-lui de venir dîner avec nous ici, à l'hôtel, demain soir.

La rencontre si longtemps attendue fut fixée au lendemain à dix-huit heures. Je priai pour lui toute la nuit demandant à Dieu de me donner les mots justes pour toucher son cœur et le gagner pour Christ.

Dan et moi, fîmes les cent pas dans le hall de l'hôtel de dix-sept heures trente à dix-neuf heures. Il n'apparut pas. Mon cœur se serra et ma gorge aussi en me rappelant le malheureux matin — il y avait déjà neuf ans de cela — où nous nous étions manqués !

Tout à coup je le vis ! La beauté de ses traits, ses yeux profondément enfoncés dans leurs orbites, ses cheveux ondulés : rien n'avait changé ! Il saisit ma main, tout essoufflé :

— Nicky ! Je ne puis pas y croire !

Et, soudain, nous nous mîmes à rire et à parler en même temps, absolument inconscients des allées et venues des gens autour de nous.

Un long moment plus tard, il se ressaisit et dit :

— Nicky ! J'aimerais te présenter ma femme, Rosa.

A son côté se tenait une petite et charmante Portoricaine. Un magnifique sourire éclairait son joli visage. Je m'inclinai pour lui serrer la main, mais elle me sauta au cou et m'embrassa chaleureusement sur la joue.

— C'est comme si je vous connaissais ! dit-elle en clignant de l'œil et dans un anglais décousu. J'ai vécu avec vous tout ce temps. Israël m'a beaucoup parlé de vous, ces trois dernières années.

Nous descendîmes quelques marches pour aller manger ensemble. Israël et Rosa restèrent en arrière. Je compris qu'ils étaient embarrassés.

— Hé ! Israël ! Qu'est-ce qui se passe, mon pote ! C'est Dan qui nous invite ! Allons, viens !

Israël me regarda intimidé et, me prenant à part, me dit :

— Nicky ! Ce n'est pas un endroit pour moi ! Je ne suis jamais entré dans un restaurant aussi chic. Je ne sais comment m'y comporter !

J'entourai ses épaules de mon bras et lui dis :

— Moi non plus, je ne sais pas comment faire. Demande seulement ce qu'il y a de plus cher et laisse notre « joyeux géant » régler la note ! Je lui indiquai Dan en souriant.

Après le repas, nous montâmes en ascenseur jusqu'au quatorzième étage. Israël était détendu et absolument lui-même quand il nous parla de son foyer, dans le ghetto.

— Ce n'est pas l'endroit le plus agréable où habiter, dit-il. Nous devons mettre la vaisselle dans le réfrigérateur à cause des cafards. Mais cela pourrait être pire ! En bas, les rats viennent des maisons voisines et mordent les enfants pendant leur sommeil.

Israël s'arrêta et réfléchit un instant :

— C'est comme si on était enchaîné là-bas. On ne peut pas s'échapper. C'est un mauvais lieu pour élever des enfants. La semaine dernière, trois petites filles de neuf ans environ, habitant la même maison que moi, ont été violées dans l'impasse. Nous ne pouvons pas laisser les enfants sortir seuls et j'en suis malade. Je voudrais déménager. Mais...

Il laissa tomber la fin de sa phrase en se levant pour aller regarder à la fenêtre la tour scintillante de l'Empire State building...

— ... mais il faut bien vivre quelque part, et ailleurs les loyers sont trop élevés. Mais peut-être que l'an prochain nous pourrons déménager dans un plus joli quartier. J'ai bien réussi. J'avais commencé comme plongeur et maintenant je suis employé à Wall Street...

— Mais après cela, que feras-tu ? l'interrompis-je.

Israël se tourna et me regarda intrigué :

— Qu'as-tu dit ?

J'eus le sentiment que le moment était venu de retourner plus profondément au passé.

— Israël, raconte-moi comment c'est arrivé !

Il alla s'asseoir sur le divan, à côté de Rosa. Il était nerveux.

— Je suis prêt à en parler. Je crois même qu'il faut le faire. Je ne l'ai jamais dit à personne et même Rosa ne le sait pas. Tu te souviens du matin où tu es sorti de l'hôpital quand cet homme et toi deviez me rencontrer ?

Je fis signe que oui. Ce souvenir était terriblement douloureux.

— J'attendis trois heures au coin de la rue. Je me sentais devenir fou. J'étais dégoûté des chrétiens et, ce même soir, je retournai au gang.

Je l'interrompis :

— Israël, je regrette. Nous t'avons cherché...

Il secoua la tête :

— Qu'importe ! Il y a si longtemps de cela ! Peut-être bien que tout eût été différent si j'étais parti avec vous. Qui sait ?

Il s'arrêta et reprit :

— Après cela, nous eûmes des ennuis avec les Anges de la rue du Sud. Un garçon pénétra sur notre terrain et nous lui avons dit que nous ne voulions pas de vauriens dans les parages. Il se fâcha et nous le frappâmes. Il prit la fuite, mais cinq d'entre nous le pourchassèrent jusque sur son terrain de la rue du Sud. Nous le rejoignîmes sous l'arcade Penny et le tirâmes au-dehors pour le battre. Ce dont je me souviens, c'est qu'un des garçons avait un revolver dans la main et se mit à tirer. Paco se tenait le ventre et disait en se moquant :

— On m'a tué !

Tout le monde riait.

Alors, le gosse tomba à terre. Il avait été mortellement atteint. Je vis le trou dans sa tête.

Israël s'arrêta. Le seul bruit perceptible était celui du grondement assourdi du trafic au-dessous de nous.

— Nous partîmes en courant. Quatre parmi nous furent arrêtés. Un seul réussit à s'échapper. Celui qui avait appuyé sur la gâchette fut condamné à vingt ans de prison. La sentence pour nous autres fut de cinq à vingt ans.

Il se tut et baissa la tête :

— Ce furent cinq ans d'enfer !

Se ressaisissant, Israël continua :

— Il fallait que j'aie un « fixe » pour pouvoir sortir de prison.

Dan l'interrompit :

— Que voulez-vous dire par un « fixe » ?

— La commission qui s'occupait de mon cas m'informa que je pouvais être libéré si je leur prouvais que j'avais du travail assuré. Ils me dirent que je devrais retourner à mon ancien domicile. Je ne désirais pas aller à Brooklyn. Je voulais repartir à zéro, mais ils insistèrent sur le fait que je devais rentrer chez moi. J'obtins un « fixe » par l'intermédiaire d'un drogué qui avait été en prison avec moi. Il connaissait un homme qui avait une fabrique de vêtements à Brooklyn. Celui-ci dit à ma mère que si elle lui donnait cinquante dollars, il me promettait un emploi. Elle lui remit l'argent et le commerçant écrivit une lettre attestant que j'aurais une occupation chez lui à ma sortie de prison. C'était la seule manière d'obtenir un « fixe ». Qui veut engager un ex-délinquant ?

Dan demanda :

— Mais avez-vous eu cet emploi ?

— Bien sûr que non ! dit Israël. C'était, je vous l'ai dit, un « fixe », un moyen de mettre fin à mon incarcération. Ainsi je fus libéré et me présentai à une agence de placement en mentant au sujet de mon passé. Croyez-vous qu'ils m'auraient engagé si je leur avais dit que j'avais été relâché la veille ? Je trouvai du travail comme plongeur dans un restaurant, puis une douzaine d'autres emplois. J'ai toujours menti depuis lors. On est bien obligé de mentir pour trouver une place ! Si mon patron actuel savait que je suis un ex-détenu, il me renverrait immédiatement, bien qu'il y ait quatre ans que je suis libéré et que je fais du bon travail. Ainsi, je mens. Tout le monde le fait.

— Est-ce que votre tuteur vous aide ? demanda Dan.

— Oui, il a vraiment essayé. Mais que peut-il faire ? Il a une centaine d'autres types qu'il doit aider aussi. Je devais me débrouiller et j'ai réussi à le faire jusqu'ici par mes propres moyens.

La chambre était silencieuse. Rosa était assise paisiblement à côté d'Israël. Elle ne l'avait jamais entendu parler de cette époque de sa vie.

Je demandai :

— Te souviens-tu, Israël, du jour où nous étions à la recherche des Maîtres fantômes et où nous sommes tombés dans une embuscade ?

Israël fit un signe :

— Je me souviens.

— Tu m'as sauvé la vie ce soir-là, Israël. Aujourd'hui, je voudrais te rendre le même service. Maintenant, je veux te dire quelque chose qui te sauvera la vie.

Rosa s'approcha de lui et glissa son bras sous celui d'Israël. Les deux se tournèrent vers moi et me regardèrent, dans l'expectative.

— Israël, tu es mon ami le plus cher. Tu peux voir qu'un grand changement s'est produit dans mon existence. Le vieux Nicky est mort. La personne que tu vois, ce soir, n'est pas réellement Nicky. C'est Jésus-Christ vivant en moi ! Te souviens-tu de cette réunion dans l'amphithéâtre de Saint-Nicolas, quand nous avons donné notre cœur au Seigneur ?

Israël fit un signe affirmatif et son regard se fixa sur le plancher.

— Dieu est entré dans ton cœur, ce soir-là, Israël. Je le sais. Et Dieu a fait une alliance avec toi. Il la maintient de son côté. Il ne s'est pas détaché de toi, Israël. Tu as fui loin de Lui pendant toutes ces années, mais Sa main te tient encore.

Je pris ma Bible.

— Dans l'Ancien Testament se trouve l'histoire d'un homme qui s'appelait Jacob. Lui aussi fuyait loin de Dieu. Puis, une nuit, semblable à celle-ci, il lutta avec un ange. L'ange eut la victoire et Jacob se rendit à Dieu. Cette nuit-là, Dieu changea son nom. Il n'était plus Jacob mais Israël. Et Israël veut dire : « Celui qui marche avec Dieu ».

Je fermai ma Bible et me tus un instant avant de poursuivre. Les yeux d'Israël étaient humides de larmes et Rosa s'agrippait à son bras.

— Pendant des années, j'ai souvent prié pour toi

tard dans la nuit, pensant combien ce serait merveilleux si tu pouvais travailler avec moi — non plus comme nous le faisions autrefois — mais dans l'œuvre du Seigneur. Israël, ce soir, j'aimerais tellement que tu deviennes « celui qui marche avec Dieu ». J'aimerais que tu fasses le pas et que tu mettes ton pied dans l'empreinte des pas de Jésus.

Israël leva ses yeux pleins de pleurs. Il se tourna vers Rosa. Elle était intriguée et lui parla en espagnol. J'avais conversé en anglais et je m'aperçus qu'elle n'avait pas compris tout ce que j'avais dit. Elle l'interrogea. Israël lui répondit que je désirais qu'ils donnent leurs cœurs à Christ. Il parla rapidement en espagnol exprimant son désir de revenir à Dieu, comme Jacob l'avait fait dans le passé. Il lui demanda si elle voulait bien l'accompagner dans cette voie.

Elle sourit et ses yeux étincelaient quand elle fit signe que oui.

— Loué soit Dieu ! criai-je. Mettez-vous à genoux devant ce divan et je prierai pour vous.

Israël et Rosa s'agenouillèrent. Dan glissa de sa chaise et fit de même, de l'autre côté de la chambre. Je plaçai mes mains sur leurs têtes et me mis à prier, d'abord en anglais, puis en espagnol, tantôt dans une langue, tantôt dans l'autre. Je sentais l'Esprit de Dieu affluer à mon cœur, le long de mes bras et jusqu'au bout de mes doigts et pénétrer leurs vies. Je priais, demandant à Dieu de leur pardonner, de les bénir et de les recevoir dans Son Royaume.

Ce fut une longue prière. Quand je terminai, j'entendis Israël priant à son tour. Lentement d'abord, puis intensément, en disant d'une voix forte :

— Seigneur ! Pardonne-moi ! Pardonne-moi ! Pardonne-moi ! Puis sa prière se modifia et une nouvelle force l'animait quand il dit :

— Merci ! Mon Dieu ! Merci !

Rosa se joignit à lui en disant à son tour :

— Merci, ô Dieu, merci !

Dan mit Israël et Rosa dans un taxi et paya la course jusqu'au Bronx. Quand ils eurent disparu au tournant, il me dit en essuyant ses yeux :

— Nicky, ce soir a été le plus extraordinaire de ma vie. Je sens que Dieu enverra Israël en Californie pour qu'il travaille avec vous.

Je hochai la tête. Il se pourrait bien. Dieu a une manière unique de prendre soin de nous.

Epilogue

Par une fin d'après-midi d'été, Nicky et Gloria se reposaient, assis sur les marches d'escalier, devant la porte du centre. C'était presque le moment de la réunion en plein air. On entendait, dans l'arrière-cour, les joyeuses exclamations des collaborateurs qui jouaient au croquet. On avait dîné et, à l'intérieur, deux monitrices surveillaient les autres garçons occupés à mettre de l'ordre dans la cuisine. Alicia et la petite Laura, qui avait seize mois à l'époque, s'en donnaient à cœur joie dans l'herbe fraîchement coupée.

Gloria, assise un peu plus bas, regardait affectueusement son mari, appuyé contre une colonne, les yeux à demi-clos et comme perdu dans un monde de rêve. Elle posa sa main sur le genou de Nicky :

— Que se passe-t-il, chéri ? A quoi penses-tu ?

— Que veux-tu dire ? murmura-t-il regrettant de devoir s'arracher à ses pensées.

— Je voudrais savoir à quoi tu songes maintenant ? Cours-tu encore ? Nous avons le centre des petits. Israël et Rosa sont à Fresno où ils servent le Seigneur ; Sonny est le pasteur d'une grande église à Los Angeles. Jimmy travaille avec toi et Maria se dépense pour Dieu à New York. La semaine prochaine, tu voleras vers la Suède et le Danemark pour des réunions. Que pourrais-tu demander de plus à Dieu ?

Nicky se redressa et regarda les yeux inquisiteurs de sa compagne. Sa voix avait un timbre lointain quand il dit :

— Ce n'est pas ce que je demande de Dieu, ma chérie, qui est important, mais c'est ce qu'Il demande de moi. Nous grattons seulement la surface dans notre ministère actuellement.

Il y eut un long silence. Seuls les échos d'une joyeuse activité résonnaient autour de la maison.

Gloria reprit, l'observant avec attention :

— Mais, Nicky, ce n'est pas ta tâche à toi seulement. C'est la tâche de tous les chrétiens, partout !

— Je le sais bien ! dit-il. Je pense à toutes ces grandes églises dans la cité qui restent vides toute la semaine. Ne serait-ce pas merveilleux si toutes ces salles inoccupées étaient transformées en dortoirs et remplies de centaines d'enfants mal aimés et d'adolescents des bas-fonds ? Chaque église deviendrait ainsi un centre, dirigé par des volontaires.

— Nicky ! l'interrompit Gloria. Tu es incorrigible ! Comment peux-tu imaginer que les gens d'église vont transformer leurs magnifiques édifices en dortoirs pour des gosses perdus et sans foyer ? Ils veulent bien aider, mais ils désirent que d'autres fassent le travail pour eux. Cela les irrite terriblement quand un ivrogne interrompt le culte. Pense à ce qu'ils diraient s'ils trouvaient, le dimanche matin, leurs sanctuaires profanés par des lits et des berceaux et une bande d'ex-drogués dans leurs salles bien entretenues. Ils se révolteraient à la vue de leurs tapis souillés de boue par de petits pieds nus.

Nicky secoua la tête.

— Bien sûr, tu as raison ! Je me demande pourtant ce que Jésus ferait, Lui !

Il se tut et regarda les montagnes lointaines, en réfléchissant.

— Te souviens-tu, l'an dernier, à Point Loma, dans la baie de San Diego ? Te rappelles-tu son phare gigantesque ? Pendant des années, il a servi à conduire des bateaux jusqu'au port. Mais les temps ont changé. J'ai lu la semaine dernière qu'il y a actuellement trop de « smog » * et qu'ils ont dû construire un nouveau phare tout près de l'eau pour que la lumière puisse briller au-dessous du brouillard.

Gloria écoutait attentivement.

— C'est exactement ce qui se passe aujourd'hui. L'Eglise est debout et sa lumière brille haut. Mais peu de gens l'aperçoivent parce que les temps ont changé et qu'il y a beaucoup de « smog ». Il faut une nouvelle clarté, plus près du sol, là où se trouvent les humains. Cela ne suffit pas d'être un gardien de phare, il faut encore que je sois en même temps un porteur de flambeau. Non ! Je ne cours plus à l'aventure ! Je désire me trouver au cœur même de l'action !

Gloria dit d'une voix qui laissait percer sa profonde admiration et sa compréhension :

— Je sais et c'est aussi ce que j'ambitionne pour toi. Mais peut-être devras-tu être prêt à avancer seul.

— Pas seul ! répondit Nicky en posant sa main sur celle de Gloria. Je marcherai dans les pas de Jésus !

Le bruit des garçons, riant dans l'arrière-cour, s'accrut au moment où ils terminaient leurs jeux et revenaient vers la maison. Karl et Ralphie avaient pris leurs Bibles et s'étaient assis au bord du chemin, devant la maison.

Nicky baissa la tête et regarda Gloria du coin de l'œil.

— J'ai eu la visite d'une mère de Pasadena, cet après-midi. Il s'arrêta espérant une réaction. Gloria attendit qu'il poursuive.

— Son garçon de douze ans a été arrêté parce

* Smog : brouillard épais et enfumé, fréquent en Californie.

qu'il vendait de la marijuana. Le mari veut qu'on le mette en prison.

Nicky s'arrêta et reprit lentement :

— Mais nous n'avons pas de place pour lui et nous sommes sans argent !

Ils demeurèrent silencieux. Nicky observait un moineau qui sautillait çà et là dans l'herbe. Ses yeux se remplirent de larmes à la pensée de l'enfant inconnu, semblable à des milliers d'autres... affamé d'affection... à la recherche de quelque chose de réel, de vrai... cherchant Jésus-Christ sans le savoir.

Gloria interrompit le cours de ses pensées.

— Nicky, dit-elle tendrement, ses doigts enlacés à ceux de son mari, que vas-tu faire ?

Nicky sourit et la regarda en face en disant :

— Je vais faire ce que Jésus me demande : prendre ce garçon chez nous !

— Oh ! Nicky, Nicky ! dit Gloria en se pressant contre lui. Je t'aime ! Il y a toujours de la place pour un de plus ! Et Dieu pourvoira !

Jimmy sortait le bus. Les garçons y montèrent joyeusement pour aller tenir une réunion au ghetto. Nicky saisit Gloria pour l'aider à se lever.

— Allons-y ! Courons ! C'est l'heure de travailler pour Jésus !

TABLE DES MATIÈRES

Introduction		7
I	Personne ne s'en soucie	9
II	Une jungle sinistre	28
III	A mon compte	39
IV	Le baptême de sang	55
V	Bagarres dans la rue	70
VI	L'enfant de Lucifer	84
VII	Mannie	95
VIII	Au fond du gouffre	105
IX	La rencontre	120
X	La sortie du désert	151
XI	Des ténèbres à la lumière	177
XII	Là où les anges craignent de porter leurs pas	195
XIII	Gloria	215
XIV	Voyage en enfer	240
XV	Avec Christ à Harlem	256
XVI	A travers la vallée ténébreuse	271
XVII	Sur les pas de Jésus	288
Epilogue		302

Du même auteur

Le dernier avertissement

Un feu ardent

Passionné par les âmes

Solitaire mais jamais seul !